高等职业教育城市轨道交通专业规划教材

Chengshi Guidao Jiaotong Diaodu Zhihui Gongzuo
城市轨道交通调度指挥工作

操 杰　应夏晖　**主　编**
于伯良　谢正媛　**副主编**
李　永[长沙市轨道交通集团有限公司]　**主　审**

人民交通出版社股份有限公司
China Communications Press Co.,Ltd.

内 容 提 要

本书为高等职业教育城市轨道交通专业规划教材。全书共分 6 个项目，主要内容包括：列车开行方案、运输计划编制、列车运行图编制、正常情况调度指挥、特殊情况调度指挥、其他调度工作组织任务。

本书为城市轨道交通专业核心教材，可供高职、中职院校教学选用，也可作为城市轨道交通行业岗位培训或自学用书，还可作为本科专业的演练指导书使用，同时可供城市轨道交通行业从业人员学习参考。

* 本书配有多媒体教学课件，读者可加入职教轨道教学研讨 QQ 群（群号：129327355）索要。

图书在版编目（CIP）数据

城市轨道交通调度指挥工作/操杰，应夏晖主编.
—北京：人民交通出版社股份有限公司，2017.1
高等职业教育城市轨道交通专业规划教材
ISBN 978-7-114-13516-3

Ⅰ.①城… Ⅱ.①操… ②应… Ⅲ.①城市铁路—轨道交通—运输调度—高等职业教育—教材 Ⅳ.①U239.5

中国版本图书馆 CIP 数据核字（2016）第 295009 号

高等职业教育城市轨道交通专业规划教材

书　　　名：	城市轨道交通调度指挥工作
著 作 者：	操　杰　应夏晖
责任编辑：	袁　方
出版发行：	人民交通出版社股份有限公司
地　　址：	（100011）北京市朝阳区安定门外外馆斜街 3 号
网　　址：	http://www.ccpress.com.cn
销售电话：	（010）59757973
总 经 销：	人民交通出版社股份有限公司发行部
经　　销：	各地新华书店
印　　刷：	北京虎彩文化传播有限公司
开　　本：	787×1092　1/16
印　　张：	14.5
字　　数：	352 千
版　　次：	2017 年 1 月　第 1 版
印　　次：	2023 年 1 月　第 8 次印刷
书　　号：	ISBN 978-7-114-13516-3
定　　价：	39.00 元

（有印刷、装订质量问题的图书由本公司负责调换）

PREFACE 前言

1. 教材定位

随着国内大中城市的轨道交通线路里程越来越长,城市轨道交通企业的用人需求也更加迫切,尤其需要具有专业职业素养,掌握职业岗位所需理论知识和操作技能的高素质技术技能型人才。

为缩短高职教育与现场岗位的差距,依据项目导向、任务驱动的职业教育理念,以城市轨道调度指挥工作任务为中心,将传统《城市轨道交通行车组织》和《城市轨道交通行车规章》两门专业核心课程解构并重构,设置《城市轨道交通调度指挥工作》学习领域。通过本学期领域的学习,学生能够掌握城市轨道调度指挥的作业方法和规章制度;培养学生施工组织,行车组织和安全保障等能力;适应现代城市轨道调度指挥的要求。

2. 改革措施

(1)根据学习领域对应的职业岗位(群)的职业标准,确定学习领域的学习目标。

重点分析2016年1月实施的《城市轨道交通行车调度员技能和素质要求》行业标准。依托行车调度员等职业岗位职业标准,以行车调度岗位职业技能、职业能力和职业素养构建学习内容,针对行车调度等工作岗位的典型工作任务,分析岗位所需的专业知识、职业技能、职业能力和职业素养,确定本学习领域的培养目标。

(2)根据调度岗位行车工作任务确定学习项目。

对调度职业岗位系统调研,确定各岗位所需要的职业技能和职业能力,将各岗位所涉及的真实工作任务分解成若干相对独立的典型工作任务,对要掌握的知识、技能、能力和职业素质做出较为详细的描述,设计本学习领域的学习项目。

(3)改变传统的教学模式。

遵循项目导向、任务驱动的职业教育理念,针对项目提出能力目标和知识目标;以任务导入学习任务,以任务单引入知识研修和职业技能培养。使学生在学习之前就能够清楚岗位的职业要求,激发学生的学习兴趣。

(4)改革传统的考核方式。

通过形成性评价与终结性评价相结合,理论与实践相结合,技能与职业素养相结合,采用笔试、口试、操作相结合,开卷、闭卷相结合,学生之间自评、互评、他评相结合等方式全面考核学生学习情况,综合评价学生职业技能和职业能力。

3. 特色创新

(1)在学习中建构调度指挥知识和技能,发展职业能力。

本书内容的编排和组织指挥是以城市轨道交通企业需求确定的。以工作任务为中心,组织课程内容,学生在完成具体项目的过程中培养职业能力,构建调度相关知识体系。

(2)设置"拓展知识"栏目,扩大知识面。

由于目前国内城市轨道交通采用设备各不相同,导致调度指挥工作不尽相同。通过"拓展知识"栏目设置,可以让学生了解不同设备对应的调度指挥工作,以提高学生工作适应能力。

4. 内容提要和使用建议

本书是在对城市轨道交通调度交通调度指挥工作深入研究后进行编写的。其内容包括：列车开行方案、运输计划编制、列车运行图编制、正常情况调度指挥、特殊情况调度指挥和其他调度工作组织等。内容选取遵照当前城市轨道交通调度工作现场基本工作过程和典型工作任务。

在校学生使用本教材时，建议在城市轨道运营仿真演练场中进行，采用项目教学法，通过对各种调度指挥工作情况模拟，引导学生主动学习调度指挥等相关专业知识，协助学生按规章和程序完成典型调度工作任务，实现学生调度职业岗位技能和职业素养的培养目标。本书内容可按照64~88学时安排，推荐参考学时分配：项目1安排8~12学时，项目2安排8~12学时，项目3安排20~24学时，项目4安排14~18学时，项目5安排10~14学时，项目6安排4~8学时。

本书由武汉铁路职业技术学院操杰负责全书的统稿工作，长沙市轨道交通集团有限公司李永对全书进行了审阅。具体编写分工如下：项目一由武汉铁路职业技术学院谢正媛编写；项目二由湖南高速铁路职业技术学院孙莉编写；项目三由湖南高速铁路职业技术学院应夏晖编写；项目四和项目五由武汉铁路职业技术学院操杰编写；项目六由吉林铁道职业技术学院于伯良编写。

本书在编写过程中，参考和引用了国内外大量文献资料，在此谨向相关作者表示衷心的感谢。由于编者水平有限，本书难免存在不足和疏漏之处，敬请各位读者批评指正。

编　者
2016 年 12 月

CONTENTS 目录

项目一　列车开行方案 · 1
　任务一　列车开行方案概述 · 1
　任务二　客流分析与行车组织方法 · 4
　任务三　确定列车编组方案 · 10
　任务四　确定列车交路 · 13
　任务五　确定列车开行数量和列车开行间隔时间 · 17
　任务六　确定快慢列车开行方案和列车停站方案 · 21
　习题 · 26

项目二　运输计划编制 · 27
　任务一　编制客流计划 · 27
　任务二　编制全日行车计划 · 29
　任务三　编制车辆配备和运用计划 · 38
　习题 · 43

项目三　列车运行图编制 · 45
　任务一　列车运行图的格式和分类 · 45
　任务二　列车运行图组成要素 · 49
　任务三　轨道区间列车开行方案与通过能力 · 62
　任务四　城市轨道交通通过能力计算 · 68
　任务五　列车运行图编制 · 70
　习题 · 86

项目四　正常情况调度指挥 · 88
　任务一　认识调度指挥机构及模式 · 88
　任务二　调度日常工作制度 · 95
　任务三　列车自动监控系统（ATS）操作 · 99
　任务四　调度命令与实绩运行图 · 105
　任务五　列车运行调整方法 · 110
　任务六　正常情况调度指挥 · 120
　任务七　调度工作的统计与分析 · 139
　习题 · 146

项目五　特殊情况调度指挥 ·· 148
　任务一　列车自动控制系统(ATC)降级控制处理 ··· 148
　任务二　车站联锁设备故障处理 ·· 154
　任务三　列车在区间被迫停车处理 ·· 159
　任务四　突发情况调度指挥 ·· 168
　任务五　特殊列车开行 ·· 175
　习题 ··· 188

项目六　其他调度工作组织 ··· 191
　任务一　电力调度工作组织 ·· 191
　任务二　环控调度工作组织 ·· 197
　任务三　维修调度工作组织 ·· 204
　习题 ··· 216

附录一　《城市轨道交通调度指挥工作》课程标准 ·· 217
附录二　专业词汇定义 ·· 221
参考文献 ··· 224

项目一　列车开行方案

 项目描述

本项目主要引导学生认识城市轨道交通列车开行方案,了解城市轨道交通列车开行方案概念,理解客流与行车组织的关系,掌握客流分析的基本技能,掌握确定列车开行方案的基本方法和基本技能,为行车调度指挥工作奠定基础。

 教学目标

【知识目标】
1. 了解确定列车开行方案过程;
2. 掌握适应线网客流特征的行车组织方案;
3. 掌握列车编组方案确定方法;
4. 掌握列车交路的基本形式及其适用条件;
5. 掌握确定列车开行数量和列车开行间隔时间的方法;
6. 掌握列车停站方案。

【技能目标】
1. 能够说出确定列车开行方案过程;
2. 能够根据客流特征确定相应的行车组织;
3. 能够根据客流确定列车编组;
4. 能够说出列车交路的种类和适应情况;
5. 能够确定列车开行数量和列车开行间隔时间;
6. 能够说出列车停站方案。

【素质目标】
1. 养成持续创新的专业意识;
2. 培养严谨的科学态度。

任务一　列车开行方案概述

 任务描述

了解列车开行方案概念,理解影响列车开行方案的因素,掌握列车开行方案确定的过程。

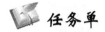

任务单

1. 影响列车开行方案的因素；
2. 确定列车开行方案过程。

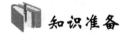

一、列车开行方案概念

城市轨道交通列车的开行方案，是指确定列车运行区段、列车种类及开行对数的计划。列车的始发站、终到站经由的路线和停站构成乘客列车的运行区段，列车种类区别列车不同的等级或性质，在列车开行中主要体现在列车不同的运行速度，开行对数的多少表示行车量的大小。三者构成一个完整的列车开行方案。城市轨道交通列车开行方案包括列车交路方案、列车开行数量、列车开行间隔时间、列车快慢开行方案、列车停站方案。

二、影响列车开行方案的因素

列车开行方案不仅受到客流计划的影响，而且还受整个城市轨道交通系统设备的影响。具体影响因素有以下4个方面：

1. 客运密度

各区段客运密度大小是开行方案的客流基础，即"按流开车"是确定乘客列车运行区段和行车量的基本原则。直达客流流量大，则直达列车多；近距离客流大，则短途列车多。

2. 车站折返能力

当车站折返能力不足时，可延长或缩短列车运行区段，以避开车站折返能力的限制。此外，还应考虑车站在政治、经济、文化、地理位置等多方面的因素。

3. 车底数量

为合理使用车底设备，尽可能地减少车底数量，开行方案需因车底的合理套用而调整，例如将不同区段的短途列车贯通运行，以减少车底需要数；当长途列车车底整备时间过长时，可考虑开短途列车。

4. 列车编组数量

列车编组辆数较小时，列车对数则相应增多，同时编组数量与长短途列车的性质也相关。

三、确定列车开行方案原则

确定列车开行方案必须满足下列基本原则：

1. 满足客流需求原则

以客流需求分析和预测为依据，根据不同时间、不同区段的客流变化特点，制订不同的列车开行方案，做到按需求组织，为广大乘客乘车以及换乘提供方便和高质量的服务，充分满足乘客出行需求。

2. 发车间隔时间适当原则

城市轨道交通主要是满足广大市民日常工作生活的需要。上下班人群和因公办事人群是最主要的乘客群体。乘坐城市轨道的乘客的期望与乘坐大铁路进行长距离旅行的乘客是不同的。大铁路乘客关心的是能否准点到达目的地。而高密度并且统一服务的城市轨道交通运输使得乘客一般都不会十分在意列车"准点",他们通常情况下并不清楚每次列车出发以及到达的准确时间。代替时间是,他们从经验知道在站台通常的等候时间,以及从起始地到目的地通常所需要的旅行时间。因此,在城市轨道交通中,典型的等候时间与典型的旅行时间是乘客的期望。而乘客的这个期望是根据自己平时坐车的经历得到的。

如果发车时间间隔过大,就会增加了乘客的旅行时间,会使一些客流转向其他运输方式运输;如果发车间隔时间短,会导致开行列车数量过多,座席虚糜,从而提高了运营企业的运营成本,降低了运营收入,不利于企业效益最大化。特别是城市轨道交通客流在时间上具有较大的波动性。

3. 合理停站原则

随着城市轨道交通的不断发展,许多大城市形成了多个客流密集区,城市轨道交通初期的站停方式越来越不适应乘客的需要。停站越多吸引的客流也越多,对于某些乘客的出行也比较有利;另一方面,停站多必然会降低列车的旅行速度,增加部分乘客尤其是中、长途乘客在途时间,也会因此而失去一部分客流。因此,中、长途乘客列车的合理停站是优化乘客列车开行方案的又一重要原则。在同一线路上有两次以上的列车经过时,应组织适当交错停站,以此达到既满足乘客出行需求,又提高列车运行速度的目的。

4. 能力适应原则

在方向上,开行方案提供的运输能力应与客运要求相适应,且保持合理的区间通过能力和车站折返能力。

四、列车开行方案确定的过程

1. 预测、调查客流及绘制客流图

根据客流计划绘制的区段客流密度图,能清楚、直观地表示出各方向上各客流区段乘客的流量、流向及客流发生、消失和变化的地点,这就为划分各种乘客列车运行区段,确定列车种类,计算开行对数的工作提供了便利。

2. 确定长、短交路

列车交路方案的影响因素有:区间断面客流分布、列车编组方案、车站线路条件。区间断面客流分布情况是确定列车交路的关键。通常情况下,在线路区间断面客流突变的位置是设置中间折返站的地方。列车交路方案所确定的不仅是折返站的位置选择,还包括该交路的列车编组形式。折返站需要有相应的配线和信联闭设备。因此,制订交路方案时,必须考虑车站线路条件。列车交路方案内容是根据线路断面客流和编组方案,选择合理的折返区段,使得轨道交通系统的运行效率最高,乘客出行最为便捷。

先按贯穿整个方向各客流区段的最小客流密度安排开车。也就是说,一般将一个方向的两端站定为乘客列车的始发站和终到站,以直达列车最大限度地吸引客流为目标,并根据车站能力进行适当的调整。然后,再将客流密度变化幅度较大的站间区间定为短交路的列车运行区段,并且要求整个方向上,乘客列车开行方案提供的客运能力与各客流区段上的客流密度相适应。

3. 确定列车开行数量和列车开行间隔时间

列车开行数量由客流大小决定。列车开行间隔时间不仅关系到服务质量,而且还受到折返能力、通过能力和车辆配置等因素的限制。

4.确定快慢列车开行方案和列车停站方案

快慢列车开行,是随着轨道交通网络不断扩大而出现的一种必然结果。在城市轨道一期工程往往只开行速度相等的列车,当轨道交通线路不断向城市偏远地区延伸时,为满足不同的客流和节约运营成本,就不得不采取快慢列车开行的方式。列车停站方案也是相同原因出现的。

特别是针对特大城市的超长线路,对不同区域的线路实行不同的停站方案是非常必要的。影响停站方案的因素主要还是客流的空间分布特征。客流的空间分布,如客流区间分布、换乘客流的分布情况是影响停站方案确定的关键因素。

5.检查列车开行方案

列车对数的确定是否合理,是衡量开行方案质量的重要标志之一。它既要适应客流的需要,又要使客运设备得到经济合理的利用,既要做到避免座席虚糜,又要防止列车过度拥挤。

确定列车的开行方案,除了基本的客流条件之外,还需考虑客运设备的配置条件。为了进行列车车底的整备作业,列车的始发站和终到站应选择有列车整备所的车站。为了办理折返作业,列车运行区段的两端站应在列车活动设备方面,配属足够数量的折返设备和车底。只有在技术设备上具备这些条件,开行方案才是切实可行的。

 任务实施

1.下发任务单,明确任务内容,学生课前按要求完成预习任务;
2.教师先进行讲解,学生分组学习;
3.学生自行总结确定列车开行方案过程的经验;
4.教师和各组长担当本次任务的他人评价工作,评判同学们的任务完成情况。

任务二 客流分析与行车组织方法

 任务描述

正确分析客流特征,根据客流特征选择合适的行车组织方案。

 任务单

1.客流的特征和演变规律;
2.确定适应客流特征的行车组织方法。

 知识准备

一、客流分析

在城市轨道交通系统的运营过程中,对客流的动态变化进行实时跟踪和系统分析,掌握客流现状与客流变化规律是城市轨道交通系统行车组织工作顺利进行的前提。

客流是动态流,它因时因地而变化,这种变化归根结底是城市社会经济活动和生活方式,以及城市轨道交通系统本身特征的反映。客流分析的核心是分析客流在时间和空间上分布的不均衡性以及它们与行车组织的关系。

1.客流的时间分布不均衡分析

(1)一日内小时客流的不均衡

小时客流随人们的生活节奏和出行特定目的而变化。通常是夜间少,早晨渐增,上班和上学时达到高峰,午间稍减,傍晚又会因下班和放学再次形成高峰,此后又逐渐减少,子夜最少。这种规律在国内外的城市交通线路上几乎都是一样,只是程度不同而已。轨道交通线路单向分时客流不均衡系数可按规定计算,单向分时客流不均衡系数越趋向于零,则单向分时最大断面客流不均衡程度较大。在单向分时客流不均衡系数较小,即在单向分时最大断面客流不均衡程度较大的情况下,为实现城市交通运输组织合理性和运营经济性,可考虑采用小编组、高密度行车组织方式,即在客流高峰时间段开行较多的列车以满足乘客需求,而在客流低谷时间段,则减少开行列车数以提高车辆时间满载率。

一日内小时客流分布不均衡,在确定全日行车计划应以分时最大断面客流作为依据。

(2)一周内全日客流的不均衡

由于人们的工作与休息是以周为循环周期进行,这种活动规律性必然要反映到一周内各日客流的变化上来。在以通勤、通学客流为主的轨道交通线路上,双休日的客流会有所减少;而在连接商业网点、旅游景点的交通线路上,客流又会有所增加。另外,星期日与节假日的早高峰小时客流和星期五与节假日前的晚高峰小时客流,都会比其他工作日早、晚高峰小时客流大。

根据全日客流在一周内分布的不均衡和有规律的变化,从运营经济性考虑,轨道交通系统常在一周内实行不同的全日行车计划和列车运行图。

(3)季节性或短期性客流的分布不均衡

在一年内,客流还会存在季节性的变化,如由于梅雨季节和学生复习迎考等原因,六月份的客流通常是全年的低谷。另外,在旅游旺季,城市中流动人口的增加又会使轨道交通的客流增加。短期性客流急增通常发生在举办重大活动或天气骤然变化的时候。对季节性的客流变化,可采用实行分号列车运行图的措施来缓解。当客流在短期内增加幅度较大时,运营部门应针对某些作业组织环节、某些设备的运用方案采取应急调整措施,以适应运输需求。

2.客流的空间分布不均衡分析

(1)各条线路客流的不均衡

包括现状客流的不均衡和客流增长的不均衡两方面,它们构成了整个轨道交通网客流分布的不均衡。

(2)上下行客流的不均衡

在轨道交通线路上,由于客流的流向原因,上下行方向发、到的客流通常是不相等的。在发射状的轨道交通线路上,早、晚高峰内上下行方向客流不均衡的现象尤为明显。在上下行方向客流不均衡系数较小,即在上下行方向最大断面客流不均衡程度较大的情况下,直线线路上要做到经济合理的配备运力比较困难,但在环行线路上可采取内、外环线路安排不同运力的措施。

(3)各个断面客流的不均衡

在轨道交通线路上,由于各个车站乘降人数不同,线路单向各个断面的客流存在不均衡现象是不可避免的。轨道交通线路单向各个断面客流不均衡系数可按相应公式计算。单向断面不均衡客流系数越趋向于零,则线路单向最大断面客流不均衡程度越大,在单向断面客流不均衡系数较小,即在线路单向最大断面客流不均衡程度较大的情况下,可采用在客流较大的区段加开区段列车的措施。

(4)各个车站乘降人数的不均衡

轨道交通线路各个车站的乘降人数不均衡,在不少线路上,全线各站乘降量总和的大部分往往是集中在少数几个车站。此外,新的居民住宅区形成规模和新的轨道交通线路投入运营,也会使车站乘降量发生较大变化,带来不均衡的加剧或产生新的不均衡。

3. 客流动态及演变规律

(1)线路网上的客流动态

线路网上的客流动态是指全市的平面图上的客流动态。它反映全市公共交通线路网上客流量的多少及分布特点:一般城市中心区客流量是最集中、最稠密的,边缘地区则相对稀疏。

线路网上的客流动态一般来说是由中心区的集散点逐渐向外延伸。客流的动态分布与城市的总体布局有很大关系,并受道路格局的制约。反映在线路网上,一般有4种类型:放射型、放射环型、棋盘型、不定型。线路网上客流动态数值是用通过量表示的。各个路段的通过量按照时间顺序排成数列,即可显示线路网上客流动态数值及变化特点。根据线路网上客流量动态变化方向和数值及波动的幅度,可以提供研究线路的新途径,调整运营车辆的选型和配备各阶段的车辆数,以及修改行车时刻表等资料。

(2)方向上客流动态

一般线路上都有上下行两个方向。两个方向的客流量在同一时间分组内是不相等的,有的线路双向的客流量几乎相等,有的线路则相差很大。由于方向上的客流动态不同,可计算出两个数值,其动态类型也可分为双向型和单向型两种。

①双向型

上下行的运量数值接近相等,市区线路属于双向型的较多。这种线路在车辆调度上比较容易,同时车辆的利用率比较高,如图1-1所示。

②单向型

上下行的运量数值差异很大,特别是通向郊区或工业区的线路,很多是属于单向型的。这样的线路上行比较复杂,车辆的有效利用率较双向型线路低,如图1-2所示。

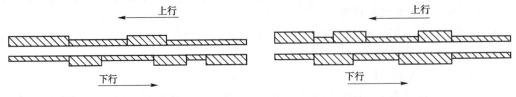

图1-1 双向型客流示意图　　图1-2 单向型客流示意图

对于客流分布在方向上的不均衡性一般用方向不均衡指数 p_d 表示,一般线路的 p_d 为 1.1~1.2,工业区线路为 1.4~1.5。其计算方法如下:

$$p_d = \frac{2V_d}{(V_d + V'_d)} \tag{1-1}$$

式中:V_d——单向高峰小时最大断面客流量,人/h;

V'_d——对应 V_d 的另一方向最大断面客流量,人/h。

研究方向上的客流动态,可以为确定相应的调度措施,为合理地组织车辆运行提供依据。

(3)断面上的客流动态

线路上各停车站的上下车人数是不相等的,因此车辆通过各断面时的通过量也是不相等的,若把一条线路各断面上的通过量的数值按上行或下行各断面的前后次序排成一个数列,这个数列就能显示断面上的客流动态。从这些数量关系中,可以看出客流在不同时间内在断面上的分布特点与演变规律。客流在线路各断面上的动态分布是有一定特点的,但从整条线路归纳起来,大致有以下几种主要类型:

①"凸"型

各断面的通过量以中间几个断面数值为最高,断面上的客流量成凸出形状,如图1-3所示。

②"平"型

各断面的通过量很接近,客流强度几乎在一个水平。有些线路在接近起、终点站前的1~2站断面通过量较低,但其余断面的通过量很接近,也属于此类型,如图1-4所示。

图1-3 "凸"型客流示意图　　　　　　　图1-4 "平"型客流示意图

③"斜"型

线路上每个断面的通过量由小至大逐渐递增,或者由大至小逐渐递减。在断面上显现梯形分布,整体构成斜型,如图1-5所示。

④"凹"型

与"凸"型断面的通过量动态特点正好相反,中间几个断面的通过量低于接近两端端面的通过量。全线路断面的通过量分布呈凹型,如图1-6所示。

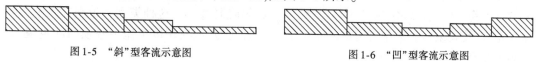

图1-5 "斜"型客流示意图　　　　　　　图1-6 "凹"型客流示意图

⑤"不规则"型

线路上各断面的通过量分布高低不能明显地表示为某种类似的形状。

总之,分析断面上的客流动态,可以为经济合理的编制时刻表及选择调度措施提供重要的依据。

(4)客流动态的演变规律

客流动态时间是受外界因素影响而经常变动的。但经过充分的调查研究后可以看到,在一定的时间与范围内,其变异程度具有某些规律性。掌握客流动态的变化规律,是公共交通企业组织运营计划的基础。从季节、周日、昼夜三种不同的时间角度可以探求出一定的演变规律。

①季节性变化

一年中每月的客流量互有差距而不平衡,有一定的起伏变化。在一般情况下,冬季每月的客流量比较高,夏季则比较低。这是因为冬季寒冷,部分骑车或步行者往往改乘公共交通。岁尾年初的人们生活出行增多,所以市郊区的客流量都有大幅度的上升。夏季城市居民的一般社会活动量减少,导致客流量普遍下降。

季节性客流动态及其特点是制订客运计划的主要资料,也是编制各月行车计划的主要依据之一。

②周日间变化

在一个星期的七天中,由于受到生产和休假日的影响,每天的客流量是不等的。但变化较为稳定,每周的客流量将会有重复出现的规律。其特点是每周一早高峰,周五晚高峰。周六、周日的客流量较高,近郊线路比市区线路尤为明显。市区线路在周六、周日,因休假单位量大且集中,通勤客流大幅下降,而平日低峰时间的生活娱乐性客流量在周六、周日则有很大增加。

③昼夜变化

一昼夜内各个单位时间的客流动态是不相同的。公共交通的基本客流主要是由工作性客流而构成,在一天的运营时间内出现两个客运高峰。在工业区行驶的线路,受三班工作制的影响,还会形成中午与夜间两个客运小高峰。一天的客流变化规律动态,要以小时为单位,调度员要结合动态类型及变化规律进行分析,安排好线路的运营时间、劳动班次、车辆使用和行车调度方法等。

根据客流量在一昼夜不同时间内的分布,其动态演变可以划分为双峰型、三峰型、四峰型和平峰型四种。

双峰型:这种类型是在一昼夜内有两个显著的高峰。一个高峰发生在上午时间(6:00~8:00),称为早高峰;另一个高峰发生在下午时间(16:00~18:00),称为晚高峰。这种类型是比较典型的,如图1-7所示。

三峰型:这种类型比双峰型多一个高峰。如果这个高峰出现在中午时间(12:00~14:00)称为中午高峰,出现在晚上时间(20:00~22:00),称为小夜高峰。一般来说,这个高峰的数值比早、晚两个高峰小,这种类型常见于市区线路,如图1-8所示。

四峰型:这种类型比双峰型多两个峰。这两个高峰一般出现在中午时间(12:00~14:00)和晚上时间(20:00~22:00),其数值都比早晚高峰小。这种类型多出现在工业区行驶的线路上,其乘客大多是三班制的工人。高峰时间短,但在调度工作中必须引起重视,如图1-9所示。

平峰型:这种类型的客流动态在时间分布上没有明显的高峰。客流量在一昼夜分组时间内虽有变化,但升降幅度不大,如图1-10所示。

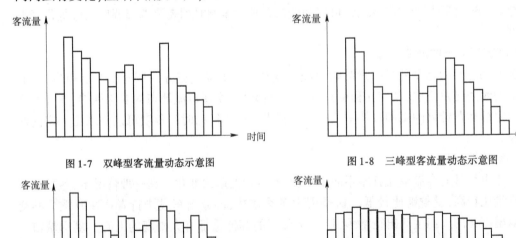

图1-7 双峰型客流量动态示意图

图1-8 三峰型客流量动态示意图

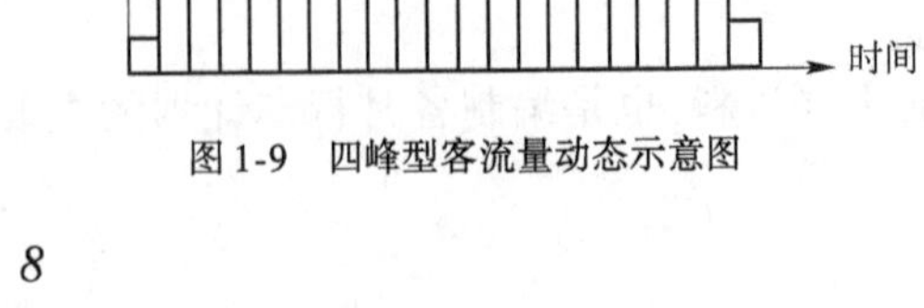

图1-9 四峰型客流量动态示意图

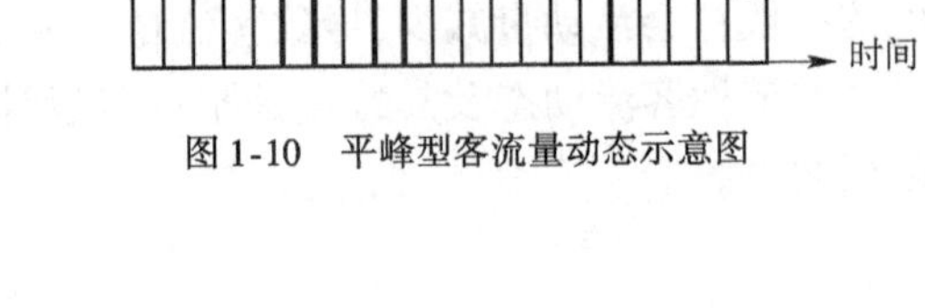

图1-10 平峰型客流量动态示意图

一昼夜客流量动态都是以 1h 为单位时间。动态类型及演变规律主要是掌握和分析"峰"在时间上的分布情况。

客流动态在时间上的不均衡性一般用时间不均衡指数 p_t 表示,其计算方法是:

$$p_t = \frac{V_{\max}}{\sum \dfrac{V_i}{h}} \tag{1-2}$$

式中:$V_{\max}$——单向最大断面客流量,人/h;
V_i——单向断面分时客流量,人/h;
h——全日营业小时数量。

一般线路的 p_t 为 1.2,线路往往以高峰小时的客流量作为确定配备车辆数的依据。高峰小时客流量的比重越大,需投入的车辆数越多。

二、适应不同客流的行车组织方法

行车组织必须依据客流特征,提供符合客流特点、满足客流需求的运输服务,同时行车组织也能减少列车开行成本。因此,行车组织的任务就是在满足客流需求的情况下,经济合理地安排车流组织,达到社会效益、经济效益的"双赢"。要达到这种目的,需要有针对不同客流特点的行车策略。

1. 适应路网客流时间动态性的行车组织方案

城市轨道交通行车组织是以日客流分布时段的客流量计算出开行列车对数,按照单位小时的最大客流量来安排车辆数。因为是根据最大客流量来安排配属列车的运营辆数,客流时间上的动态性决定了客流有高峰期和低谷期,所以在非客流高峰期为了减少车辆的运行,将一部分车辆从运营线路上撤下,在车辆段维修养护。随着客流量下降,开行列车减少,运力若还远远大于线路上的客流量,就会出现"运力虚糜",造成运力的极大浪费。所以,针对客流时间动态性,有以下较为常见的行车组织方案。

(1) 改变发车间隔时间

改变发车间隔时间,调整列车开行数量是一种常见的针对高峰、低谷客流的行车组织的方法。使用这种方法能有效降低运输成本,避免运力虚糜,调整乘客的等候时间,提高系统的服务质量。

(2) 开行最少对数的列车

这种方法就是在满足客流的情况下开行最少列车对数,用开行"频率"保证服务质量。这种行车组织方案优点是可以确保整个系统的服务能力,缺点是由于列车编挂辆数不变,车辆的空载率很高,增加了运营能耗。

(3) 适时短列或长列

开行编组辆数少于常规编组辆数的"短列"是一种非常规的运输组织方式。在开行最低列车对数时,减少列车的编组辆数,能够减少列车的停站时间,在保证列车间隔时间不超过合理时间的同时,减少车辆的空载率,确保系统服务质量,减少不必要的消耗。

因开行列车数量的减少,降低了运营成本,提高车辆的运用效率;车辆的减少可以缩短车辆的走行距离,降低车辆损耗,减少相应的维修工作,节约运输成本;对于那些不适用的车辆可以有足够的时间进行维修或保养,有利于提高系统的可靠性;同时在高峰时期可以将两列"短列"列车组合成一列大编组的列车,这能疏解路网上突然出现的大量的换乘客流,满足高峰期的运输需求。

常用的做法是高峰客流时段时,将短列在折返线上合二为一,成为"长列"投入高峰运营;在客流较少时,将列车"分解",以少部分投入运营,一列分成两列的分解作业在折返线上完成,两列分解成三列的作业返回到车辆段完成。

2. 适应客流空间动态性的行车组织方案

(1) 方向动态性的运输行车方案

针对双向型客流的行车组织较为容易,当两方向客流量相近,可分别安排相同的运力,即可满足运输需求,达到较高车辆利用率;对于单向型客流,在不均衡系数较大的情况下,直线走向的轨道交通线路要做到经济合理地配备运力比较困难,为维持整体运营的合理简单,一般来说直线上下行安排相同的运力,但是客流较少的一方车辆的利用率较低;而在环形轨道交通线路上,双向型客流可以采用外环交路,安排不同运力与客流量相适应的行车组织原则。

(2) 区段动态性的运输行车方案

科学地运用交路,合理地组织客流。均等型客流的行车组织安排较为简单,全线安排相同的运力即可,即可以保证列车的利用效率;对于凸起型客流可在其客流量较大的区段增开区段列车,以适应该区段客流要求,这种行车组织方案与全线安排相同运力的行车组织方案相比,加大了车辆的利用效率从而降低运营成本,但是增加了运营的复杂程度和难度;对于中间突增型客流,客流形态上与凸起型客流有几分相似,只是中部客流变化的幅度较大,因此行车组织可以在客流的增幅区段多开行短交路列车,运营复杂程度进一步增强。

一般来讲,如果最大和最小断面的客流量相差不大时,按照以最大断面高峰小时客流量作为设计列车编组的依据;若客流量相差较大,全线可以采用按照某一较小客流量断面的客流量设计全线列车编组,在超过该断面客流量的区段增开区段列车,这种行车组织方案既可满足运输需求,又可提高列车的平均满载率。

 任务实施

1. 下发任务单,明确任务内容,学生课前按要求完成预习任务;
2. 教师先进行讲解,学生分组完成任务;
3. 学生自行总结相关规定的经验;
4. 教师和各组长担当本次任务的他人评价工作,评判同学们的任务完成情况。

任务三 确定列车编组方案

 任务描述

理解列车编组的概念和设置原则,了解车型选择依据,掌握列车编组确定方法。

 任务单

1. 确定车辆编组的主要原则;
2. 列车编组车辆数的计算。

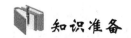知识准备

一、车型选择依据

1. 车型选择

客流是确定车辆选型、车辆编组的重要依据之一。一般中小运量(如高峰小时断面客流量小于或等于3万人次)的轨道交通选用小型车辆(C型),较大运量或大运量(高峰小时断面客流量大于3万人次)的轨道交通宜选用大型车辆(A或B型)。

城市轨道交通车辆选型是影响工程规模和输送能力的重要因素。车辆的载客能力必须满足客流预测提出的客运量要求。在建设部颁发的《城市快速轨道交通工程项目建设标准》中,推荐了A、B和C三种车辆类型,高客运量(高峰小时单方向最大断面客流量为5万~7万人次)的城市轨道交通线路应选用A型车,大运量(高峰小时单方向最大断面客流量为3万~5万人次)的城市轨道交通线路应选用B或A型车,中运量(高峰小时单方面最大断面客流量为1万~3万人次)的轻轨线路应选用C或B型车,地铁使用的车辆有A型车和B型车,最大载客量正常状况下分别为310人/辆和240人/辆,超员状况下分别为410人/辆和290人/辆。

2. 发展预留

客流是轨道交通建设的一个重要的参考因素,但不是决定性的因素。在确定轨道交通车辆选型、列车编组和建设规模及标准时,还要预留一定的运能储备。

在我国轨道交通设计标准中,额定负载时,车厢内站席为6人/m^2。这一标准显然太低,不适应未来人们对出行的要求,上海地铁1号线在运营中已证实了这一点。根据地铁运营公司的统计,在高峰时间内车厢内拥挤不堪的情况下,车厢内站席平均密度最高只能达到5人/m^2。如果仍然按照这一标准来建设轨道交通,将来总有一天人们会感到拥挤不堪,并逐渐失去与其他交通方式的竞争力。拥挤的客运交通将不可避免地引发治安方面的问题,如性骚扰、偷窃等。城市社会经济活动日益频繁,对出行的条件提出了更高要求,轨道交通以其特有的快捷、准点、安全、舒适的优势必将吸引更多的客流乘坐轨道交通,这已经被国内外的轨道交通运营所证实。因此,在考虑轨道交通车辆选型及列车编组时,应该做适当预留。线路设计通过能力的提高是很有限的,难以完全满足运能储备和舒适度两方面的预留要求。因此,必须选用大容量车型或者适当增大列车编组。

3. 工程上的考虑

大型车的结构尺寸较大,需要较大的结构限界。城市轨道交通工程,特别是地下隧道结构一旦建成,其改建将是非常困难的。并且大型车的工程结构能够满足中小型车辆的限界要求,反之则不行。

二、列车编组方案

列车编组数量是轨道交通设计的主要参数,由此确定系统的车站长度、供电和通风设备的容量、系统运输能力,以及检修车库的长度等。列车编组方案有以下几种:

(1)大编组方案:是指在运营时间内列车编组辆数固定且相对较多,如地铁列车采用6辆或8辆编组。

(2)小编组方案:是指在运营时间内列车编组辆数固定且相对较少,如地铁列车采用3辆或4辆编组。

(3)大小编组方案:是指在运营时间内列车编组辆数不固定。大小编组有两种情形,一种是在客流非高峰时段编组辆数相对较少,在高峰时段编组辆数相对较多,3/6编组或4/8编组具有可以根据客流量灵活编组,以及车辆检修周期一致等优点。

1. 国外地铁列车编组情况

法兰克福地铁不仅多条线路在同一站台上实现换乘,而且在站台上有长、中、短列车标识。同一线路在不同时间根据客流情况,可以有长列(9节)、中列(6节)、短列(3节)不同长度的列车运行,既满足乘客需求,也保证了一定的车辆利用率。

维也纳地铁列车的编组可以调节,维也纳地铁2号线列车为6节编组,但可根据需要解编为4节。该列车为4动2拖。两端的1号车和6号车为拖车,不设动力装置,但设列车控制室,2号到5号车均为动力车。2号车与3号车之间、4号车与5号车之间用车钩连接,其余为固定连接。6节编组的列车连接方式为:1-2⋯3-4⋯5-6(4动2拖)。灵活编组列车在动力设备及其他装备配置上有严格的要求,较固定编组复杂;但通过改变列车编组,再加上调节行车密度是可以适应不同时期和不同时段客流量变化上的要求,是提高地铁运行效率的有效途径。

2. 国内地铁列车编组情况

国内目前拥有城市轨道交通的城市并不多,其列车编组情况见表1-1。

国内主要地铁列车编组情况 表1-1

项 目	上海地铁1、2号线	广东地铁1、2号线	深圳地铁1期工程	成都地铁1期工程
最小列车运行间隔(min)	150	120	120	120
远期高峰小时断面客流万人次	7	6	5	4
初期列车编组(节)	6	6	6	4
远期列车编组(节)	8	6	6	6
车辆类型	A型车	A型车	A型车	B型车

三、城市轨道交通车辆编组

1. 确定车辆编组的主要原则

(1)必须满足单向高峰小时断面客流量的需要;

(2)兼顾信号系统设备所能达到的行车密度(或行车间隔),即系统设计能力;

(3)编组数量还应该用列车的超员载客量进行校核,使得列车既能满足高峰时的运输需要,又使得平时的车辆满载率提高,以避免高峰时间过后的列车运能虚糜,达到节能并降低运营成本的目的;

(4)考虑编组对初、近、远期客流变化的适应能力。

通常来说,客流有一个从发育到成长的过程,因此,工程投入运营的初期,客流量肯定较少,仅需要较小的编组数量即可满足运营需要和舒适度的要求。而随着客流的逐步增长和系统设计能力的限制,到了近期或者远期,通常又需要用较大编组的列车才能满足运营需要。

2. 编组车辆数的计算

$$Z = \frac{Q}{AN\beta} \tag{1-3}$$

式中:Z——编组辆数,辆;

Q——单向高峰小时最大断面客流量,万人/h;

N——列车额定载客量,人;

A——某一断面每小时通过的列车数量,列;

β——满载率。

此外,在确定列车编组辆数时还应考虑如下制约因素:

(1)站台长度限制。在大多数的线路上,当列车编组达到 8 辆时,列车长度将和站台长度相等。

(2)对线路通过能力的影响。当列车长度接近站台长度时,要求列车在车站指定位置准确停车,要增加停车附加时间。并且,由追踪列车间隔时间的分析计算可知,列车长度也是一个影响变量。

(3)经济合理性。采用长编组列车,在非运营高峰时间内车辆满载率一般较低。

3. 影响列车编组方案比选的因素

影响列车编组方案选用的主要因素是客流、通过能力和车辆选型。此外还应考虑乘客服务水平、车辆运用经济性和运营组织复杂性等因素。

(1)客流:客流因素主要是指高峰小时最大断面客流与分时客流不均衡程度。在车辆选型、列车间隔一定的情况下,客流较大,列车编组也较大。

(2)车辆选型:车辆选型的依据是高峰小时最大断面客流量,在高峰小时最大断面客流量≥3 万人时应采用 A 型车和 B 型车,车辆定员分别为 310 人和 230 人。

(3)列车间隔:从提供必要的小时列车运能出发,在车辆定员一定的情况下,为适应小编组方案,列车间隔应相应压缩,但列车间隔的压缩受到线路通过能力和列车折返能力的制约。

(4)乘客服务水平:在进行列车编组方案比选时,应考虑不同编组方案的乘客服务水平。在客流量不大、列车密度较低的情况下,与大编组方案相比,采用小编组方案时的乘客候车时间较短。因此,小编组方案有助于提高乘客服务水平。

(5)车辆运用经济性:采用小编组方案,对提高列车满载率及降低牵引能耗具有积极的意义,但动车比例的增加会导致车辆平均价格的上升,而小编组列车开行数的增加也会使乘务员配备数增加。

(6)运营组织复杂性:与采用固定编组方案相比,在选用大小编组方案时,列车的编组与解体、高峰与非高峰时段的过渡以及列车间隔的调整等因素均增加了运营组织的复杂程度。

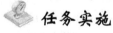

1. 下发任务单,明确任务内容,学生课前按要求完成预习任务;

2. 教师先进行讲解,学生分组完成任务;

3. 学生自行总结相关规定的经验;

4. 教师和各组长担当本次任务的他人评价工作,评判同学们的任务完成情况。

任务四 确定列车交路

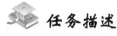

理解列车交路概念和设置原则,掌握列车交路的基本形式及其适用条件,了解确定列车交路的步骤。

 **任务单**

1. 设置列车交路的原则；
2. 熟悉列车交路的基本形式及其适用条件；
3. 确定列车交路的步骤。

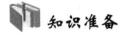 **知识准备**

一、列车交路的概念

列车运行交路是指列车担当运输任务的固定周转区段。列车交路计划规定列车运行区段、折返车站以及按不同交路运行的列车对数。当轨道交通线路较长，客流分布不均衡时，通过合理、可行的交路组合来安排列车输送能力是一种充分利用有限资源、降低运输成本的常见方法。设置列车交路的主要目的是在满足客运需求、方便运营的同时合理分配运能，节省车辆设备。

二、设置列车交路的原则

在设计列车交路方案时，除了应符合客流的空间分布特征外，还应考虑通过能力是否适应，以及对乘客服务水平的影响，运输组织的复杂性，中间站折返设备的投资与运营费用等因素。与常规列车交路比较，采用特殊列车交路时，列车在中间站折返通常会对中间站折返能力和线路通过能力带来不利影响，因此，符合客流的空间分布特征是特殊列车交路采用的必要条件，而中间站折返能力和线路通过能力是否适应，则是特殊交路方案采用的充分条件。

1. 列车交路必须满足客流的特点

客流在空间上所表现出的不均衡性是列车交路确定的根据。城市轨道列车交路设计应依据预测客流分布及出行特点，并且在客流预测的基础上，进行客流分析，结合全线客流断面的变化点划分列车运行区段，保证全线及各区段的输送能力满足相应区段的客流需求，方便乘客出行，保持适当的服务水平。

2. 必要设备是实现列车交路的保证

轨道交通的线路设置不可能采取每个车站都具备列车进行调车作业功能的线路设置方式，交路计划的实现只能在设有调车或折返线路的车站之间进行，同时还必须注意列车交路是否会影响到行车组织的其他环节。不同列车交路对应不同的运营组织模式和折返站配线形式。为方便运营管理和车站设备的充分利用，前期设计的列车交路应为后期设计交路的实施创造条件，后期设计的列车交路应兼顾前期相关设备的利用和运营管理的连续性。

3. 合理客运组织是实现列车交路的必要客观条件

由于列车交路的实现可能导致列车终到站的变化，相关车站的乘客乘降作业、客流清客、客运服务工作都会随之不断调整，对客运组织水平要求比较高，客运组织可能会直接影响到列车运行图的执行情况。

4. 要尽量减少乘客平均等待时间

乘客平均等待时间是评价城市轨道列车交路的一项重要指标，它包括行车间隔时间和因乘客换乘而产生的(本线)换乘时间。分段列车交路会因换乘乘客均需在衔接车站下车换乘而延长乘客平均等待时间，同时增加衔接车站规模和车站管理难度。因此在分段运行设计时需合理设置衔接车站配线,尽量满足乘客同站台换乘,以减少乘客等待时间。

三、列车交路的基本形式及其适用条件

1. 单一交路(如图 1-11)

采用单一列车交路,列车在线路起、终点间按最大需要开行贯通运行的列车。适用于全线客流比较均匀,基本无落差的情况,一般应用于市区线路。市域线路全程客流一般不均匀,为避免郊区段运能浪费,一般不予采用。

2. 长短交路(如图 1-12)

长短交路可根据客流需要组织不同编组、不同开行对数的列车在各区段运行,以满足客流需求,提高运营效益。对于市域线路,短交路一般在市区段。该种交路适用于全线或区段高峰小时客流量不均匀,且断面流量在途中某处有明显的落差。而用长短交路,中间折返站的选择及配线设置合理与否,是设计的关键。

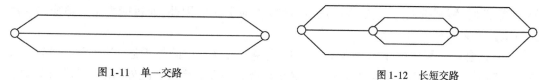

图 1-11　单一交路　　　　　　　　图 1-12　长短交路

3. 分段交路(如图 1-13)

分段交路不仅可以组织不同编组、不同开行对数的列车分段运行,甚至相邻区段线路技术标准也可不一致。适用于高峰小时断面流量不均衡,且差异程度较大的线路相邻区段。

4. 交错交路(如图 1-14)

采用交错列车交路,交错区段一般为市区区段,要求运行最大列车对数。当交错范围为一个区间时,可共线或不共线。适用于郊区与市区间的向心客流。

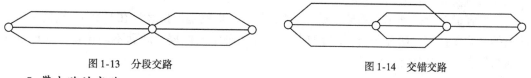

图 1-13　分段交路　　　　　　　　图 1-14　交错交路

5. 带支路的交路

带支路的列车交路通常应用于带支路的线路,如航空城支线。其列车交路形式通常有两种:一种是支路独立运行(如图 1-15),适用于支线直通客流比例较小的情况;另一种是支线直通运行(如图 1-16),适用于支线的直通客流比例较高的情况。如果支线的短途客流比例较大的话,仍然可以适当地开行独立的支线交路,将两种列车交路进行有机组合。

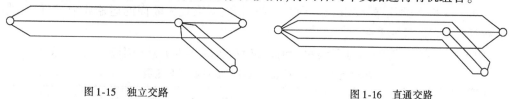

图 1-15　独立交路　　　　　　　　图 1-16　直通交路

四、影响列车交路方案比选的因素

符合客流的空间分布特征是列车交路方案选用的前提条件和必要条件。影响列车交路方案的比选因素还有乘客服务水平、运营经济性、通过能力适应性和运营组织复杂性等。

(1)客流的空间分布特征:符合客流的空间分布特征是列车交路方案采用的基本依据,

只有在线路各区段断面客流分布不均衡程度较大时,才有必要对常规交路和特殊交路方案进行比选。在断面客流分布为阶梯型时可选用混合交路或衔接交路方案,在断面客流分布为凸字型时可选用混合交路方案,在断面客流分布比较均衡时,一般选用常规交路方案。

(2)乘客服务水平:在采用混合交路时,部分乘坐长交路列车的乘客会增加候车时间;在采用衔接交路时,跨区段出行的乘客需要在中间折返站换乘。因此,采用特殊交路会使部分乘客增加出行时间,从而导致乘客服务水平的下降。特殊交路方案对乘客服务水平影响的程度,取决于乘坐长交路列车或跨区段出行乘客的数量及其所占比例。如果乘客出行时间增加较大,一般不宜采用特殊交路方案。

(3)运营经济性:采用特殊交路能提高列车满载率、加快列车周转、减少运用车数,从而提高车辆运用经济性、降低运营成本。但由于需要在中间站铺设折返线、道岔和安装信号设备,因此也会增加投资和运营费用。

(4)通过能力适应性:在采用特殊交路方案时,不同交路列车的折返作业可能会产生进路干扰,此时,线路折返能力、最终通过能力均有可能降低。因此,通过能力是否适应是采用特殊交路方案的充分条件之一。

(5)运营组织复杂性:由于列车按不同的交路运行并在中间站折返,以及需要加强站台乘车导向服务,特殊交路方案的运营组织要比常规交路方案复杂。此外,在采用特殊交路方案时,中间折返站的选择也是运营组织中需要考虑的问题。

五、确定列车交路的步骤

列车交路的确定应建立在对线路各区段客流量进行统计分析的基础上,充分考虑行车组织与客运组织的条件,进行可行性研究后加以确定。

1. 判断是否开行长、短列车交路

区段客流分析是列车交路确定的主要因素之一,也就是根据客流在时间上、空间上所表现出的不均衡性加以研究分析,作为列车交路计划确定的依据。断面不均衡规律用断面不均衡系数表示。其计算方法是:

$$p_h = \frac{nV_{max}}{\sum V_i} \tag{1-4}$$

式中:n——轨道交通所设区间;

V_{max}——单向最大断面客流量,人/h;

V_i——单项断面分时客流量,人/h。

p_h 达 1.5 以上的线路,要取长短列车交路组合,增大最大断面的运输能力,以保持线路各个断面运力与运量的平衡。

【例1-1】 某城市地铁10号线早、晚高峰时段各断面客流量分别如表1-2、表1-3。

2030年地铁10号线早高峰时段各断面客流量 表1-2

	断面1	断面2	断面3	断面4	断面5	断面6	断面7	断面8	断面9	断面10	断面11	断面12
	站1-站2	站2-站3	站3-站4	站4-站5	站5-站6	站6-站7	站7-站8	站8-站9	站9-站10	站10-站11	站11-站12	站12-站13
上行	4675	9894	10578	10496	20365	20643	20365	10451	10462	10415	10765	9786
下行	6578	9795	10742	10971	20145	22745	23450	10451	10651	10452	10056	5675

2030 年地铁 10 号线晚高峰时段各断面客流量　　　　　　　　表 1-3

	断面 1	断面 2	断面 3	断面 4	断面 5	断面 6	断面 7	断面 8	断面 9	断面 10	断面 11	断面 12
	站1－站2	站2－站3	站3－站4	站4－站5	站5－站6	站6－站7	站7－站8	站8－站9	站9－站10	站10－站11	站11－站12	站12－站13
上行	4885	8764	10458	10782	15489	15768	14988	10052	10027	7516	5106	5243
下行	1096	6455	9782	10461	15947	14541	14988	10751	10675	10098	8992	6569

通过计算,早高峰 $p_h = 1.85$,晚高峰 $p_h = 1.59$,所以必须采取长短交路嵌套。

地铁 10 号线在断面上属于凸起型,在站 6 附近地处市中心,客流发生量和吸引量都比较大,不可避免地会产生高峰。如果按全线长交路方式的行车组织可能会造成路线中间拥挤不堪,而两边运输效率虚糜。因此采取长短交路嵌套,列车交路如图 1-17。

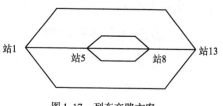

图 1-17　列车交路方案

2. 确定长短交路列车开行配置

长短交路形式下,以长交路运行图周期 $T_周$ 为基础的长短交路组合周期形式,如图 1-18 所示。为以下讨论方便,各折返站的折返时间标准均取为 $t_折$。短交路运行图周期为 $t_周$,为了减少空费,由此,可以推导出 $t_周$ 应为长交路行车间隔 $I_大$ 的整数倍。

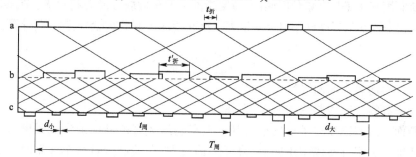

图 1-18　长短交路开行示意图

任务实施

1. 下发任务单,明确任务内容,学生课前按要求完成预习任务;
2. 教师先进行讲解,学生分组完成任务;
3. 学生自行总结相关规定的经验;
4. 教师和各组长担当本次任务的他人评价工作,评判同学们的任务完成情况。

任务五　确定列车开行数量和列车开行间隔时间

任务描述

理解基本概念,确定列车开行数量和列车开行间隔时间。

任务单

1. 确定列车开行数量;
2. 确定列车开行间隔时间。

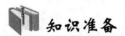
知识准备

列车数量是指方向上或区段内为满足客流量需要而开行的乘客列车数量。乘客列车的开行数量,基本上取决于客流计划。乘客列车数量确定得是否合理,是衡量运行图编制质量的重要标志之一。它既要适应客流量的需要,又要使客运设备得到经济合理的利用。正确计算列车开行数量,对降低城市轨道运输成本、提高城市轨道运输生产效率、保证乘客运输服务质量、增强城市轨道的竞争能力和应变能力等具有重要的意义。

一、确定列车开行数量

1. 计算各小时各区段应开行的列车数量

计算公式如下:

$$n_i = \frac{p_{\max}}{p_{列} \beta} \tag{1-5}$$

式中:n_i——全日分时开行列车数,列或对;

$p_{列}$——列车定员人数,人;

$p_{\max}$——单向最大断面客流量,人/h;

β——线路断面满载率。

线路断面满载率是指在单位时间内、特定断面上的车辆载客能力利用率。在实际工作中,线路断面满载率通常是指高峰小时单向最大客流断面的车辆载客能力利用率,计算公式如下:

$$\beta = \frac{p_{\max}}{c_{\max}} \times 100\% \tag{1-6}$$

式中:$p_{\max}$——单向最大断面客流量,人/h;

$c_{\max}$——高峰小时线路输送能力,人/h。

线路断面满载率既反映了高峰小时开行列车在最大客流断面的满载程度,也反映了乘客乘车舒适度。为提高车辆运用效率、降低运输成本,在编制全日行车计划时,列车在高峰小时适当超载。

β 的大小可以根据不同时间段进行确定,在客流高峰时可以超过1,在其他时段可以小于1,其作用可以确保开行列车对数的基本均衡,不致列车频繁进出车场。

【例1-2】 某城市轨道交通客流调查得到不同小时段的断面客流。线路断面满载率,高峰小时采用120%,其他运营时间采用90%,列车编组6辆人,每一车辆定员310人,计算结果如表1-4所示。

全日分时开行列车数　　　　　表1-4

时　间	单向最大断面客流量(人/h)	全日时分开行列车数	时　间	单向最大断面客流量(人/h)	全日时分开行列车数
5:00~5:30	3120	2	11:30~12:30	18330	11
5:30~6:30	16770	10	12:30~13:30	21840	14
6:30~7:30	39000	18	13:30~14:30	21840	14
7:30~8:30	25350	16	14:30~15:30	24960	15
8:30~9:30	19500	12	15:30~16:30	26520	16
9:30~10:30	15210	10	16:30~17:30	33930	16
10:30~11:30	15600	10	17:30~18:30	21840	14

续上表

时间	单向最大断面客流量(人/h)	全日时分开行列车数	时间	单向最大断面客流量(人/h)	全日时分开行列车数
18:30~19:30	14820	9	21:30~22:30	7800	5
19:30~20:30	10530	7	22:30~23:30	3120	2
20:30~21:30	10140	7			

2. 确定长、短交路列车数量

确定各交路应开行列车数量，确定长交路运输的乘客和短交路运输的乘客数量，确保满足乘客出行的需要，并要确保车底数量足够保证列车开行。

二、列车开行间隔时间

相邻两列车向同一方向发车的最小间隔时间为行车间隔时间，行车间隔时间是一个综合性指标。行车间隔时间与地铁系统运输能力成反比，行车间隔时间越短，每小时所能通过的列车数就越多，其所需车辆数量也就越多，而地铁的运输能力也就越大。

1. 影响因素

(1) 列车开行数量决定的列车间隔时间

$$I = \frac{3600}{N} \tag{1-7}$$

式中：I——列车间间隔时间，s；

N——单位小时开行列车数量。

(2) 服务频率要求影响列车开行间隔时间

服务频率指某一方向(从甲站到乙站)，单位时间内提供给每位乘客乘车选择的车次数量。服务频率越高，单位时间内提供给乘客选择的列车(车次)越多，乘客乘车就越方便，等待的时间就越短，进而吸引的乘客就越多。

城市轨道交通主要是满足广大市民日常工作生活的需要。上下班人群和因公办事人群是最主要的乘客群体。乘坐城市轨道乘客的期望与乘坐大铁路进行长距离旅行的乘客是不同的。大铁路乘客关心的是能否准点到达目的地，而高密度且统一服务的城市轨道交通运输使得乘客一般都不会在意时间表，而且他们通常并不清楚每次列车出发以及到达的准确时间。代替时间表的是，他们从经验可以知道在站台通常的等候时间与从起始地到目的地通常所需要的旅行时间。因此，典型的等候时间与典型的旅行时间是乘客的期望。乘客的这个期望应该是根据自己平时坐车的经历来得到的。

乘客候车都有一定的耐受度，即超出一定的候车时间，乘客就会表示出不耐烦，对公交服务表示不满。乘客候车的耐受度依时段不同而不同，比如早高峰时段，由于多数出行的目的是通勤、通学，因此能够接受的候车时间就要比其他时段短。乘客候车的满意度一般以候车时间长短来衡量，候车时间越长，则满意度越低，但这时必须考察每一位乘客的候车时间，致使计算过于繁杂。

(3) 线路间隔时间、车站间隔时间以及在终点站折返时间限制

行车间隔时间的确定，取决于信号系统、车辆性能、折返能力、停站时间等诸多因素，行车间隔时间可以分为线路间隔时间、车站间隔时间以及在终点站折返时间，其中制约最小行车间隔时间的主要因素是车站间隔时间。

①线路间隔时间:从行车组织角度讲,在区间正线上高速运行的两列地铁列车之间要保持一定的安全距离,以保证当前一列车突然停车或减速行驶时,后一列车能有充分的时间操作,避免发生追尾、冒进等行车危险事故。线路间隔时间取决于列车的运行速度、闭塞方式和闭塞区间长度,也取决于系统所选定车辆的制动性能。

②车站间隔时间:车站间隔时间是指车站从发出一列车开始到下一列车进入之间的最小间隔时间。列车在经过车站时,要有列车停靠、乘客上下车作业,因此要考虑列车在站停留时间。当第一列列车在站停留时,第二列列车应在区间高速运行,而不应在站前等候。而当第二列列车按行车计划即将到达车站时,车站应已对第一列完成列车停站作业,使其开出车站区间并已开通第二列列车的进站进路。考虑列车进出站时的起、停加速度作用,其运行速度相对正线区间要慢,因此它是行车间隔时间的控制因素,也是限制全线能力的最普遍要素。

③在折返站点的折返时间:运营列车的正常折返,一般有两种情况:一是,列车到达终点,需要进行列车折返掉头作业;二是,按行车交路,列车到达折返点,进行折返掉头作业。列车折返方式一般有站前折返和站后折返两种。通常情况下,为保证列车最小行车间隔时间,并留有适当的裕量,列车折返时间必须小于列车行车间隔时间。站后折返时间大于站前折返时间,也大于车站间隔时间。但站后折返方式若采用平行作业减少折返时间,或在折返线处预先停留一列列车用于周转,并采用司机车长制,均可缩短折返时间。

④列车停站时间:列车停站时间是决定最小列车行车间隔时间的主导因素,它也是列车运营的指标之一,影响着地铁运营的服务质量。列车停站时间是根据预测的远期各站上下车人数、车辆性能、车门数量、站台高度、乘客在站台的分布、车站的疏导与管理措施等因素进行计算的。车门尺寸、车门数量、站台高度、乘客在站台的分布均匀性、车内拥挤程度等都对乘客的上下车时间有很大影响。车门尺寸大,数量多,乘客上下车的速度就可以加快。同时站台高度直接影响乘客上下车的速度:采用高站台,乘客跨步上下车,速度快、时间短;采用低站台,需踏步上下车,速度慢、时间较长。地铁通常采用高站台,跨步上下车。

2. 确定发车间隔时间

(1)计算行车间隔时间

$$t_{间隔} = \frac{3600}{n_i} \quad (1-8)$$

式中:$t_{间隔}$——行车间隔时间,s。

(2)检查是否满足要求

①检查是否满足服务要求。在已经计算得到各小时应开行列车数和行车间隔时间的基础上,应检查是否存在某段时间内行车间隔时间过长的情况。行车间隔时间过长,会增加乘客的候车时间,降低乘客的出行速度,不利于吸引客流。为方便乘客、提高服务水平,在非高峰运营时间内,如9:00~21:00之间最终确定的行车间隔时间一般不宜大于6min;其他非高峰运营时间内,最终确定的行车间隔时间也不宜大于10min。

②检查是否满足折返能力和通过能力。对高峰小时行车间隔应检验是否符合列车在折返站的出发间隔时间,只有高峰小时行车间隔时间大于折返站出发间隔时间时,才能确保高峰小时行车间隔时间实现。对高峰小时行车间隔时间应检验是否符合列车在线路追踪间隔时间,只有高峰小时行车间隔时间大于线路追踪间隔时间时,才能确保高峰小时行车间隔时间实现。

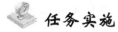 **任务实施**

1. 下发任务单,明确任务内容,学生课前按要求完成预习任务;
2. 教师先进行讲解,学生分组完成任务;
3. 学生自行总结相关规定的经验;
4. 教师和各组长担当本次任务的他人评价工作,评判同学们的任务完成情况。

任务六　确定快慢列车开行方案和列车停站方案

 任务描述

理解快慢列车开行的必要性,掌握快慢列车开行的方法。理解列车停站的必要性,掌握确定列车非站站停车的基本方法。

 任务单

1. 熟悉快慢列车开行方案;
2. 掌握确定列车非站站停车的基本方法。

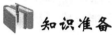 **知识准备**

城市轨道交通网路由于全线各断面客流分布的不均衡引起了不同区段上客流量的不同,为减少乘客的总旅行时间,节约运营成本,提高服务的总质量,可以采取不同的停车方案。

在卫星城与中心城之间的城市轨道交通客流有长途客流与短途客流之分,而中间某些车站客流量较小,可以考虑开行每站停车和分站停车的不同方式列车,即列车有快车与慢车之分。快车在客流量较大的车站停车,慢车站站停,采用这种方案的目的是使乘客的总旅行时间最省。

一、快慢列车开行

1. 开行快慢列车的必要性

随着城市的发展,主城与卫星城间联系的加强,它们间的轨道交通线路呈现出距离长、车站间距大、列车时速高、乘客乘距远等特点,因此运输组织应以"大容量、直达、快捷、舒适"为目标,适应市郊间的客流特点。

运行图平行铺画、所有列车等速运行、没有越行的常规运输组织不太适应放射线路的客流特点。列车等速运行,使乘客缺乏乘车的选择性,对乘距长的市郊客流来说缺少快捷感,降低了轨道交通的吸引力;为少量的短距离乘客和大量的长距离乘客提供相同的运输服务,使得总体的运输水平不高;同时,列车等速运行延缓了部分车辆的周转,增加了轨道交通的运营支出成本。

这种常规的运输组织最大的不足在于,它不能针对不同的客流特点提供相应的服务。因此,需要一种适应放射线特点和客流形态的运输组织方式,既能解决市中心的交通问题,又能为不同客流提供不同服务的运输组织方式。针对这种情况,可以采用"非等速行车"的运输组织行车策略。

2. 开行快慢列车的影响

城市轨道交通列车的运行基本上是严格按照上、下行系统独立进行的,相互间不会产生影响,但同向的相邻列车,必然要发生一定的关系,而且这种关系只可能因线路走向、组织方式等变化而改变性质或是地点,却不会消失。

当后行列车速度高于前行列车时,就存在后行列车越过前行列车的可能性。如果后行列车要越过前行列车,实践中还可以采用列车不越行或列车越行的两种办法。列车不越行可通过调整列车追踪运行间隔来实现,由于这是以降低线路通过能力来换取的,所以难以适应大客流的线路或客流增加较快的线路。而列车越行可以充分利用线路通过能力,但必须在中间站设置配线。

考虑到工程条件和乘客等待时间的限制,当不同速度列车混合运行时,在同一车站不允许有多列同时越行的情况发生,即:不允许出现两列及其以上较低速度列车同时在同一车站被同一较高速度的列车越行;不允许出现两列及其以上较高速度的列车在同一车站同时越行某低速度的列车。

越行导致城市轨道交通通过能力产生损失。在有两种不同速度列车运行的情况下(速度较低的列车以字母 D 表示,速度较高的列车以字母 Z 表示),当满足越行条件时,相邻两列车形成的运行组存在有 3 种不同的形式:两速度较低列车形成的运行组 n_{DD};前方为速度较低列车,后方为速度较高列车形成的运行组 n_{DZ};前方为速度较高列车,后方为速度较低列车形成的运行组 n_{ZD}。其中 n_{DD} 和 n_{ZD} 都可以 I_{min} 追踪运行,不对能力产生扣除。n_{ZD} 和相邻的 n_{DZ},并与其间的 n_{DD} 共同构成 I_Z,由于列车之间的速度差,以及在 I_Z 之内可能形成不足一个 I_{min} 的多余空隙 θ 对能力将产生一定的损失,如图 1-19。

3. 开行快慢列车间配合方案

"非等速行车"与铁路列车一样,就是列车运行速度不同,会出现快慢列车间的越行。其中慢车主要满足放射线路沿线的短距离乘客的乘车需求,快车主要满足卫星城与主城之间乘客长距离的出行需求,它们的运行速度都比市中心的高密度列车快。快车较慢车运行的速度高、停站次数少,节省了停站时间、换乘时间,因此与均速列车相比具有更高的速度和更短的运行时间。"非等速行车"可以有效地缩短直达乘客的旅行时间,提高服务质量,吸引客流,又可以加速列车周转,减少车辆购置费,降低运营和维修成本,提高运输企业经济效益。

(1) 速度不等列车间越行

车速的不同必然会在线路或车站上出现快车对慢车的越行,无论哪种越行,都需要设置越行线才能够达到运输的要求,如图 1-20 所示。

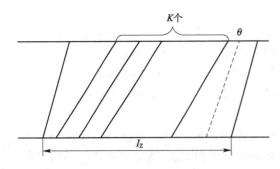

图 1-19 I_{ZX} 结构组成示意图

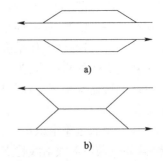

图 1-20 适应列车越行的线路情况图

越行线的设置不仅能在营运期间组织快车越行慢车,提高服务质量,还能作为区间运行列车的折返线,满足高峰时加开区间列车的需要,也可以用作夜间列车的停留线,减少列车折返段的停车线数量和工程规模;并可作为事故列车的临时停留线,减小或避免因事故对正常运营的影响。

（2）列车间不越行

列车间不越行可通过调整列车追踪运行间隔来实现，这是以降低线路通过能力来换取的，所以难以适应大客流的线路或客流增加较快的线路。

因此，从长期看，快慢列车间要组织列车间越行。

二、列车停站方案

列车停站方案是确定城市轨道交通列车开行方案时需要解决的问题之一。对位于市区范围内的轨道交通线路，国内通常采用传统的列车站站停车方案。该方案行车组织简单，乘客无须同线路换乘。但在一些连接市区和郊区的长距离轨道交通线路上，各区段断面客流分布特征通常为阶梯型或凸字型，断面客流不均衡程度较大，从提高列车旅行速度压缩乘客出行时间出发，可以根据线路的长、短途客流特点和通过能力利用状况，比较选用列车非站站停车方案。列车停站方案的选用是否合理，不但关系到列车运行组织是否优化，还关系到系统的服务水平和运营成本是否优化，因此有必要对各种非站站停车方案的技术经济特征与采用的客流条件进行深入研究。

1. 列车非站站停车常见方案

列车停站方案除了通常采用的站站停车方案外，还可以比较选用以下几种列车非站站停车方案。

（1）列车区段停车方案

区段停车方案是在长短交路的情况下采用：长交路列车在短交路区段外每站停车作业，但在短交路区段内不停车通过；而短交路列车则在短交路区段内每站停车作业，其中间折返站又是乘客换乘站，如图 1-21 所示。

图 1-21　区段停车方案示意图

区段停车方案比较适用于大部分乘客的乘车区间是郊区段各站与市区段终点站之间的通勤出行，如远郊区与中央商务区之间、远郊区与轨道交通环线换乘站之间的通勤出行。如果有较多乘客在郊区段各站与市区段各站之间上下车，应对长途客流节约的出行时间与换乘客流增加的换乘时间等进行定量分析。一般而言，如果乘客的节约时间总和小于增加时间的总和，为不降低对乘客的服务水平，不宜采用区段停车方案。

与站站停车方案比较，区段停车方案中的长交路列车在短交路区段内不停车通过，列车停站次数的减少，使长交路列车的停站时间及起停车附加时间的总和相应减少，提高了列车旅行速度，压缩了列车周转时间，有利于压缩长距离出行乘客的乘车时间。在高峰小时开行列车数与列车编组辆数一定的条件下，加快列车周转有利于减少车辆配备，降低运营成本。

但是，区段停车方案也存在若干问题：首先，在行车量较大时，可能会产生列车越行，需要在部分中间站修建侧线；其次，在不同交路间，上下车的乘客会增加换乘时间，而在短交路区段内上下车的乘客则会延长候车时间。

（2）列车跨站停车方案

跨站停车方案是在长交路的情况下采用，将线路上开行的列车分为 A、B 两类，全线的车站分为 A、B、C 三类,其中 A、B 类车站按相邻分布的原则设置,C 类车站按每隔 4 或 6 个车站选择一个的原则设置。A 类列车在 A、C 类车站停车,在 B 类车站通过;B 类列车在 B、C 类车站停车,在 A 类车站通过,如图 1-22 所示。

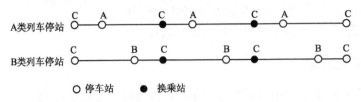

图 1-22 跨站停车方案示意图

跨站停车方案比较适用于 C 类车站上下车客流较大且乘客平均乘车距离较远的情形。采用跨站停车方案的前提是长距离出行乘客得到的节约时间总和大于部分乘客增加的候车与换乘时间总和。

与站站停车方案比较,跨站停车方案的优点类似于区段停车方案。但是,由于 A、B 两类车站的列车到达间隔加大,在此上车乘客的候车时间有所增加;此外,在 A、B 两类车站间上下车的乘客需要在 C 类车站换乘,会增加换乘时间并带来不便。

(3) 部分列车跨多站停车方案

部分列车跨多站停车方案是指线路上开行两类长交路列车,即普速、站站停车列车和快速、跨多站停车列车,快速列车只在线路上的主要客流集散站停车,而在其他站则安排通过,如图 1-23 所示。

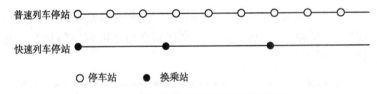

图 1-23 部分列车跨多站停车方案示意图

部分列车跨多站停车方案适用于连接市区和郊区的长距离市域快速轨道交通线路。

部分列车跨多站停车方案在提高跨多站停车列车旅行速度,避免了跨站停车方案存在部分乘客需要换乘的问题,既能提高运营经济性又不降低对乘客的服务水平。此外,该停车方案的运用比较灵活,运营部门可以根据客流特征,按不同比例确定快速列车的开行对数。而该停车方案存在的问题是:在线路通过能力利用率比较高的情况下,采用该停车方案通常会引起快列车越行;如果不安排列车越行,则只能以损失线路通过能力来保证追踪列车间隔时间。

2. 列车非站站停车的客流条件

上述三种非站站停车方案均有利于减少车辆运用与降低运营成本,但会出现一部分乘客节约了乘车时间而另一部分乘客增加了候车时间或换乘时间的情形。从不降低乘客服务水平出发,只有在全部乘客出行时间的增加总和小于节约总和时,采用非站站停车方案才是可行的;而在列车交路、开行对数一定的前提下,站间发到客流的空间分布特征是决定采用非站站停车方案后全部乘客出行时间增减的主要因素。

站间发到客流空间分布特征可用区段间各站发到客流,以及区段内各站发、到客流分别占全线各站总发到客流的百分比来反映。如果区段间各站发、到客流占全线各站总发、到客流的百分比较大,即线路上长距离出行乘客比例较大及某些发、到站间的直达客流也较大时,采用非站站停车方案通常是有利的,能够使全部乘客在出行时间上的增加总和小于节约总和。如果区段内各站发、到客流占全线各站总发、到客流的百分比较大，即线路上以同一客流区段内发、到的短途客流为主时，不宜采用非站站停车方案，以避免增加全部乘客的出行时间总和、降低轨道交通系统对乘客的服务水平。

3. 影响列车停站方案比选的因素

影响列车停站方案比选的主要因素为站间 OD 客流特征、乘客服务水平、列车越行、运营经济性和运营组织复杂性等。

（1）站间 OD 客流特征：在长距离出行乘客比例较大以及某些发到站间的直达客流也较大时，采用非站站停车方案通常是有利的。在线路上以同一区段内发到的短途客流为主时，不宜采用非站站停车方案；

（2）乘客服务水平：采用非站站停车方案是否可行，应根据站间 OD 客流，定量分析计算长途乘客节约的出行时间与部分乘客增加的换乘与候车时间。如果乘客的节约时间总和大于增加时间总和，或者乘客的节约时间与增加时间基本持平，采用非站站停车方案是可行的，能提高或至少不降低乘客服务水平；

（3）列车越行问题：在采用非站站停车方案，必须对列车越行相关问题，如列车越行判定条件、越行站设置数量及位置等问题做进一步分析；

（4）运营经济性：非站站停车方案能加快列车周转、减少运用车数，从而降低运营成本。但采用非站站停车方案时，通常要在部分中间站增设越行线，车站土建与轨道等费用的增加会引起车站造价上升；

（5）运营组织复杂性：由于各类列车的停站安排不同以及列车在中间站越行，控制中心、车站控制室对列车运行的监控以及站台上的乘车导向服务均应加强。因此，非站站停车方案的运营组织要比站站停车方案复杂。

任务实施

1. 下发任务单，明确任务内容，学生课前按要求完成预习任务；
2. 教师先进行讲解，学生分组完成任务；
3. 学生自行总结相关规定的经验；
4. 教师和各组长担当本次任务的他人评价工作，评判同学们的任务完成情况。

拓展知识

城市轨道交通列车开行方案选优

列车开行方案选优，首先是列车编组、列车交路与列车停站方案的初步选优，然后是列车开行方案的综合选优。

影响列车开行方案选优的因素包括多个方面，每个方面又有若干评价指标，它们分别从某一侧面反映了列车开行方案的某个特征。因此，列车开行方案选优是一个复杂的多指标综合评价问题。

列车开行方案选优的评价指标包括五个方面：

（1）乘客服务水平：包括乘客乘车时间、候车时间、换乘时间、换乘次数和平均出行速度等。

（2）车辆运用：包括列车周转时间、旅行速度、运用车数、日车走行公里和车辆满载率等。

（3）通过能力适应性：主要是评价列车开行方案实施后的能力损失，以及最终通过能力是否适应。包括线路通过能力利用率、列车折返能力利用率等。

(4)运营组织复杂性：运营组织很复杂的列车开行方案,实践中通常不为运营部门所接受。在列车开行方案选优时,可用等级或排序的方式来反映运营组织的复杂程度。

(5)运输成本：包括车辆购置费用、增设折返线费用、增设越行线费用、列车运行距离相关费用和乘务人员费用等。

项 目 小 结

列车开行方案是城市轨道交通设计和运营组织的基础,只有确定科学的列车开行方案,才能确保城市轨道运营的高效。

本项目的实施中,不仅要求学生具有一定理论知识,而且要求学生具有较强的动手能力。

通过本项目的学习,学生能够正确理解有关概念,掌握列车开行方案内容,掌握列车开行方案组成要素的确定方法,了解确定列车开行方案的过程,为后续学习和工作准备扎实的专业知识和专业理论。

 习题

一、简答题

1. 城市轨道交通乘客列车的开行方案具体是什么？
2. 影响列车开行方案有哪些因素？
3. 确定列车开行方案过程是怎样的？
4. 客流分析的核心是什么？
5. 适应路网客流时间动态性的行车组织方案具体是什么？
6. 如何确定适应客流空间动态性的行车组织方案？
7. 列车交路概念是什么？轨道交通列车交路的基本形式及其适用条件有哪些？
8. 确定列车交路的步骤是怎样的？
9. 开行快慢列车间如何配合？
10. 城市轨道列车非站站停车常见方案有哪些？
11. 列车非站站停车的客流条件是什么？

二、计算题

某城市轨道交通 A-M 线,经过客流调查,确定2020年断面客流量如表1-5。试确定 A-M 间列车交路方案。

A-M 间断面客流量(单位:万人次)　　　　　　　表1-5

	断面1	断面2	断面3	断面4	断面5	断面6	断面7	断面8	断面9	断面10	断面11	断面12
	A-B	B-C	C-D	D-E	E-F	F-G	G-H	H-I	I-J	J-K	K-L	L-M
上行	8.6	8.8	8.9	9.0	19.9	20.1	20.2	19.6	20.2	9.0	8.5	8.6
下行	9.2	9.0	9.5	9.6	20.2	19.6	19.9	20.1	19.6	8.8	9.9	9.0

项目二　运输计划编制

 项目描述

本项目主要是引导学生编制客流计划、全日行车计划和车辆运用计划。掌握编制城市轨道交通运输计划的基本技能,即根据客流的特点,编制合理的运输计划,为行车调度指挥奠定基础。

 教学目标

【知识目标】
1. 理解客流计划和组成;
2. 理解全日行车计划的内容和作用;
3. 理解运用车和车辆运用计划。

【技能目标】
1. 能够编制客流计划;
2. 能够编制全日行车计划;
3. 能够编制车辆运用计划。

【素质目标】
1. 培养积极进取的职业精神;
2. 养成严谨的科学态度。

运输计划是轨道交通系统运营组织的基础工作之一,从社会服务效益看,轨道交通系统应充分发挥运量大和服务有规律的特点,安全、迅速、正点和舒适地运送乘客,从企业的经济效益看,轨道交通系统的运营要实现高效率和低成本。为了达到这个目标,轨道交通系统的运输组织必须以运输计划为基础,即根据客流的特点,合理地编制运输计划,合理地调度指挥列车运行,实现计划运输。

任务一　编制客流计划

 任务描述

理解客流计划,掌握编制客流计划的基本技能。

 任务单

1. 熟悉客流计划内容和作用;

2. 根据客流调查数据,编制客流计划。

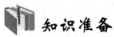知识准备

客流计划是对运输计划期间轨道交通线客流的规划,它是全日行车计划、车辆配备计划编制的基础。在新线投入运营的情况下,客流计划根据客流预测资料进行编制,在既有运营线的情况下,客流计划根据客流统计资料和客流调查资料进行编制。客流计划的主要内容包括站间到发客流量、各站方向别上下车人数、全日高峰小时和低谷小时的断面客流量、全日时分最大断面客流量等。

一、查站间到发客流和各站上下车人数

客流计划以站间到发客流量资料作为编制基础,分步计算出各站上下车人数和断面客流量数据。

1. 查站间 OD

站间 OD 描述的是轨道交通线路客流在各个车站之间的分布情况。其简单示意图如图 2-1。根据客流调查和预测可以得到站间 OD。

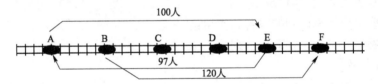

图 2-1 站间 OD 分析示意图

【例 2-1】 表 2-1 是一条线路部分车站的站间到发客流量斜表。

站间到发客流斜表(单位:人)　　　　　　表 2-1

到＼发	陈家堡	草滩镇	东兴隆	北客站	城运村	张家堡	尤家庄	南康村
陈家堡	0	115	790	5980	1267	1004	2281	1845
草滩镇	106	0	98	2344	418	266	893	773
东兴隆	705	88	0	1959	310	143	822	712
北客站	5685	2239	1894	0	1358	1402	1059	2741
城运村	1295	428	322	1425	0	223	708	941
张家堡	982	261	143	1475	219	0	682	680
尤家庄	2246	884	824	1042	699	673	0	342
南康村	1721	747	695	2629	906	701	330	0

2. 各站上下车人数

根据站间到发客流量资料可以计算出各站上下车人数,见表 2-2。

各站上下车人数　　　　　　表 2-2

下行上车	下行下车	车　站	上行上车	上行下车
13282	0	陈家堡	0	12740
4792	115	草滩镇	106	4647
3946	888	东兴隆	793	3878

续上表

下 行 上 车	下 行 下 车	车　　站	上 行 上 车	上 行 下 车
6560	10283	北客站	9818	6571
1872	3353	城运村	3470	1824
1362	3038	张家堡	3080	1374
342	6445	尤家庄	6368	330
0	8034	南康村	7729	0

二、计算断面客流量

根据各站上下车人数按下列公式可以计算出断面客流量。

计算公式如下：

$$P_j = P_i - P_x + P_s \tag{2-1}$$

式中：P_j——第 j 个断面的客流量，人；

P_i——第 i 个断面的客流量，人；

P_x——在车站下车人数，人；

P_s——在车站上车人数，人。

根据表2-3资料可绘制断面客流图。在客流计划编制过程中，高峰小时的断面客流量可以通过高峰小时站间客流量资料来计算，也可通过全日站间到发客流量资料来估算。在用全日站间到发客流量按占全日断面客流量的一定比例来估算，比例系数的取值可通过客流调查来确定。全日分时最大断面客流量可在求出高峰小时断面客流量的基础上，根据全日客流分布模拟图来确定。

各区间断面客流量（单位：人）　　　　　　表2-3

区　　间	下　　行	上　　行
陈家堡—草滩镇	13282	12740
草滩镇—东兴隆	17959	17281
东兴隆—北客站	21017	20366
北客站—城运村	17294	17119
城运村—张家堡	15813	15473
张家堡—尤家庄	14137	13767
尤家庄—南康村	8034	7729

 任务实施

1. 下发任务单，明确任务内容，学生课前按要求完成预习任务；
2. 教师先进行讲解，学生分组完成任务；
3. 学生自行总结相关规定的经验；
4. 教师和各组长担当本次任务的他人评价工作，评判同学们的任务完成情况。

任务二　编制全日行车计划

 任务描述

了解全日行车计划的作用，理解全日行车计划，掌握编制全日行车计划的基本技能。

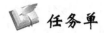
任务单

1. 理解全日行车计划的作用；
2. 编制全日行车计划。

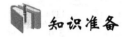
知识准备

一、全日行车计划

全日行车计划是营业时间内各个小时开行的列车对数计划，它规定了轨道交通线路的日常作业任务，是科学组织运送乘客的办法。它又是编制列车运行图，计算运营工作量和确定车辆配备的基础资料，列车定员人数和车辆满载率，以及希望达到的服务水平综合考虑编制的。

1. 编制资料

(1) 营运时间

轨道交通系统营运时间的安排主要考虑了两个因素：一是方便乘客，满足城市生活的需要，即考虑城市居民出行活动特点；二是满足轨道交通系统各项设备检修养护的需要。根据资料，世界主要城市轨道交通系统营运时间如表2-4所示。

世界主要城市轨道交通系统运营时间　　　　表2-4

城 市	类 型	开始运营年份	营运时间(h)
伦敦	地铁	1863	20
纽约	地铁	1868	24
芝加哥	地铁	1892	19
布达佩斯	地铁	1896	20
巴黎	地铁	1900	21
柏林	地铁	1902	19.5
东京	地铁	1927	19
莫斯科	地铁	1935	18
北京	地铁	1969	18
华盛顿	地铁	1976	18
香港	地铁	1979	19
上海	地铁	1993	18

(2) 工作日时段的划分

列车对数是决定能力的基础。表面上看，运行图的编制过程非常简单。系统输送能力（客流量）是列车能力和列车服务间隔的函数：

$$每分钟客流量 = \frac{列车运输能力(在合理的舒适水平下)}{服务间隔}$$

上式可将基础设施能力及列车运行方面的详细数据与运行图编制联系起来。在得到一个满意的结果前可能需要经历一些反复，然后才有可能进行列车编组和列车定员图表的编制。

首先，交通需求会在一天当中的各个时段波动（如图2-2所示），亦会在一周内波动。这些不同需求可通过下面的平峰/高峰比较分析来加以说明。

1998年某城市轨道交通所有车站平均每小时的进站人数,如图2-2所示。

分别按周一到周五的平均值、周六和周日三类进行统计。从图中可以明显看出高峰小时以及其他时段的交通量,并借此得出相应时段的预测值。值得注意的是周六午间非高峰时段的交通量,其爬升缓慢,在11:00~15:00(晚高峰开始)的时段,超过该时段在工作日的均值;周日的交通量是周六的缩影,其值相对周六的交通量始终保持在一个较低水平。

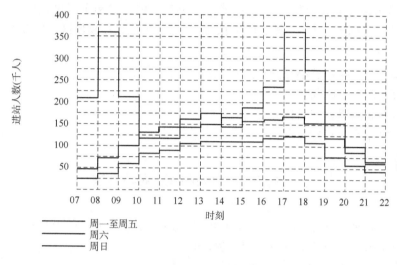

图2-2 某城市地铁进站人数(h)

我国城市轨道交通系统运营时间一般为18h(5:00~23:00),发车间隔和服务时间可以采用如下设置。

平常工作日,即周一至周五,划分为三个时间段:

高峰时段:4h(7:00~9:00/17:00~19:00);

非高峰时段:11h(6:00~7:00/9:00~17:00/19:00~21:00);

晚间时段:3h(5:00~6:00/21:00~23:00)。

周六和周日以及法定假日的划分方法为:

高峰时段:11h(8:00~19:00);

非高峰时段:4h(6:00~8:00/19:00~21:00);

晚间时段:3h(5:00~6:00/21:00~23:00)。

不同城市可以根据交通出行规律做出相应调整,采用更细致的划分方法。在平峰情况下,列车服务模式的选择需要考虑到列车在几个小时内运行的连续性,并与列车的发车频率需求合理匹配。如果存在支线或中途折返点,则出现多个服务频率。这种情况下,支线端点的滞留时间和中途折返点的滞留时间要根据各自的运行时间彼此联系起来,使返回方向上的服务得到恰当的耦合。

根据一周内每天以及每天时间的不同,满足运行图所需的资源也不同。

(3)全日分时最大断面客流量

全日分时最大断面客流量,可在高峰小时断面客流量的基础上,根据全日客流分布情况来确定。

(4)列车定员数

列车定员数是列车编组辆数和车辆定员的乘积。列车编组辆数是以高峰小时最大断面的客流量作为基本依据。在一定的客流量情况下,采用缩短行车间隔时间,而不增加列车编组辆数的办法也能达到一定的运能,但在行车密度已经很大的情况下,为满足增加的客流需要,增加列车编组辆数往往是必要采用的措施。这时,能否增加列车编组辆数,无疑和轨道交通系统保有的运用车辆数量有关。当然增加列车编组车数也不是无限度的,它会受到车站站台长度,车辆段停车线和数量等因素的限制。

车辆定员的多少取决于车辆的尺寸、车厢内座位布置方式和车门设置数。一般来说,在车辆限界范围内,车辆长宽尺寸越大载客越多,车厢内车门区较座位区载客要多。

2. 编制程序

(1)计算运营时间内各小时开行列车数;
(2)计算行车间隔时间;
(3)对各行车间隔进行微调;
(4)最终确定全日行车计划。

【案例2-1】

全日行车计划的编制过程和方法

1. 编制资料

(1)预测某地铁线路2020年早高峰小时(7:30~8:30)客流量为29016人。
(2)全日分时最大断面客流分布模拟图(略)。
(3)列车编组为6辆,车辆定员为260人。
(4)线路断面满载率,高峰小时采用110%,其他运营时间采用90%。

2. 编制步骤

(1)计算运营时间内各小时开行列车数。

①根据全日客流分布模拟图,计算全日分时最大断面客流量数据,计算结果见表2-5。

②计算运营时间内各小时应开行的列车数,计算公式见式(1-5),计算结果见表2-5。

全日时分开行列车数　　　　表2-5

时间段	单向最大断面客流(人/h)	开行列车数(列)	时间段	单向最大断面客流(人/h)	开行列车数(列)
5:30~6:30	2949	3	14:30~15:30	11143	8
6:30~7:30	8833	7	15:30~16:30	13924	10
7:30~8:30	29016	17	16:30~17:30	16158	12
8:30~9:30	21543	16	17:30~18:30	21772	16
9:30~10:30	18680	14	18:30~19:30	17828	13
10:30~11:30	12791	10	19:30~20:30	12958	10
11:30~12:30	10880	8	20:30~21:30	10489	8
12:30~13:30	12357	9	21:30~22:30	8154	6
13:30~14:30	10600	8	22:30~23:30	3086	3

(2)计算运营时间内各小时行车间隔时间。

计算公式如下：

$$t_{间隔} = \frac{3600}{n_i} \tag{2-2}$$

式中：$t_{间隔}$——行车间隔时间(s)；

计算结果如表2-6。

行车间隔时间调整 表2-6

时 间 段	开行列车数(列)	行车间隔时间(min)	调整后行车间隔时间(min)
5:30~6:30	3	20	10
6:30~7:30	7	8.6	8.6
7:30~8:30	17	3.5	3.5
8:30~9:30	16	3.75	3.7
9:30~10:30	13	4.6	4.6
10:30~11:30	9	6.67	6
11:30~12:30	8	7.5	6
12:30~13:30	9	6.67	6
13:30~14:30	8	7.5	6
14:30~15:30	8	7.5	6
15:30~16:30	10	6	6
16:30~17:30	12	5	5
17:30~18:30	16	3.75	3.7
18:30~19:30	13	4.6	4.6
19:30~20:30	10	6	6
20:30~21:30	8	7.5	6
21:30~22:30	6	10	10
22:30~23:30	3	20	10

(3)对各行车间隔进行微调。

计算所得的某段时间内的行车间隔时间可能会较长，行车间隔时间太长，将会增加乘客候车的时间，不利于吸引客流，因此，在编制轨道交通系统全日行车计划时应把方便车辆、提高服务质量作为一项重要因素给予考虑，在9:00~21:00的非高峰小时运营时间内为保持以一定的服务水平，不能一味地追求车辆的满载而按计算的行车间隔时间作为开行列车数的标准，最终确定的行车间隔时间表一般不大于6min，其他时间行车间隔时间标准也不宜大于10min。根据这个指标对上述计算结果进行修正，如表2-6。

(4)最终确定全日行车计划。

根据调整后的行车间隔时间确定列车开行数，如表2-7所示。

全日行车计划 表2-7

时 间 段	调整后行车间隔时间(min)	调整后列车数	时 间 段	调整后行车间隔时间(min)	调整后列车数
5:30~6:30	10	6	8:30~9:30	3.7	16
6:30~7:30	8.6	7	9:30~10:30	4.6	13
7:30~8:30	3.5	17	10:30~11:30	6	10

续上表

时 间 段	调整后行车间隔时间（min）	调整后列车数	时 间 段	调整后行车间隔时间（min）	调整后列车数
11:30~12:30	6	10	18:30~19:30	4.6	13
12:30~13:30	6	10	19:30~20:30	6	10
13:30~14:30	6	10	20:30~21:30	6	10
14:30~15:30	6	10	21:30~22:30	10	6
15:30~16:30	6	10	22:30~23:30	10	6
16:30~17:30	5	12	合计		192
17:30~18:30	3.7	16			

①检查是否满足服务要求。

最大行车间隔时间为10min,其时段是非高峰运营时间内;最小行车间隔时间是3.5min,其时段为7:30~8:30之间。从其他高峰时段看,基本满足服务要求。

②检查折返能力和通过能力。

对高峰小时行车间隔应检验是否符合列车在折返站的出发间隔时间,最小行车间隔时间是3.5min,大于系统设计列车折返时间;对高峰小时行车间隔时间应检验是否符合列车在线路追踪间隔时间,最小行车间隔时间是3.5min,大于线路追踪间隔时间。所以行车间隔时间满足系统能力,列车开行可以实现行车计划。

编制完毕的全日行车计划全天开行列车192对,其中早高峰小时开行列车17对,行车间隔时间为3.5min,晚高峰小时开行列车16对,行车间隔时间为3.7min,早高峰小时单向最大运输能力为29172人。全日客运量按早高峰小时全线各站乘车人数总和占全日客运量的一定比例估算,比例系数的取值可通过客流调查来确定。

二、编制列车交路计划

根据确定列车交路方案并对客流量进行统计分析的基础上,确定列车交路计划。

1.合理安排列车交路

当轨道交通线路较长,客流分布不均衡,通过合理,可行的列车交路组合来安排列车输送能力是一种充分利用有限资源,降低运输成本的常用方法。确定列车交路的方法和过程就是编制列车交路计划,列车交路计划规定列车运行区段,折返车站以及按不同列车交路的列车对数。

2.列车交路计划的确定

列车交路计划的确定应建立在对线路各区段客流量进行统计分析的基础上,充分考虑行车组织与客运组织的条件,进行可行性研究后加以确定。区段客流特点是列车交路计划确定的主要因素之一,也就是根据客流在时间上、空间上所表现出的不均衡性加以研究分析,来作为列车交路计划确定的依据。根据列车开行数量,分配长、短列车交路所应开行的列车数量,然后根据列车开行数量,计算长短车运输乘客的人数,确保满足断面客流量的需要。

例如,上例中断面客流如图2-3所示,连续断面呈纺锤状分布,且伴随有略微的波动。高峰小时断面在中部的张家堡至草场坡区段非常突出,因此有必要针对该突出断面采取长短交路形式。在试运营阶段,可对站间客流性质进行有针对性的调查,然后选择图2-4和图

2-5所示的列车交路方案之一。

(1)有两种列车交路方案,如图2-4和图2-5所示。

(2)对列车交路方案分析。

如图2-6,张家堡到陈家堡、草场坡到韦曲间区段最大断面客流为2.0万人/h,这两个区段的单向输送能力=260×6×14=21840>20000人/h。张家堡到草场坡区段最大断面客流为3.5万人/h,该区段的单向输送能力=260×6×24=37440>35000人/h,近期"方案一"满足需求。

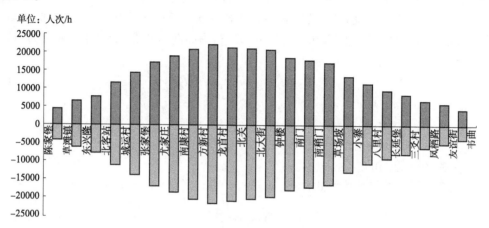

图2-3 高峰小时断面客流图

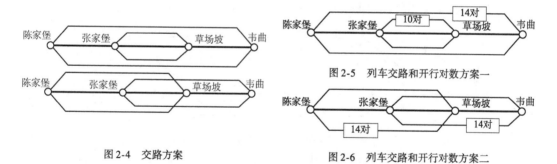

图2-4 交路方案

图2-5 列车交路和开行对数方案一

图2-6 列车交路和开行对数方案二

近期方案二的张家堡至陈家堡、草场坡到韦曲间区段与上述方案一是一样的,交错方案使得张家堡至草场坡区段的开行对数达到了28对/h,输送能力大大富余。

3. 检查是否可行

行车条件决定列车交路计划实现的可能性,城市轨道交通的线路设置由于其运营特点,不可能采取每个车站具备列车进行调车作业功能的线路设置方式,列车交路计划的实现只能在两个设有调车或折返线路的车站之间进行,同时必须注意列车交路是否可能影响到列车组织的其他环节,例如,是否会影响行车间隔、车站后续行车的接车等。

乘客平均等待时间是评价交路方案的一项重要指标,它包括行车间隔时间和因乘客换乘而产生的(本线)换乘时间。分段运行交路方案会因所有换乘乘客均需在衔接车站下车换乘而延长乘客平均等待时间,同时增加衔接车站规模和车站管理难度。因此在分段运行设计时须合理设置衔接车站配线,尽量满足乘客同站台换乘,以减少乘客等待时间。

客运组织是列车交路计划确定的必要客观条件。由于列车交路计划的实现可能导致列车终到站的变化,相关车站的乘客乘降作业、列车清客、客运服务工作都会随之不断调整,这对客运组织水平的要求比较高,如果客运组织水平低,可能会直接影响到列车运行图的执行情况。

(1) 长、短交路与列车车底设备

采用长、短交路相结合,合理使用列车车底设备,减少运用车数,节省工程投资,是交路方案研究中的重要环节。设计中应对每个列车交路方案运用车辆数进行计算与分析。

①列车车底运用数量

城市轨道交通系统单个车底周转如图 2-7 所示,计算系统通过能力和车底运用数量时,可以认为运行图上的列车运行线是以同样的铺画方式一组一组重复排列着,因此这里我们将其称为运行图周期。以下的分析皆是以列车运行图周期为基准,所以我们称之为"运行图周期分析法"。

$$T_{周} = \sum t_{运} + \sum t_{站} + \sum t_{折} \tag{2-3}$$

式中:$T_{周}$——运行图周期;

$t_{运}$——列车运行时分;

$t_{站}$——列车停站时分;

$t_{折}$——在折返站的折返。

因此,车底运用数量可按下式计算,

$$N_{车底} = \frac{T_{周}}{I} \tag{2-4}$$

式中:$N_{车底}$——运用车底数,列;

I——列车运行间隔时间,s;

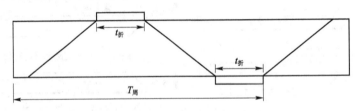

图 2-7 车底周期示意图

②长、短交路嵌套对车底数量的影响

长、短列车交路中,长交路列车运行间隔一般应为短交路列车运行间隔的整数倍。在长、短交路列车的运行间隔不能满足这样的比例要求时,运行图上将会产生空费时间。同时,由于不同交路区段的列车相当于共线运行,长、短交路列车运行相互制约,运行图上列车的周转往往难以达到理想的匹配,将使列车折返时间增加,从而引起车辆运用效率的降低,需求车底数增加。采用长、短交路形式,线路通过能力和列车运用受影响程度与长、短交路的运行图周期,长、短交路列车开行的比例,最小行车间隔,列车在长、短交路区段运行时分相关。因此,应根据客流需求确定合理的开行比例和长、短交路列车的开行区段。

(2) 区段服务水平

从列车开行间隔来看,衔接交路模式下,不同交路列车相当于独立运行,各区段的列车开行间隔可根据各自的客流条件和乘客的需求情况分别确定,从而保证有较高的均衡性和适应性;在长、短交路模式下,一方面,长、短交路行车间隔相互影响,只有当长交路行车间隔是短交路行车间隔的整数倍时,才能使得长、短交路列车运行线相互间得到合理的匹配和协调,以保证各区段列车开行间隔的均衡性,满足一定的服务水平;另一方面,长、短交路运行周期与行车间隔匹配程度直接影响到列车和运输能力的利用效率。因此,各交路的行车间隔存在相互制约的关系。

由于小交路区段的行车间隔决定了其他区段的列车运行间隔,使其他区段中到发的列车运行间隔较大,乘客将花费较多的等候时间,从而使总出行时间有所增加。衔接交路模式下,乘客出行到达目的地所需换乘的次数取决于交路区段的数量,由于乘客跨区段出行都需进行换乘,这将增加乘客的出行时间。但通过合理地调整各交路区段的列车运行间隔及各区段间列车运行图的优化衔接,可减少乘客的换乘时间。因此,仅从乘客出行总时间上来看,两种交路模式的差别不大;但从乘客出行无换乘的角度看,衔接交路模式相对较差。

(3) 客运组织

线路下行方向长、短交路列车目的地相同,乘客不会产生误解。而上行方向长、短交路列车的目的地不同,且长、短交路的开行比例并非固定,加上长、短交路实施伊始,乘客对这样的运行组织方式不了解。为此,在车站和列车两方面采取了积极的客运组织措施。

三、编制列车折返计划

经过车站的调车进路由一条线路至另一条线路运营的方式称为列车折返,具有列车折返能力的车站称为折返站。

由于大多数城市轨道交通系统的车站没有侧线,列车折返是设置列车交路需要考虑的重要因素。一般说来,列车折返方式可根据折返线位置的布置情况分为站前折返和站后折返两种。

1. 站前折返

列车在中间站或终点站利用站前渡线进行折返作业。站前折返方式由于渡线设置在站前,可以在一定程度上减少项目建设的投资,缩短列车走行距离。但列车折返会占用区间线路,从而影响后续列车闭塞,并且对行车安全保障要求较高。特别是客流量大时,可能会引起站台客流秩序的混乱。城市轨道交通中较少采用这种折返模式,特别是当行车密度高、列车运行间隔短的条件下,一般不会采用站前折返方式。

2. 站后折返

列车在中间站、终点站利用站后渡线或站后环线进行折返作业。站后折返避免了进路交叉,安全性能良好,而且,站后折返列车进、出站速度较高,有利于提高旅行速度。一般来说,站后尽端折返线折返是国内外城市轨道交通最常见的方式,站后渡线方法则可为短交路提供方便;环形线折返设备可保证最大的通过能力,但交通最常见的方式,站后渡线方法则可为短交路提供方便;环形线折返设备可保证最大的通过能力,但施工量大,钢轨在曲线上的磨耗也大。站后折返的主要不足是列车折返时间较长。如图2-8,给出几种不同形式的折返线。

四、编制列车停站计划

对位于市区范围内的轨道交通线路,国内通常采用传统的列车站站停车方案,行车组织简单,乘客无须同线路换乘。但在一些连接市区和郊区的长距离轨道交通线路上,各区段断面客流分布特征通常为阶梯型或凸字型,断面客流不均衡程度较大,从提高列车旅行速度压缩乘客出行时间出发,可以根据线路的长、短途客流特点和通过能力利用状况,比较选用列车停站车方案,确定列车停站计划。

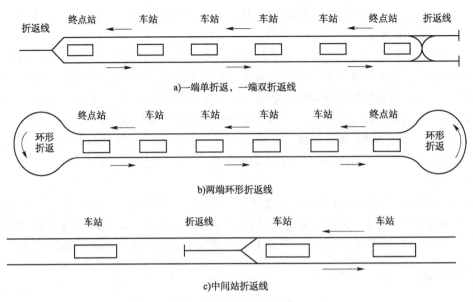

图2-8 折返线配置形式

 任务实施

1. 下发任务单，明确任务内容，学生课前按要求完成预习任务；
2. 教师先进行讲解，学生分组完成任务；
3. 学生自行总结相关规定的经验；
4. 教师和各组长担当本次任务的他人评价工作，评判同学们的任务完成情况。

任务三　编制车辆配备和运用计划

 任务描述

理解车辆运用分类，掌握确定运用车的技能，掌握编制车辆运用计划的技能。

 任务单

1. 试说出运用车概念；
2. 编制车辆运用计划。

 知识准备

全日行车计划属于行车组织的计划安排，若要顺利完成运输任务，还必须合理配备一定数量的城市轨道交通车辆，根据全日行车计划确定城市轨道交通车辆运用计划。

车辆配备计划指为完成全线全日行车计划所需要的车辆保有数量计划。车辆保有数包括运用列车数、备用列车数和检修列车数三部分。列车保有量根据线路远期客流预测数据，测算远期运行行车间隔，可得出所需运用列车数；备用列车数量按照运用列车数量的10%取得；检修列车数量须根据运用列车数量综合维修能力、修程修制取得，一般为运用列车数量的10%～15%。

车辆运用计划是受全日行车计划、列车交路方案和车辆段位置综合决定的。

一、编制车辆配备计划

为完成乘客运送任务,轨道交通系统必须保有一定数量的车辆。车辆按运用分为运用车、检修车和备用车三类。

1. 运用车

运用车是为完成日常运输任务而配备的技术状态良好的车辆,运用车的需要数与高峰小时开行列车对数、列车旅行速度及在折返站停留时间各项因素有关,按下式计算:

$$N = \frac{n_{高峰} \theta_{列} m}{3600} \tag{2-5}$$

式中:N——运用车辆数,辆;

$n_{高峰}$——高峰小时开行列车数,对;

$\theta_{列}$——列车周转时间,s;

m——列车编组辆数,辆。

列车周转时间是指列车在线路上往返一次所消耗的全部时间。它包括了列车在区间运行,列车在中间站停车供乘客乘降,以及列车在折返站进行折返作业的全过程。

$$\theta_{列} = \sum t_{运} + \sum t_{站} + \sum t_{折停} \tag{2-6}$$

式中:$t_{运}$——列车在线路上往返一次各区间运行时间的和,s;

$t_{站}$——列车在线路上往返一次各中间站停站时间的和,s;

$t_{折停}$——列车在折返站停留时间的和,s。

当列车在折返站的出发间隔时间大于高峰小时的行车间隔时间时,须在折返线上预置一列车进行周转,此时运用车数量须相应增加。

确定运用车组数的方法有分析法和图解法两种。

分析法计算运用车组数的公式如下:

$$N_{组} = \frac{T_{列}}{t_{间隔}} \tag{2-7}$$

式中:$N_{组}$——运用车组数,组;

$T_{列}$——列车往返运行所需全部时间,min;

$t_{间隔}$——列车发车间隔时间,min。

图解法确定运用车组数方法如图 2-9 所示,在列车运行图上,垂直于横轴的截取线(J)与列车运行线、折返站停留列车的交点数即为运用车组数。

2. 检修车

检修车是指处于定期检修状态的车辆。车辆的定期检修是一项有计划的预防性维修制度。车辆经过一段时间的运用后,各部件会产生磨耗、变形或损坏,为保证车辆技术状态良好和延长使用寿命,需要定期对车辆进行检修。

车辆的定期检修分成月检、定修、架修和大修(又称厂修)等,也有安排双周检与双月检的情况。不同的检修级别有不同的检修周期,参见表 2-8 某地铁线路的车辆检修级别和检修周期。车辆检修级别和检修周期是根据车辆各部件使用寿命以及车

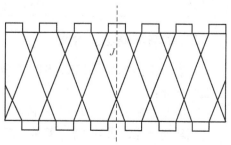

图 2-9 运用车组数图解

辆运用环境等因素综合考虑确定的。通过对车辆的不同部件制定不同的技术标准、检修级别和检修周期,使车辆在经过不同级别的定期检修后,能在整个检修周期内保持良好的技术状态。

车辆检修级别、周期及停时 表2-8

检修级别	运用时间	走行公里	检修停时
双周检	2周	4000	4h
双月检	2月	20000	2d
定修	1年	100000	10d
架修	5年	500000	25d
大修	10年	1000000	40d

车辆检修周期是一个与车辆段建设和车辆段作业组织关系密切的技术指标,它也是推算检修车数的基础资料之一。检修周期主要是根据车辆运用的时间确定,但也有综合考虑车辆运用时间和走行公里确定的情况。在以运用时间确定检修周期的情况下,根据每种检修级别的年检修工作量和每种检修级别的检修停时,可以推算检修车数。

除车辆的定期修外,车辆的日常检修有日检(又称列检),检修停时每日2h。此外,还应考虑车辆临修,车辆临修的停时按运用列车平均每年一次,每次2d确定。

3. 备用车

为了适应客流变化,确保完成临时紧急的运输任务,以及预防运用车发生故障,必须保有若干技术状态良好的备用车辆。备用车的数量一般控制在运用车数的10%左右。备用车原则上停放在线路两端终点站或车辆段内。

例如,在图2-4和图2-5所示的列车交路方案中两个的基础上配备车辆计划如表2-9和表2-10。

(1)列车交路方案一

列车交路方案一的车辆配备数量 表2-9

数据项	高峰小时列车对数	列车周转时间	列车编成	运用车数	检修车备用车	车辆总数
大交路	10	0.84h	4	34	27	165
小交路	14	1.86h	4	104		

(2)列车交路方案二

列车交路方案二的车辆配备数量 表2-10

数据项	高峰小时列车对数	列车周转时间	列车编成	运用车数	检修车备用车	车辆总数
左交路	14	1.27h	4	71	30	80
右交路	14	1.43h	4	80		

二、编制车辆运用计划

车辆运用计划在列车运行图和车辆检修计划的基础上进行编制。车辆运用计划包括以下四个方面:

1. 排定车辆出入段顺序和时间

在新列车运行图下达后,车辆段有关部门应根据列车运行图的要求,及时排定运用车辆的出段顺序、时间和担当车次,回段顺序、时间和返回方向。出段时间根据列车运行图关于列车在始发站出发时刻的规定确定,出段时间应分别明确乘务员出勤时间、列车车底出库和出段时间。回段时间和返回方向同样也根据列车运行图确定。

2. 铺画车辆周转图

列车正线运行通常采用循环交路,根据列车运行图和车辆出段顺序,车辆运用计划以车辆周转图的形式规定了全日对应各出段顺序的车辆在线路上往返运行的交路,车辆在两端折返站到达和出发时间,以及车辆出入段时间和顺序,如图2-10所示。

3. 确定对应各出段顺序的车辆(列车车底)

根据车辆的运用情况和技术状态,在每日傍晚具体规定次日车辆的出段顺序和担当交路。在具体规定车辆的运用时,应注意使各列车车底的走行公里数在一定时期内大体均衡。

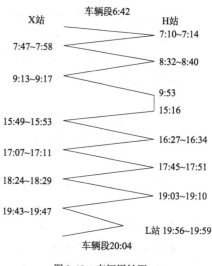

图2-10 车辆周转图

4. 配备乘务员

为提高车辆利用效率和劳动生产率,轨道交通系统的乘务制度通常是采用轮乘制。由于乘务员值乘的列车不固定,在编制车辆运用计划时,应对乘务员的出、退勤时间、地点和值乘列车车次,以及工间休息和吃饭等同步安排。在安排乘务员的工作时,应注意乘务员的连续工作时间,不要超劳。

任务实施

1. 下发任务单,明确任务内容,学生课前按要求完成预习任务;
2. 教师先进行讲解,学生分组完成任务;
3. 学生自行总结相关规定的经验;
4. 教师和各组长担当本次任务的他人评价工作,评判同学们的任务完成情况。

拓展知识

列车运行调整计划

列车运行调整计划按阶段进行编制,通常分为三小时阶段计划和四小时阶段计划。一般枢纽台采用三小时阶段计划,其他枢纽台采用四小时阶段计划。

1. 编制原则及主要内容

(1)编制原则

①"先客后货""先快后慢",按等级调整和合理会让,使晚点列车恢复正点,实现按图行车的原则;

②根据实际情况决定工作方法,注意使计划留有余地;

③保证日(班)计划任务的完成;

④在保证安全的前提下,努力提高效率。

(2)列车运行调整阶段计划主要内容

①编组站、区段站或分界站的列车到发计划;

②中间站列车会让计划;

41

③重点列车、超限列车及限速列车运行计划;
④摘挂列车甩挂作业及货物装卸作业计划;
⑤区间装卸车及施工计划;
⑥中间站始发列车作业计划(包括车流来源、出发时刻及机车安排等);
⑦其他重点及安全注意事项。

2.编制方法

列车调度员编制和执行列车运行调整计划的方法,一般可以分为收集资料、编制计划、下达计划、组织实施等四个步骤。

(1)收集资料

①区段内各站现在车(空车分车种,重车分去向)情况及到发线占用情况;
②邻台(局)及本区段内客、货列车实际运行情况;
③摘挂列车编组内容及前方站作业情况;
④技术站到发线使用和待发列车情况;
⑤机车整备及机车交路情况;
⑥区间装卸及施工情况;
⑦领导指示及其他情况。

(2)编制计划

列车调度员将收集了解到的情况和资料,经过认真的分析、研究,依据列车运行图、编组计划、运输方案的要求及日班计划的任务,运用各种列车运行调整方法;做出合理、切实可行的计划。

在编制计划时,一般优先铺画乘客列车和重点列车运行线。必要时,优先安排困难区间的列车运行,充分利用通过能力。在运行图表上铺画计划列车运行线时,采用正铺与倒铺相结合的方法。

如图2-11所示,42206次列车计划在G站进行摘挂车作业量比较多,什么时间开才能赶到D站会K519次列车?如果从G站开始铺画,往往时间算不准而返工,若采取从D站向G站倒铺,一次铺出G站19:09必须开车。采取正铺与倒铺相结合的方法铺画节省了时间。

在编制计划时,应注意留有余地,为各种必需的作业留有充分的作业时间,必要时,可拟订两个以上的调整方案,以适应情况的突然变化。

在安排列车运行计划时,还应特别注意本区段技术站自编始发列车的车流接续和机车交路,以保证技术站有良好的工作秩序。

在编制计划时,一般采用"满表铺线,分段编制"的方法。具体做法是:接班后,根据所掌握的情况粗线条地将计划列车运行线铺画到

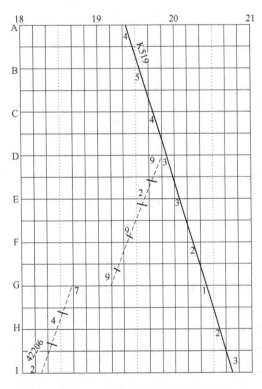

图2-11 倒铺与正铺相结合的示意图

18:00(6:00),然后按照三四小时阶段计划编制列车运行调整计划。在"满表铺线"的基础

上,执行上一个阶段计划列车运行调整计划的同时,边收集资料,边铺画下一个阶段的列车运行调整计划。这样一步一步地进行,在列车运行调整计划执行前一小时编制完成。

(3)下达计划

调度员在阶段计划编制完成后,要及时下达给各站、段。根据具体情况,可采取集中、分段或个别的方式下达计划。应向基层站、段执行者交代清楚,使其明确计划意图,做到心中有数。

(4)组织实施

列车运行调整计划下达后,仅仅是组织计划实现的开始。在执行计划的过程中,列车调度员要随时注意列车运行情况的变化,做到勤沟通、勤联系,特别是对关键列车(如在乘客列车前面运行的货物列车,或在乘客快车前面运行的乘客慢车等)和重点车站,要及时收点,随时监督列车的运行,以便发现问题,及时采取调整措施,保证列车按计划安全正点运行。

项目小结

城市轨道交通运输计划是城市轨道交通日常运营的基础。只有科学地制订运输计划,才能确保运营管理顺利进行,才能有效地服务乘客,提高服务质量。

本项目的实施过程中,不但要求学生具有一定的理论知识,而且要求学生具有较强的动手能力。通过本项目的学习,学生能够根据客流情况,确定合理的运输计划,高质、高效地组织运输生产。

习题

一、简答题

1. 什么是客流计划?客流计划的主要内容包括什么?
2. 断面客流量应如何计算?
3. 什么是全日行车计划?其作用是什么?
4. 全日行车计划编制程序有哪些?
5. 车辆按运用分为哪几类?
6. 车辆运用计划的内容包括哪些?

二、实训题

某地铁线路全日行车计划编制实例。

1. 编制资料:

(1)早高峰小时(7:00~8:00)客流量为40000人(见表2-11);

(2)列车编组为6辆,车辆定员为300人;

(3)线路断面满载率,高峰小时为110%,其他运营时间为90%。

2. 按编制程序,最终确定全日行车计划。

全日分时最大断面客流量 表2-11

营业时间	单向最大断面客流量(人)	营业时间	单向最大断面客流量(人)
5:00~6:00	7200	7:00~8:00	40000
6:00~7:00	16800	8:00~9:00	29600

续上表

营业时间	单向最大断面客流量(人)	营业时间	单向最大断面客流量(人)
9:00~10:00	19600	16:00~17:00	34400
10:00~11:00	20800	17:00~18:00	25200
11:00~12:00	22800	18:00~19:00	17600
12:00~13:00	22000	19:00~20:00	11600
13:00~14:00	24800	20:00~21:00	10000
14:00~15:00	25600	21:00~22:00	8400
15:00~16:00	28800	22:00~23:00	6400

项目三　列车运行图编制

　项目描述

　　本项目主要是引导学生掌握编制城市轨道交通运列车运行图的基本方法和基本技能。通过本项目的学习,使学生了解列车运行图的种类,能够理解列车运行图要素,能够掌握编制运行图的方法和技能,为行车调度指挥奠定重要基础。

　教学目标

【知识目标】

1. 理解运行图格式和分类;
2. 掌握列车运行图要素;
3. 掌握区间列车开行方案;
4. 理解通过能力;
5. 掌握列车运行图编制要求和方法。

【技能目标】

1. 能够说出运行图格式和分类;
2. 能够确定运行图要素;
3. 能够编制区间列车开行方案;
4. 能够计算通过能力;
5. 能够编制列车运行图。

【素质目标】

1. 养成制订工作计划的习惯;
2. 养成严谨的科学态度。

　　列车运行图是根据全日行车计划、列车交路、停站方案和车辆运用计划,对每个区段、每个时刻的列车运行及状态进行总体安排,并以图表的形式表现出来。列车运行图是整个运输组织的集中体现。

任务一　列车运行图的格式和分类

　任务描述

　　理解列车运行图概念,了解列车运行图种类,指出不同列车运行图使用时机。

任务单

1. 请说出列车运行图种类；
2. 请说出列车运行图有哪几种线？各表示什么？

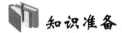

列车运行图是列车运行的时间与空间关系的图解，它规定了各次列车占用区间的次序，列车在区间的运行时分，在车站的到达、出发或通过时刻，在车站的停站时间和在折返站的折返时间，以及列车交路和列车出入车辆段时刻等，是轨道交通组织列车运行的基础。

一、列车运行图的格式

列车运行图也就规定了线路上站场、机车、车辆和通信信号等设备的运用和与行车有关各部门之间工作的协调关系。因此，列车运行图是地铁运营工作的综合计划，是地铁行车组织的基础，是协调地铁各部门、单位按一定程序进行生产活动的工具。

在列车运行图上，以横坐标表示时间，纵坐标表示距离。这时，列车运行图上的水平线表示分界点的中心线，水平线间的间距表示分界点间的距离，一般以细线表示中间站，以较粗的线表示换乘站或有折返作业的车站。垂直线表示时间，按每一等分表示时间不同。列车运行线，由于列车速度不断变化为了研究方便，将其画为斜直线。以这种横、竖、斜三种线代表车站、时间和列车运行的图表，就构成了列车运行图的基本框架。

为了适应使用上的不同需要，城市轨道交通列车运行图按时间划分有以下几种：

（1）一分格运行图：它的横轴以1min为单位有细竖线加以划分，10min格和小时格用较粗的竖线表示。这种一分格图主要在编制新运行图和调度指挥时使用。

（2）二分格运行图：它的横轴以2min为单位有细竖线加以划分，常用于市郊铁路运行的编制，铁路编制新运行图时使用。如图3-1所示。

（3）十分格运行图：它的横轴以10min为单位用细竖线加以划分，半小时格用虚线表示，小时格用较粗的竖线表示。十分格图主要供铁路列车调度员在日常调度指挥工作中编制调度调整计划和绘制实绩运行图时使用。如图3-2所示。

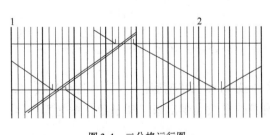

图3-1 二分格运行图

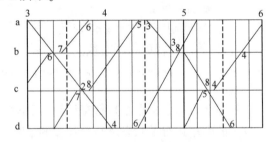

图3-2 十分格运行图

（4）小时格运行图：它的横轴以1h为单位用竖线加以划分。这种小时格运行图主要铁路在编制乘客列车方案图和机车周转图时使用。如图3-3所示。

城市轨道交通列车运行图中，一般有工作日、周末和节假日三种类型。对于不同类型的列车运行图，其编制的重点考虑也不同，尤其是工作日列车运行图，一天中不同运行时间间隔的时间段多，且高峰时间段和非高峰时间段的发车间隔差别很大，会出现频繁的列车出入车辆段，因此，编制过程也最为复杂。

在运行图上,以横线表示车站中心线的位置,有下列两种确定方法:

(1)按区间实际里程的比率确定,即按整个区段内各车站间实际里程的比例来确定横线位置。采用这种方法时,运行图上的站间距离完全反映实际情况,能明显表示出站间距离的大小。但由于各区间线路平面和纵断面互不一样,列车运行速度有所不同,这样列车在整个区段的运行线往往是一条斜折线,既不整齐,也不易发现列车区间运行时分上的差错,所以一般不采用这种方法。

(2)按区间运行时分的比率确定,即按整个区段内各车站间列车运行时分的比例来确定横线位置。采用这种方法时,可以使列车在整个区段的运行线基本上是一条斜直线,既整齐美观,也易于发现列车区间运行时分上的差错,所以一般采用这一方法。如图3-4 所示。

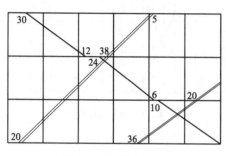

图 3-3 小时格运行图

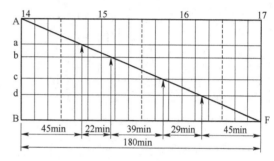

图 3-4 按区间运行时分比率确定车站位置示意图

A—B 区段下行方向列车运行时分共计为 180min,采用这种方法确定横线位置时,首先确定技术站 A、B 的位置,然后在代表 A 站的横线上任取一点 A,并以 A 点所对应的时间为原点,在代表 B 站的横线上向右截取相等于 180min 的 BF 线段,得 F 点,同时按 Aa、ab、bc、cd 和 dB 区间的列车运行时分,将 BF 线段划分为五个时间段,连接 A、F 两点,得一斜直线。过五个时间段端点作垂直线,在 AF 斜直线上可得交点,过各该交点作水平线,即为代表 a、b、c、d 车站的横线。

运行图上的列车运行线(斜线)与车站中心线(横线)的交点,即为列车到、发或通过车站的时刻。不同列车运行图的格式,到发时刻有不同的表示方法。在二分格图上,以规定的标记符号表示,不需填写数字(例如:"↑"表示分钟,"↑"表示30s);在十分格图上,填写 10min 以下数值;在小时格运行图上,填写 60min 以下数值。所有表示时刻的数字,都填写在列车运行线与横线相交的钝角内。列车通过车站的时刻,一般填写在出站一端的钝角内。

二、列车运行图的分类

按使用范围以及轨道线路的技术设备(如单线、复线)和列车运行速度、上下行方向的列车数量、列车的运行方式等条件,列车运行图可以分为多种不同类型的列车运行图。

1. 按使用范围

(1)轨道内部使用的列车运行图。它是轨道组织运输生产的依据,是实现"按图行车"的技术组织措施,是确保轨道运输产品质量的基础。

(2)社会使用的列车运行图。它对轨道来说是轨道运输产品的供销计划,而对社会用户来说,则是乘客安排旅行计划、安排销售计划的依据。目前,在我国有乘客列车时刻表的列车运行图供社会使用。乘客列车时刻表应在新运行图实行之前向社会公布。

2. 按照区间正线数

(1) 单线运行图。在单线区段,上下行方向列车都在同一正线上运行,因此,两个方向列车必须在车站上进行交会,如图3-5所示。

(2) 双线运行图。在双线区段,上下行方向列车在各自的正线上运行,因此,上下行方向列车的运行互不干扰,可以在区间内或车站上交会,但列车的越行必须在车站进行。

(3) 单双线运行图。在有部分双线的区段,单线区间和双线区间分别按单线运行图和双线运行图的特点铺画列车运行线,如图3-6所示。

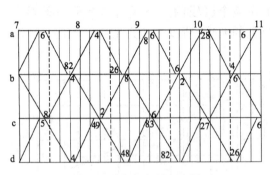

图3-5 单线成对平行运行图

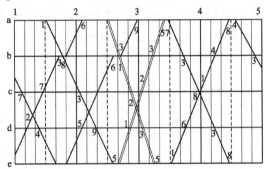

图3-6 单双线运行图

3. 按照列车运行速度

(1) 平行运行图。在同一区间内,同一方向列车的运行速度相同,且列车在区间两端站的到、发或通过的运行方式也相同,因而列车运行线相互平行,如图3-5和图3-7所示。

(2) 非平行运行图。在运行图上铺有各种不同速度的列车,且列车在区间两端站的到、发或通过的运行方式不同,因而列车运行线不相平行,如图3-8所示。

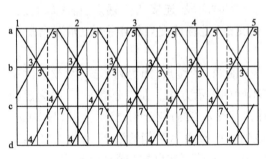

图3-7 双线成对平行运行图

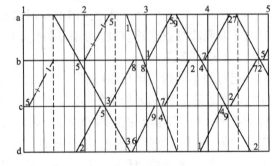

图3-8 单线非平行运行图

4. 按照上下行方向列车数

(1) 成对运行图。这是上下行方向列车数相等的列车运行图,如图3-5和图3-7所示。

(2) 不成对运行图。这是上下行方向列车数不相等的列车运行图,如图3-9所示。

5. 按照同方向列车运行方式

(1) 连发运行图。在这种运行图上,同方向列车的运行以站间区间为间隔。单线区段采取这种运行图时,在连发的一组列车之间不能铺画对向列车,如图3-9所示。

(2) 追踪运行图。在这种运行图上,同方向列车的运行以闭塞分区为间隔,在装有自动闭塞的单线或双线区段上采用,如图3-10所示。

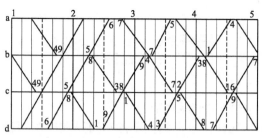
图3-9 单线不成对运行图

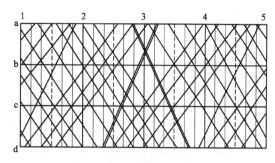
图3-10 双线追踪非平行运行图

应该指出,上述分类都是针对列车运行图的某一特点而加以区别的。实际上,每张列车运行图都具有多方面的特点,例如某一区段的列车运行图(图3-10),它既是双线的、非平行的,又是追踪的。

任务实施

1. 下发任务单,明确任务内容,学生课前按要求完成预习任务;
2. 教师先进行讲解,学生分组完成任务;
3. 学生自行总结相关规定的经验;
4. 教师和各组长担当本次任务的他人评价工作,评判同学们的任务完成情况。

任务二 列车运行图组成要素

任务描述

理解轨道列车运行图要素,掌握各要素计算方法。

任务单

1. 确定列车区间运行时分;
2. 确定列车停站时间;
3. 确定车站间隔时间;
4. 确定追踪列车间隔时间;
5. 确定折返站折返停留时间。

知识准备

列车运行图虽有各种不同的类型,但它总是由一些基本要素所组成的。因此,在编制列车运行图之前,必须首先确定组成列车运行图的各项要素。

一、列车区间运行时分

列车区间运行时分是指列车在两相邻车站或线路所之间的运行时间标准,它由机务部门采用牵引计算和实际试验相结合的方法进行查定。

列车区间运行时分按车站中心线或线路所通过信号机之间的距离计算(见图3-11)。

由于列车的运行速度各不相同,上下行方向的线路平面、纵断面条件和列车重量也不相同,所以列车区间运行时分应按各种列车和上下行方向分别查定。

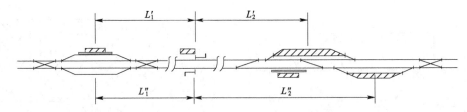

图3-11 计算车站或线路所间列车运行时分距离图

此外,列车区间运行时分还应根据列车在每一区间两个车站上不停车通过和停车两种情况分别查定。列车不停车通过两个相邻车站所需的区间运行时分称为纯运行时分。列车到站停车的停车附加时分和停站后出发的起动附加时分,应根据实际条件查定。

当区间两端车站均可停车时,应按通通、通停、起停和起通,共四种情况分别查定区间运行时分,如图3-12所示。

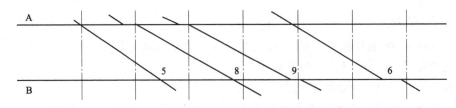

图3-12 不同情况区间列车运行时间

【例3-1】 A—B 区间的上行纯运行时间 $t = 14\min$;下行纯运行时间 $t = 15\min$;A 站和 B 站起动附加时间均为3min,即 $t_{起}^A = t_{起}^B = 3\min$;A 站和 B 站停车附加时间均为1min,即 $t_{停}^A = t_{停}^B = 1\min$,则 A—B 区间的运行时分可以缩写为:

上行:$14\frac{1}{3}$ 下行:$15\frac{3}{1}$

二、列车停站时间确定

城市轨道交通列车在车站停车主要原因是进行客运作业,供乘客乘降。计算确定列车停站时间,应在满足作业需要的情况下,最大限度地缩短列车停站时间,以提高线路通过能力和运输效率。

乘客乘降的列车在车站停站时间取决于下列因素:
(1)车站乘客乘降量;
(2)平均上、下一位乘客所需要时间,该项时间取决于车辆的车门数及车门宽度,车厢内的座椅布置方式、站台高度和车站客运组织措施等;
(3)开关车门时间;
(4)车门和车站屏蔽门的同步时间;
(5)确认车门关门状态良好时间。

列车停站时间计算公式为:

$$t_{站} = \frac{(p_上 + p_下)t_{上(下)}}{nmd} + t_{开关} + t_{不同} + t_{确认} \quad (3-1)$$

式中:$p_上$、$p_下$——高峰小时车站上车或下车人数,人;

$t_{上(下)}$——平均每上或下一位乘客所需要时间,s;

$t_{开关}$——开关车门时间,s;

$t_{不同}$——车站屏蔽门与车门不同步时间,s;

$t_{确认}$——确认车门关闭状态良好及出站信号显示时间;
n——高峰小时开行列车数,列;
m——列车编成辆数,辆;
d——每车每侧车门数,扇。

按该公式计算的列车停站时间一般应适当加取整。在实际工作中,通常将全线和列车停站时间确定为 2~4 种时间标准。

三、车站间隔时间及查定

车站间隔时间是指在车站上办理两列车的到达、出发或通过作业所需要的最小间隔时间。在查定车站间隔时间时,应遵守有关规章的规定及车站技术作业时间标准,以保证行车安全和最有效地利用区间通过能力。

常用的车站间隔时间包括不同时到达间隔时间、会车间隔时间、同方向列车连发间隔时间、同方向列车不同时发到间隔时间和不同时到发间隔时间等几种,其值大小与车站信号、道岔操纵方法,车站邻接区间的行车闭塞方法,以及车站类型、接近车站线路的平、纵断面情况,机车类型,列车重量和长度等因素有关。在编制新列车运行图之前,每个车站都应根据具体条件,查定各种车站间隔时间。

1. 不同时到达间隔时间($\tau_{不}$)

在单线区段(或双线区段接发列车进路安排决定),来自相对方向的两列车在车站交会时,从某一方向列车到达车站时起,至相对方向列车到达或通过该站时止的最小间隔时间,称为不同时到达间隔时间,如图 3-13 所示。为了提高列车的旅行速度,除上下行列车在同一车站上都有作业需要停站外,原则上应使交会的两列车中的一列通过车站,因此在运行图上较常采用的是一列停车、一列通过的不同时到达间隔时间。

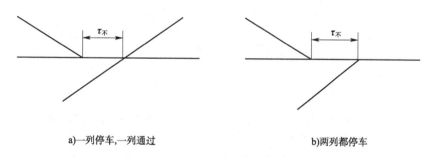

a)一列停车,一列通过　　　　　　b)两列都停车

图 3-13　不同时到达间隔时间图

为确保行车安全,在进站信号机外制动距离内进站方向为超过规定的下坡道,而接车线末端又无隔开设备的车站,禁止办理相对方向同时接车。凡不能办理相对方向同时接车的车站,由相对方向到站停车的两列车也须保持必要的不同时到达间隔时间。

不同时到达间隔时间的大小,根据如下条件确定:

(1)只有当第一列车到达车站,并为对向列车准备好接车进路以后,才能给对向列车开放进站信号;

(2)进站信号开放时,列车头部在进站信号机外方所处的位置,应等于一个制动距离及司机确认信号显示时间内所通过的距离之和,如图 3-14 所示。

因此,不同时到达间隔时间由两个部分组成:第一部分为第一列车到达车站后,车站办理必要作业所需要的时间 $t_{作业}$;第二部分为对向列车通过进站距离 $L_{进}$ 所需要的时间 $t_{进}$。据

此,可有:

$$\tau_{不} = t_{作业} + t_{进} = t_{作业} + 0.06\frac{L_{进}}{v_{进}} = t_{作业} + 0.06\frac{0.5l_{列} + l_{确} + l_{制} + l_{进}}{v_{进}} (\min) \quad (3-2)$$

式中:$l_{列}$——列车长度,m;

$l_{确}$——司机确认进站信号显示状态时间内列车运行距离,m;

$l_{制}$——列车制动距离或由预告信号机至进站信号机的距离,m;

$l_{进}$——进站信号机至车站中心线的距离,m;

$v_{进}$——列车平均进站速度,km/h。

由于车站两端的 $l_{进}$ 和 $v_{进}$ 不同,因此每一车站必须对上下行列车分别查定其不同时到达间隔时间。

车站办理必要作业所需时间,根据各站信、联、闭设备条件及其作业内容查定。

2. 会车间隔时间($\tau_{会}$)

在单线区段,自列车到达或通过车站时起,至由该站向同一区间发出另一对向列车时止的最小间隔时间,称为会车间隔时间,如图 3-15 所示。

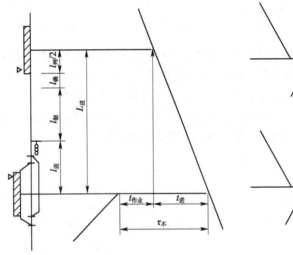

图 3-14 进站信号机开放时的列车位置与不同时到达间隔时间图

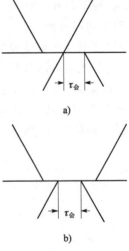

图 3-15 会车间隔时间图

会车间隔时间由车站值班员监督列车到达或通过后,为向同一区间发出另一列车所需办理必要作业的作业时间组成,根据各站信联闭设备条件及其作业内容查定。

3. 同方向列车连发间隔时间($\tau_{连}$)

在单线或双线区段,从列车到达或通过前方邻接车站时起,至由车站向该区间再发出另一同方向列车时止的最小间隔时间,称为同方向列车连发间隔时间。根据列车在前后两站停车或通过的不同情况,连发间隔时间可有下列四种形式:

(1)两列列车通过前后两车站,见图 3-16a);

(2)第一列车在前方站停车,第二列车在后方站通过,见图 3-16b);

(3)第一列车在前方站通过,第二列车在后方站停车,见图 3-16c);

(4)两列列车在前后两站均停车,见图 3-16d)。

按照连发间隔时间组成因素的不同,可以将上述四种形式的连发间隔时间归纳为两种类型。第一种类型为图3-16a)、b)两种形式。其共同点是列车均在后方站通过,其不同点仅在于前者是前方站值班员监督列车通过,后者是监督列车到达。这一类型的连发间隔时间由两部分组成(见图3-17):

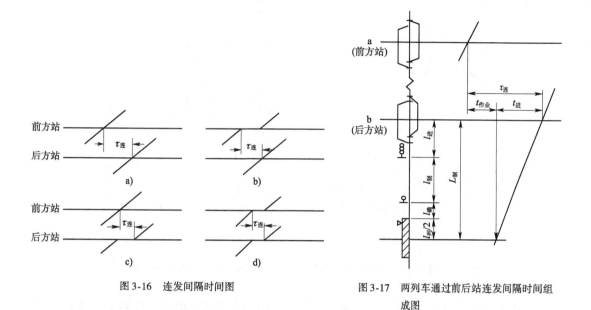

图3-16 连发间隔时间图

图3-17 两列车通过前后站连发间隔时间组成图

(1)前后两站办理作业所需的时间 $\tau_{作业}$;

(2)第二列车通过后方站进站距离 $l_{进}$ 的时间 $t_{进}$。这种类型的连发间隔时间可按如下公式计算:

$$\tau_{连} = t_{作业} + t_{进} = t_{作业} + 0.06\frac{L_{进}}{v_{进}} =$$

$$t_{作业} + 0.06\frac{0.5l_{列} + l_{确} + l_{制} + l_{进}}{v_{进}}(\min) \tag{3-3}$$

第二种类型为图3-16c)、d)两种形式。其共同点是列车均在后方站停车,其不同点仅在于前者是前方站值班员监督列车通过,后者是监督列车到达。

通过对连发间隔时间组成因素的分析可以看出,第一种类型连发间隔时间的组成因素及车站办理作业的内容与不同时到达间隔时间基本相同;第二种类型连发间隔时间所包括的作业内容则与会车间隔时间基本相同。但必须注意,连发间隔时间是发生在前后两个车站上,而不同时到达和会车间隔时间是发生在同一个车站上。

4. 同方向列车不同时到发间隔时间($\tau_{到发}$)和不同时发到间隔时间($\tau_{发到}$)

自某方向列车到达车站时起,至由该站发出另一同方向列车时止的最小间隔时间,称为同方向列车不同时到发间隔时间。自列车由车站发出时起,至同方向列车到达车站时止的最小间隔时间,称为同方向列车不同时发到间隔时间。这两种间隔时间在运行图上的表现形式如图3-18所示。

凡禁止办理同时接发同方向列车的车站,都必须查定同方向列车不同时到发间隔时间和不同时发到间隔时间。在查定这两种间隔时间时,必须遵守以下两个条件:

(1)办理同方向列车不同时到发时,必须在列车全部到达并停在警冲标内方以后,另一个同方向列车方可从该站出发；

(2)办理同方向列车不同时发到时,必须在第一列车全部通过出发进路中的最后出站道岔以及车站办理有关作业之后,将要进站的另一同方向列车,应位于该站进站信号机外方 $l_{制}+l_{确}$ 的位置处。

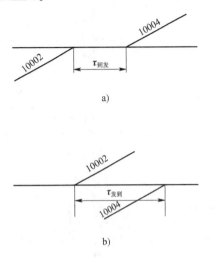

图 3-18 同方向列车不同时到发和不同时发到间隔时间图

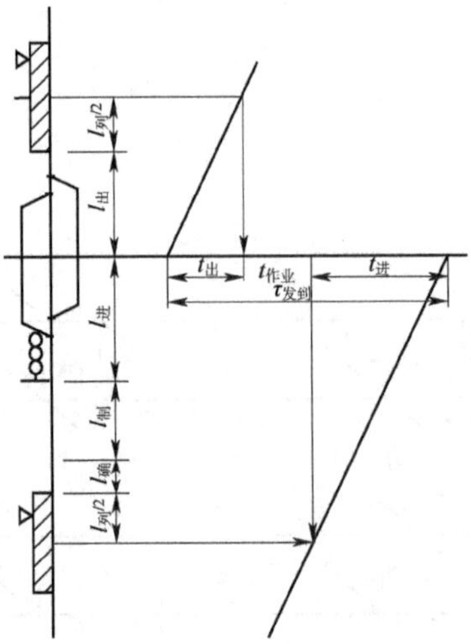

图 3-19 同方向列车不同时发到间隔时间组成图

根据上述条件,同方向列车不同时到发间隔时间为由车站值班员监督列车到达后,向同一方向发出另一列车所需办理必要作业的作业时间组成。而同方向列车不同时发到间隔时间,则由如下三部分组成(见图 3-19)：

(1)出发列车通过出站距离 $L_{出}$ 的时间 $t_{出}$；
(2)车站办理必要作业的时间 $t_{作业}$；
(3)到达的同方向列车通过进站距离 $L_{出}$ 的时间 $t_{进}$。

因而,可有：

$$\tau_{发到} = t_{出} + t_{作业} + t_{进} (\min) \tag{3-4}$$

由图 3-19 可见：

$$t_{出} = 0.06 \frac{l_{出}+0.5 l_{列}}{v_{出}} (\min)$$

$$t_{进} = 0.06 = \frac{0.5 l_{列}+l_{确}+l_{制}+l_{进}}{v_{进}} (\min)$$

所以,同方向列车不同时发到间隔时间计算公式也可以写为：

$$\tau_{发到} = t_{作业} + 0.06 \left(\frac{l_{出}+0.5 l_{列}}{v_{进}} + \frac{0.5 l_{列}+l_{确}+l_{制}+l_{进}}{v_{进}} \right) (\min) \tag{3-5}$$

式中：$l_{出}$——由车站中心线至出发进路最外方道岔的距离,m；
$v_{出}$——列车由车站出发时,通过出站距离的平均速度,km/h。

5. 相对方向列车不同时通过间隔时间($\tau_{通}$)

在一端连接双线区间、另一端连接单线区间的车站(或线路所)上,两个相对方向的列车不同时通过该站(或线路所)的最小间隔时间,称为相对方向列车不同时通过间隔时间。如图 3-20 所示,相对方向列车不同时通过间隔时间也由 $t_{作业}$ 和 $t_{进}$ 两部分时间组成。

上述各种车站间隔时间的数值大小,与列车运行速度和列车长度有关。因此,应分别对乘客列车和列车进行查定。

四、追踪列车间隔时间

在自动闭塞区段,一个站间区间内同方向可有两列或两列以上列车,以闭塞分区间隔运行,称为追踪运行。追踪运行列车之间的最小间隔时间,称为追踪列车间隔时间I,如图3-21所示。追踪列车间隔时间,决定于同方向列车间隔距离、列车运行速度及信联闭设备类型。

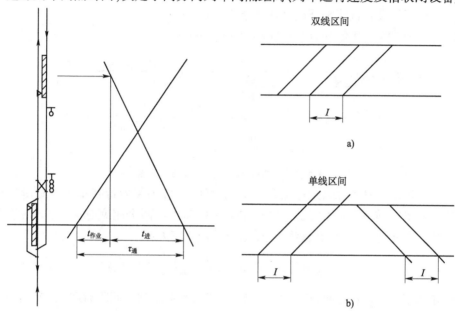

图3-20 单双线区段相对方向列车不同时通过车站的间隔时间组成图

图3-21 追踪列车间隔时间图

1. 三显示自动闭塞区段追踪列车间隔时间

(1) 列车区间追踪间隔时间

在使用三显示自动闭塞的区段,追踪列车之间的间隔,通常情况下需相隔三个闭塞分区,如图3-22所示。这样,可以保证后行列车经常能看到绿灯显示,从而可以使列车保持高速运行。在这种情况下,追踪列车间隔时间$I_{追}^{绿}$为:

$$I_{追}^{绿} = 0.06 \frac{l_{列} + l'_{分区} + l''_{分区} + l'''_{分区}}{v_{运}} \quad (3\text{-}6)$$

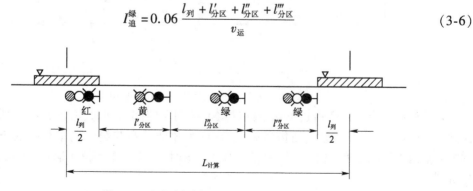

图3-22 追踪列车向绿灯运行时的间隔距离图

(2) 列车过站追踪间隔时间

根据列车在区间内追踪运行的上述条件计算出追踪列车间隔时间后,还应分别按列车到站停车、从车站出发和两列车不停车通过车站的条件进行验算。

按到站停车条件确定追踪列车间隔时间时,应确保后行的追踪列车不因站内未准备好接车进路而降低速度。为此,车站准备好进路和开放好进站信号的时刻,应不迟于第二列车首部接近站外第二通过色灯信号机的时刻(见图3-23)。这时,追踪列车间隔时间 $I_{到}$ 应为:

$$I_{到} = t_{作业} + 0.06 \frac{l_{进} + l'_{分区} + l''_{分区} + 0.5 l_{列}}{v_{进}^{平均}} (\min) \tag{3-7}$$

式中:$t_{作业}$——车站准备进路和开放进站信号的时间,min;
$v_{进}^{平均}$——列车通过进站计算距离的平均速度,km/h。

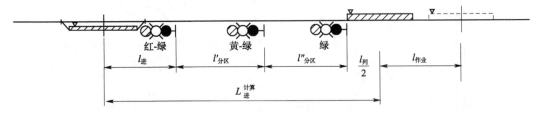

图 3-23 列车到站停车时追踪列车间隔图

按列车从车站出发条件确定追踪列车间隔时间时,应确保后行列车在出站信号机显示绿灯的条件下出发,如图3-24所示。只有在第一列车腾空两个闭塞分区后,出站信号机才能显示绿灯。因此,由车站发出追踪列车间隔时间 $I_{发}$ 应为:

$$I_{发} = t_{作业} + 0.06 \frac{l_{列} + l'_{分区} + l''_{分区}}{v_{出}^{平均}} (\min) \tag{3-8}$$

当准许列车凭出站信号机显示黄色灯光发车时,则追踪列车间隔时间 $I_{发}$ 应为:

$$I_{发} = t_{作业} + 0.06 \frac{l_{列} + l'_{分区}}{v_{出}^{平均}} (\min) \tag{3-9}$$

式中:$t_{作业}$——车站开放信号和司机确认信号的时间,min;
$v_{出}^{平均}$——列车通过出站计算距离的平均速度,km/h。

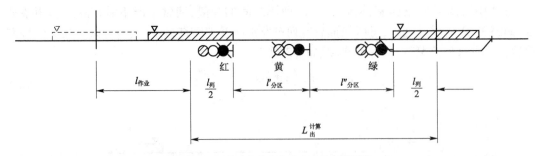

图 3-24 列车从车站出发时追踪列车间隔图

按前后两列车不停车通过车站条件确定追踪列车间隔时间时,必须在第一列车通过出站道岔,并为后行列车开放进站信号后,后行列车才能处在与第一列车相隔三个闭塞分区(包括车站闭塞分区)距离的位置(见图3-25)。这时,追踪列车不停车通过车站的间隔时间 $I_{通}$ 应为:

$$I_{通} = t_{作业} + 0.06 \frac{l^{站}_{分区} + l'_{分区} + l''_{分区} + l_{列} + l_{岔}}{v_{通}^{平均}} (\min) \tag{3-10}$$

式中：$l^{站}_{分区}$——车站闭塞分区长度，m；

$v^{平均}_{通}$——列车通过车站计算距离的平均速度，km/h；

$l_{岔}$——出站信号机至最外方道岔的距离，m；

$t_{作业}$——第二列车开放进站信号的时间，min。

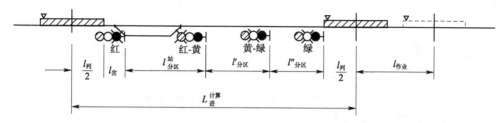

图 3-25 列车不停车通过车站时追踪列车间隔图

(3) 在开行速度不同的区段，应根据高速列车与普通列车前后位置的不同，分别确定 $I_{追}$、$I_{到}$、$I_{发}$ 和 $I_{通}$

因为列车的运行速度不同，所以在确定列车之间的追踪间隔时间时，应按到站条件计算[见图3-26a]，而确定列车之间的追踪间隔时间时，则应按从车站出发的条件计算[见图3-26b)]。

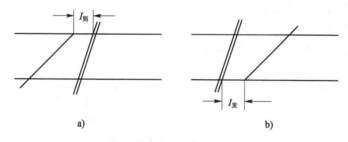

图 3-26 乘客列车和列车追踪间隔时间图

对各区间求出列车之间的上述几种追踪间隔时间之后，取其中最大的数值作为计算平行运行图通过能力时的追踪间隔时间。

2. 城市轨道交通固定（自动）闭塞线路

城市轨道交通车站一般不设置配线，客运作业在车站正线上办理，由于追踪列车经过车站时的间隔时间远大于在区间运行时的间隔时间，追踪列车间隔时间应根据追踪运行的两列车先后经过车站的条件进行计算确定。

计算追踪列车间隔时间的列车距离如图 3-27 所示。当前行列车出清了车站轨道电路区段，在确保行车安全的条件下，后行列车以规定的进站速度恰好位于某一分界点的前方。按追踪列车先后经过车站必须保持的最小列车间隔距离计算得到的间隔时间，即为追踪列车间隔时间。后行列车从初始位置至前行列车所处位置，需经历进站运行、制动停车、停站作业和起动出站四项作业过程，即追踪列车间隔时间由四个单项作业时间组成：

$$h = t_{运} + t_{制} + t_{站} + t_{加} \quad (3-11)$$

式中：$t_{运}$——列车从初始位置起至开始制动时止的运行时间，s；

$t_{制}$——列车从开始制动时止起至在站内停车时止的抽动时间，s；

$t_{加}$——列车从车站起动加速时起至出清车站轨道电路区段时止的运行时间，s。

3. 移动自动闭塞追踪列车间隔时间计算原理

移动自动闭塞是在确保行车安全前提下，以使追踪列车间的间隔达到最小为目标，以车站控制装置和机车控制装置为中心的一个闭塞控制系统。在这一系统下,区间内运行的每一列车均与前方站的中心控制装置周期性地保持高可靠度的通信联系;车站中心控制装置接到列车信息后,根据列车牵引特性曲线及区间相关参数,解算出每一追踪列车的允许最大运行速度发送给列车,而对于接近进站的列车,则根据调度命令发出该列车进站及进入股道等信号。

图 3-27 固定闭塞时追踪列车经过车站间隔距离

(1) 区间列车追踪间隔时间

采用移动自动闭塞系统可以有效地压缩追踪列车间隔时间,提高区间通过能力。在移动自动闭塞区间,追踪列车间隔时间如图 3-28 所示。据此,在区间内运行的追踪列车间隔时间 $I_{追}$ 可按下式计算:

$$I_{追} = 0.06 \frac{l_{制} + l_{列} + l_{安}}{v_{运}} + t_{信} \tag{3-12}$$

式中:$l_{制}$——列车制动距离,m;

$l_{安}$——系统安全防护距离,m;

$t_{信}$——列车动态信息传输时间,min。

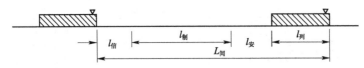

图 3-28 移动自动闭塞追踪间隔图

(2) 列车过站追踪间隔时间

城市轨道线路上,车站一般不设置配线,列车通常在车站停车,并办理客运作业。由于列车追踪运行时,后行列车的运行位置及速度取决于前行列车,计算追踪列车间隔时间的最小间隔距离如图,当前行列车出清了车站,在确保行车安全的条件下,续行列车以列车运行图规定的速度恰好位于"移动闭塞分区"的分界点的前方。由图 3-29 可知,后行列车从初始位置至前方列车所处位置须经历进站、制动停车、停站作业和起动出站四项作业过程。

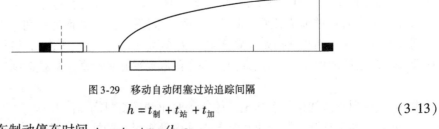

图 3-29 移动自动闭塞过站追踪间隔

$$h = t_{制} + t_{站} + t_{加} \tag{3-13}$$

式中:$t_{制}$——列车制动停车时间,$t_{制} = t_{空} + v_{进}/b$,s;

$v_{进}$——规定列车进站时间,m/s;

$t_{站}$——列车停站时间,s;

$t_{加}$——列车起动出站时间,$t_{加} = \sqrt{(l_{列} + l_{站} + 2l_{安})/\alpha}$,s;
$l_{安}$——安全防护距离,m。

五、列车折返出发间隔时间和折返站折返停留时间标准

研究列车折返能力及其加强问题,只有在折返间隔时间大于追踪间隔时间时才有意义。如果追踪间隔时间大于理论计算的折返间隔时间,则实际需要的折返间隔时间等于追踪间隔时间,此时列车折返能力不是最终通过能力的限制因素。

注意:列车折返间隔时间与列车在折返站停留时间是两个不同的概念。前者反映的是两列列车在折返站先后出发的时间间隔,而后者反映的是一列列车在折返站由到达至出发的时间间隔。

1. 折返出发间隔时间的确定方法

折返出发间隔时间的确定方法有图解法与解析法两种。

(1)图解法

图解法将组成列车折返作业过程的各个单项作业时间按作业顺序绘制在作业程序图上,然后在图上找出相邻两列折返列车的折返出发间隔时间,如图3-30所示的站后尽端线折返时的折返间隔时间图解。图解法适用于特定折返站的折返出发间隔时间确定,也可用来验证采用解析法计算得到的结果。解析法通过对列车折返作业过程、列车在折返站的作业(进路)干扰等影响因素的分析,确定满足最小折返出发间隔时间的条件,并在此基础上建立计算折返出发间隔时间的数学关系式。解析法的优点是计算方法的应用具有普遍性,对组成折返出发间隔时间的单项时间比较直观,便于分析影响列车折返能力的各项因素。

序号	折返作业项目	时间(s)	折返作业过程及折返间隔时间
1	办理接车进路	15	
2	列车进站停妥	25	
3	列车停站下客	30	
4	办理进折返线进路	15	
5	列车进折返线运行	35	
6	列车换向作业	10	
7	办理出折返线进路	15	
8	列车出折返线运行	35	
9	列车停站上客	30	
10	列车驶出车站	25	
折返列车到达间隔时间(s)			90
折返列车出发间隔时间(s)			105

图3-30 折返间隔时间图解

对于计算参数,有人提出按折返列车由车站出发计算折返间隔时间的思路,但也有文献提出按折返列车到达车站(在进站位置)、折返列车进折返线和折返列车出折返线计算折返间隔时间的观点。从折返作业循环进行的角度,如果不存在因作业(进路)干扰或因列车到达间隔等引起的作业等待情形,则各种算法所得到的折返间隔时间是相同的。但如果在作业过程中存在等待情形,则按折返列车由车站出发计算得到的折返间隔时间是最大的。因此,按折返列车由车站出发计算折返间隔时间,能够确保列车折返能力不被高估。

在图 3-30 中，假设列车①进折返线运行 20s 后即可办理列车②的接车进路，按给定的各个单项作业时间绘制的折返作业过程及折返间隔时间表明：折返到达间隔时间为 90s，折返出发间隔时间为 105s。后者大于前者的原因是：列车②在折返线的作业完毕后必须等待列车①驶出车站后才能办理出折返线进路作业，存在 15s 的等待时间。

（2）解析法

如果在作业过程中存在等待情形，则按折返列车由车站出发计算得到的折返间隔时间是最大的。因此，按折返列车由车站出发计算折返间隔时间，能够确保列车折返能力不被高估。

折返出发间隔时间计算。

根据车站折返线的布置，列车折返有站前折返、站后折返、站前与站后混合折返三种方式；根据折返站在线路中的位置，列车折返有终点站折返和中间站折返两种情形；在中间站折返时，根据列车交路不同，列车折返又有单向折返和双向折返两种方式。不同折返方式时的折返出发间隔时间应分别计算。

①站后尽端线折返

列车在终点站的折返作业过程如图 3-31，上行到达列车进站，停靠车站站台 A，在规定的列车停站时间内乘客下车完毕；列车由车站正线进入尽端折返 B，调车进路可预办；列车在折返线，前后部司机立即进行换头作业，停留规定时间后，在前一列下行出发并已经驶离车站闭塞分区，同时道岔开通车站正线和调车信号开放，进入下行车站正线 C，完成折返调车作业。

列车在终点站经由站后尽端线折返时，最小折返出发间隔时间，如图 3-32，其计算公式为：

$$h_{发} = t_{离去} + t_{作业}^{出} + t_{确认} + t_{出线} + t_{停站} \tag{3-14}$$

式中：$t_{离去}$——出发列车驶离车站闭塞分区的时间，s；

$t_{作业}^{出}$——办理出折返线进路的时间，s；

$t_{确认}$——确认信号时间，s（在自动折返时，将其称之为 $t_{反应}$，为车载设备反应时间）；

$t_{出线}$——列车从车站折返线至出发正线的运行时间，s；

$t_{停站}$——包括乘客上车时间在内的列车停站时间，s。

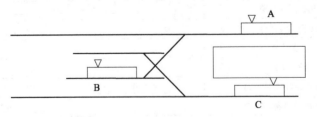

图 3-31 站后折返时折返作业过程

②站前双渡线折返

如图 3-33 所示，上行到达列车由车站闭塞分区外方，即进站位置处 A 侧向进站，停靠下行车站正线 B，前后部司机立即进行换头作业，在规定的列车停站时间内乘客下车与上车完毕；然后由车站出发驶离车站闭塞分区 C，并为下一列进站折返列车办妥接车进路。

列车在终点站经由站前双渡线折返时，最小折返出发间隔时间如图 3-34 所示，$h_{发}$ 的计算公式为：

$$h_发 = t_{离去} + t_{作业}^{接} + t_{确认} + t_{进站} + t_{停站} \tag{3-15}$$

式中：$t_{离去}$——出发列车驶离车站闭塞分区的时间，s；

$t_{作业}^{接}$——办理出折返线进路的时间，s；

$t_{确认}$——"确认信号时间"，s（在自动折返时，可将其称之$t_{反应}$为车载设备反应时间）；

$t_{进站}$——列车从车站折返线至出发正线的运行时间，s；

$t_{停站}$——包括乘客上车时间在内的列车停站时间，s。

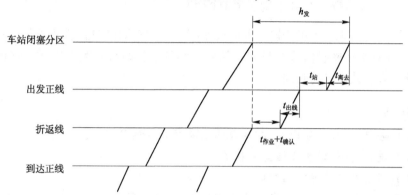

图 3-32　出发折返间隔时间示意图

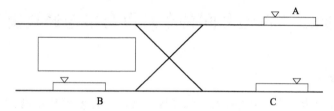

图 3-33　站前折返时折返作业过程

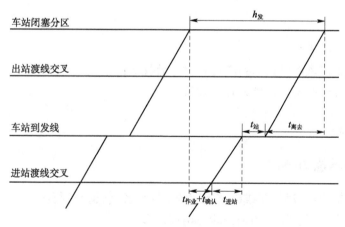

图 3-34　出发折返间隔时间示意图

2. 列车在折返站停留时间

列车在折返站停留时间是指列车在折返站办理各项作业时所需时间。

在站后折返时，其过程如图 3-35 所示。按作业顺序，列车应办理的作业有：

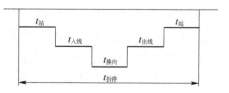

图 3-35　列车折返停留时间（站后折返）

(1)在站线上,开车门、乘客下车作业;
(2)列车入折返线走行;
(3)在折返线上,列车换向作业;
(4)列车出折返线走行;
(5)在站线上,乘客上车、关车门作业。

六、列车出入车辆段(或车场)作业时间

城市轨道交通列车出入车辆段作业时间是指列车在车辆段与正线防护信号机间的列车运行时分、列车在下线防护信号机与列车始发站间的运行时分及列车在进入区间下线之前等待信号开放和确认信号的时间。

 任务实施

1. 下发任务单,明确任务内容,学生课前按要求完成预习任务;
2. 教师先进行讲解,学生分组完成任务;
3. 学生自行总结相关规定的经验;
4. 教师和各组长担当本次任务的他人评价工作,评判同学们的任务完成情况。

任务三　轨道区间列车开行方案与通过能力

 任务描述

理解区间通过能力概念,掌握确定单双线区间列车开行方案的技能,掌握通过学习能力计算的基本技能。

 任务单

1. 理解轨道运输能力;
2. 掌握单线区间成对非追踪列车运行方案的技能;
3. 掌握非平行运行图通过能力计算方法。

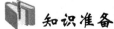 **知识准备**

一、轨道运输能力概述

为了实现运输生产过程,完成国家规定的运输任务,轨道必须具备一定的运输能力。轨道运输能力一般采用通过能力和输送能力两种概念。

在采用一定车辆和一定的行车组织方法条件下,轨道区段的各种固定设备,在单位时间内所能通过的最多列车数或对数称为通过能力。通过能力在一定程度上取决于广大轨道职工的协同动作和轨道固定设备、车辆的合理运用。因此,通过能力并不是一成不变的,它随着技术设备和行车组织方法的改善而提高。计算轨道通过能力的目的,就在于能够合理地安排运输生产,保证轨道运输适应国民经济不断发展和人民生活不断提高的需要。

轨道区段通过能力按照下列固定设备进行计算:

(1)区间。其通过能力主要决定于区间正线数、区间长度、线路纵断面、信号、联锁、闭塞设备的种类。

(2)车站。其通过能力主要决定于车站到发线数,折返线的布置,信号、联锁、闭塞设备的种类。

根据以上固定设备计算出来的通过能力,可能是各不相同的。其中能力最薄弱的设备限制了整个区段的能力,该能力即为该区段的最终通过能力。

在轨道实际工作中,通常又把通过能力分为三个不同的概念,即设计通过能力、现有通过能力和需要通过能力。预计新线修建以后或现有轨道技术改造以后,轨道区段固定设备所能达到的能力,称为设计通过能力;在现有固定设备、现行的行车组织方法和现有的运输组织水平的条件下,轨道区段可能达到的能力,称为现有通过能力;在一定时期内,为了适应国家建设和人民生活的需要,轨道区段所应具备的能力,称为需要通过能力。

输送能力是指在一定固定设备和行车组织方法条件下,按照车底的现有数量,在单位时间内所能输送的最多人数。

二、确定区间列车运行方案与通过能力

区间列车运行方案必须保证区间列车通过能力最大。

1. 平行运行图通过能力和区间列车运行方案

在平行运行图上,同一区间内同方向列车的运行速度都是相同的,并且上下行方向列车在同一车站上都采取相同的交会方式。从这种运行图上可以看出,任何一个区间的列车运行线,总是以同样的铺画方式一组一组地反复排列的。一组列车占用区间的时间,称为运行图周期 $T_周$。图3-36给出了不同类型的运行图周期。不同类型的运行图周期所包含的上下行列车数可能是不同的。若一个运行图周期内所包含的列车对数或列数用 $n_周$ 表示,则放行一列或一对列车平均占用该区间时间应为:

$$t_{占均} = \frac{T_周}{n_周} \tag{3-16}$$

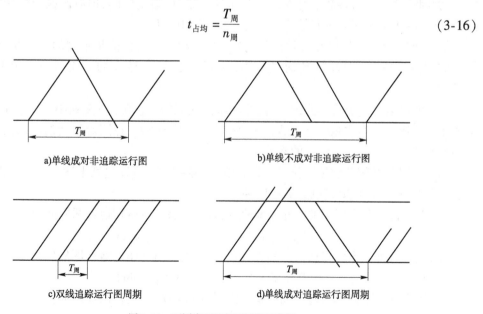

a)单线成对非追踪运行图 b)单线不成对非追踪运行图

c)双线追踪运行图周期 d)单线成对追踪运行图周期

图3-36 不同类型运行图周期示意图

因而,对于一定类型平行运行图区间通过能力 n,应用直接计算法可按如下公式计算:当不考虑固定作业占用时间有效度系数时

$$n = \frac{1440}{t_{周}} = \frac{1440 n_{周}}{T_{周}} \tag{3-17}$$

当考虑固定作业占用时间而不考虑有效度系数时:

$$n = \frac{(1440 - T_{固}) n_{周}}{T_{周}} \tag{3-18}$$

当同时考虑固定作业占用时间和有效度系数时:

$$n = \frac{(1440 - T_{固}) n_{周} d_{有效}}{T_{周}} \tag{3-19}$$

式中,固定作业时间($T_{固}$)是指为进行线路养护维修、技术改造施工、电力牵引区段接触网检修等作业,须预留的固定占用区间时间,以及必要的列车慢行和其他附加时分,但双线区段施工期间组织反向行车时,应扣除利用非施工方向放行列车所节省的时间;有效度系数($d_{有效}$)是指扣除设备故障和列车运行偏离、调度调整等因素所产生的技术损失后,区间时间可供有效利用的系数,一般可取 0.91~0.88。

2. 单线区间成对非追踪列车运行方案

运行图周期系由列车(一个或几个列车)区间纯运行时分 $\sum t_{运}$、起停车附加时分 $\sum t_{起停}$ 以及车站间隔时间 $\sum \tau_{站}$ 所组成,即

$$T_{周} = \sum t_{运} + \sum t_{起停} + \sum \tau_{站} (\min) \tag{3-20}$$

一般情况下列车在各区间的运行时分不相同,各车站的间隔时间也可能不同,所以每一区间的 $T_{周}$ 常常是不等的。从上述公式可以看出,通过能力大小与 $T_{周}$ 成反比,$T_{周}$ 越大,通过能力越小。在整个区段里,$T_{周}$ 最大的区间也就是通过能力最小的区间,称为该区段的限制区间。限制区间的通过能力即为该区段的区间通过能力。

列车区间运行时分,对运行图周期的大小起主要作用。在运行图周期里 $\sum t_{运}$ 最大的区间,称为困难区间。大多数情况下,困难区间往往就是限制区间,但有的区间虽然本身不是困难区间,由于车站间隔时间数值较大,而成了限制区间。

如前所述,在不同类型的运行图里,$T_{周}$ 的组成及 $n_{周}$ 的数值是不同的。因此,必须对不同类型的运行图,分别计算其通过能力,选择通过能力最大的方案为列车在区间运行方案。

为了使区段通过能力达到最大,应当使限制区间的 $T_{周}$ 数值尽量缩小。在采用一定类型的机车和一定的列车重量标准的条件下,区间运行时分 $\sum t_{运}$ 是固定不变的。因而想要缩小 T,只有设法缩小 $\sum t_{起停} + \sum \tau_{站}$ 的数值。

通过在限制区间合理地安排列车运行线的铺画方案,可以达到上述目的。如图 3-37 所示,区间列车运行的可能铺画方案有四种。

(1)上下行列车不停车通过车站而进入区间,见图 3-37a),运行图周期为:

$$T_{周} = t' + t'' + \tau^{a}_{不} + \tau^{b}_{不} + 2t_{停} (\min)$$

(2)上下行列车不停车通过车站而开出区间,见图 3-37b),运行图周期为:

$$T_{周} = t' + t'' + \tau^{a}_{会} + \tau^{b}_{会} + 2t_{起} (\min)$$

(3)下行列车不停车通过区间两端车站,见图 3-37c),运行图周期为:

$$T_{周} = t' + t'' + \tau^{a}_{不} + \tau^{b}_{会} + t_{起} + t_{停} (\min)$$

(4)上行列车不停车通过区间两端车站,见图3-37d),运行图周期为:

$$T_{周} = t' + t'' + \tau_{会}^{a} + \tau_{不}^{b} + t_{起} + t_{停} (\min)$$

在选择限制区间列车运行线的合理铺画方案时,应考虑到区间两端车站的具体条件。

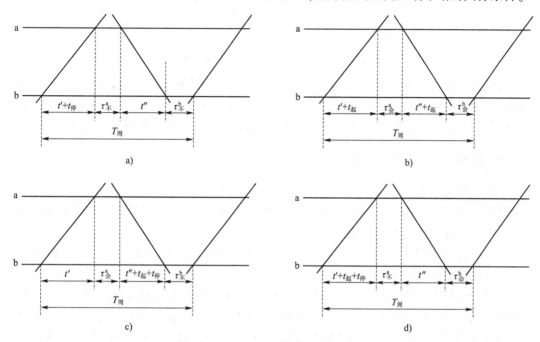

图3-37 列车运行线铺画方案示意图

车站的技术作业停留时间,对两相邻区间的通过能力会产生不良影响,并可能使相邻区间中的一个成为区段的限制区间,因此必须研究采取消除或减少这种影响的措施。

例如,A-B 区段为单线半自动闭塞区段。选择合理会车方案时,一般先从困难区间($\sum t_{运}$ 最大的区间),或从邻接停车站的区间(两个中任选一个)开始,依次进行选择,即可得第一方案。分别计算该方案每一区间的 $T_{周}$,可以看出 A-B 区间的 $T_{周}$ 最大。对与第一方案进行分析,然后根据情况进行调整,直到找到最优方案。

3.双线平行追踪列车运行方案

在未装设自动闭塞的双线区段,通常采用连发运行图(见图3-38)。双线连发运行图的运行图周期 $T_{周}$ 为:

$$T_{周} = t_{运} + \tau_{连} (\min) \tag{3-21}$$

因而,当不考虑 $T_{周}$ 及 $d_{有效}$ 时,区间通过能力分别上下行方向可按下式计算:

$$n = \frac{1440}{t_{运} + \tau_{连}} \tag{3-22}$$

应该指出,由于区间线路断面的关系,上下行方向的限制区间可能不是同一个区间。因而,上下行方向区间通过能力不一定相同。

在装有自动闭塞区段,通常采用追踪运行图(见图3-39)。双线追踪运行图的运行图周期 $T_{周}$ 等于追踪列车间隔时间 I,因而每一方向的区间通过能力为:

$$n = \frac{1440}{I} \tag{3-23}$$

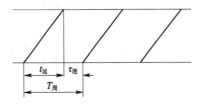
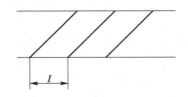

图 3-38 双线连发运行图周期　　　　图 3-39 双线追踪运行图周期

由式(3-20)可以看出,在自动闭塞区段,当 $I=10\text{min}$,且不考虑 $T_周$ 及 $d_{有效}$ 时,平行运行图的通过能力每一方向可以达到 144 列;当 $I=8\text{min}$ 时,每一方向可以达到 180 列。因此,在双线区段上装设自动闭塞和移动闭塞并采用追踪运行图,可以显著地增加通过能力。

三、非平行运行图通过能力

1. 非平行运行图通过能力计算方法

采用平行运行图可以达到最大的通过能力,但这种运行图只在能力特别紧张的特殊情况下采用。在通常情况下,采用的是非平行运行图。

在非平行运行图上,铺画有速度较高的乘客列车和快运货物列车,也有一般货物列车,以及停站次数较多和停站时间较长的摘挂列车等。

非平行运行图的通过能力,是指在乘客列车数量及其铺画位置既定的条件下,该区段一昼夜内所能通过的货物列车和乘客列车对数(或列数)。在一般情况下,铁路上开行的乘客列车和快运货物列车数远比一般货物列车数少,在运行图上只占一小部分,而运行图的大部分仍具有平行运行图的特征。因此,在计算非平行运行图的通过能力时,仍可以利用平行运行图所具有的明显的规律性,先确定平行运行图的通过能力,然后根据开行快速列车对货物列车的影响,扣除由于受这种影响而不能开行的货物列车数,以及因开行摘挂列车而减少开行的货物列车数,即可求得非平行运行图的通过能力。计算非平行运行图通过能力的方法有两种:

(1)图解法。在运行图上首先铺画乘客列车,然后在乘客列车间隔内,铺画其他货物列车(包括摘挂列车)。在运行图上所能最大限度铺画的客货列车总数即为该区段的非平行运行图的通过能力。图解法比较精确,但较繁琐,故只在特殊需要时采用。

(2)分析法。根据乘客列车和摘挂列车的扣除系数,可以近似地计算非平行运行图的通过能力 $n_非$,计算公式为:

$$n_货^非 = n - \varepsilon_客 \, n_客 - (\varepsilon_{快货} - 1)n_{快货} - (\varepsilon_{摘挂} - 1)n_{摘挂} \tag{3-24}$$

$$n_非 = n_货^非 + n_客 \tag{3-25}$$

式中:$n_货^非$——非平行运行图的货物列车通过能力(包括快运货物列车、和摘挂列车在内);

$n_客$——在运行图上铺画的乘客列车对数或列数;

$n_{快货}$——在运行图上铺画的快运货物列车的对数或列数;

$n_{摘挂}$——在运行图上铺画的摘挂列车的对数或列数;

$\varepsilon_客$——乘客列车的扣除系数;

$\varepsilon_{快货}$——快运货物列车的扣除系数;

$\varepsilon_{摘挂}$——摘挂列车的扣除系数。

所谓扣除系数,是指因铺画一对或一列乘客列车、快运货物列车或摘挂列车,须从平行运行图上扣除的货物列车对数或列数。由公式可以看出,分析法的精确性,主要取决于扣除系数数值的规定是否合理。因此,当研究用分析法确定非平行运行图的通过能力时,首先必须研究确定扣除系数的原理。

2. 单线非自动闭塞区段乘客列车扣除系数

如图3-40所示,在运行图上铺画乘客列车所造成的扣除系数,由如下两部分组成:

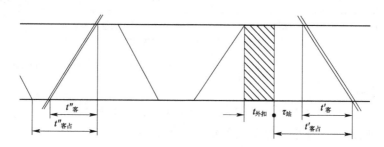

图3-40 运行图上铺画乘客列车所形成的扣除时间图

(1)基本扣除系数($\varepsilon_\text{基}$)。一对乘客列车占用限制区间的时间$t_\text{客占}$与一对货物列车占用限制区间的时间$T_\text{周}$之比,称为基本扣除系数。$t_\text{客占}$由乘客列车区间运行时分$t_\text{客}$和车站间隔时间$\tau_\text{站}$两部分组成,即

$$t_\text{客占} = t'_\text{客占} + t''_\text{客占} = (t'_\text{客} + t''_\text{客}) + \sum \tau_\text{站} = \Delta(t' + t'') + \sum \tau_\text{站}$$

$$\varepsilon_\text{基} = \frac{t_\text{客占}}{T_\text{周}} = \frac{\Delta(t' + t'') + \sum \tau_\text{站}}{T_\text{周}} \tag{3-26}$$

式中:$t'_\text{客}$、$t''_\text{客}$——乘客列车在限制区间的上、下行运行时分,min;

t'、t''——货物列车在限制区间的上、下行运行时分,min;

Δ——货物列车与乘客列车速度的比值。

(2)额外扣除系数($\varepsilon_\text{外扣}$)。由于两相邻乘客列车之间的时间间隔不是货物列车占用限制区间时间的整倍数而产生的额外扣除时间$t_\text{外扣}$与一对货物列车占用限制区间的时间$T_\text{周}$之比,称为额外扣除系数。$\varepsilon_\text{外扣}$数值的大小与运行图上乘客列车对数及其铺画位置、区间不均等程度、中间站到发线数目等因素有关。在单线区段可近似地按如下经验公式计算:

$$\varepsilon_\text{外扣} = 0.7j - 0.025N_\text{客} - 0.1 \tag{3-27}$$

公式中的j表示区间不均等程度,它等于货物列车平均运行图周期与限制区间运行图周期之比,即$j = T_\text{周}^\text{平均}/T_\text{周}$。在一般情况下,额外扣除系数可取0.2~0.5。

因此,乘客列车的扣除系数$\varepsilon_\text{客}$应为:

$$\varepsilon_\text{客} = \varepsilon_\text{基} + \varepsilon_\text{外扣} \tag{3-28}$$

3. 扣除系数影响因素与常见取值

从分析可以看出,扣除系数的大小与一系列因素有关,其中主要有:

(1)区间的不均等程度;

(2)乘客列车、快运货物列车、摘挂列车的运行速度、数量及其在运行图上的铺画位置;

(3)乘客列车和摘挂列车在区段内的停站次数及停站时间。

这些因素的影响只能在运行图铺好之后才能完全确定。因此,在计算通过能力时,不得不利用扣除系数的经验数值。目前,扣除系数如表3-1所列。

列车扣除系数表　　　　　　　　　　　表3-1

区间正线	闭塞方法	乘客列车	快运货物列车	摘挂列车	备注
单线	自动	1.0	1.0	1.3~1.5	
	半自动	1.1~1.3	1.2	1.3~1.5	摘挂列车3对以上取1.3
双线	自动	2.0~2.5	2.0~2.3	2.5~3.0	摘挂列车3对以上取2.5,6对以上取2.0
	半自动	1.3~1.5	1.4	1.5~2.0	

 任务实施

1. 下发任务单,明确任务内容,学生课前按要求完成预习任务;
2. 教师先进行讲解,学生分组完成任务;
3. 学生自行总结相关规定的经验;
4. 教师和各组长担当本次任务的他人评价工作,评判同学们的任务完成情况。

任务四　城市轨道交通通过能力计算

 任务描述

理解城市轨道交通通过能力概念,掌握列车等速时通过能力计算方法。

 任务单

1. 影响通过能力的因素;
2. 掌握列车等速时通过能力计算方法。

 知识准备

城市轨道交通的通过能力是指采用一定的车辆类型、信号设备和行车组织条件下,城市轨道交通固定设备在单位(通常是高峰小时)所能通过的最大列车数。

在编制列车运行图时,首先要计算通过能力,确定区间通过能力的利用程度,才能确定采取适当的编制措施。

一、影响通过能力的因素

城市轨道交通的通过能力应按以下固定设备计算:

1. 线路

线路是由区间和车站构成的整体,其通过能力主要受正线数目,列车运行控制方式,车辆技术性能,进出车站线路平纵断面,列车停站时间和行车组织方法等因素影响。

2. 列车折返设备

其通过能力主要受车站折返线布置、信号和联锁设备种类列车在折返站停站时间,以及调车速度等因素影响。

3. 车辆段设备

其通过能力主要受车辆的检修台位、停车线等设备数量和容量等因素影响。

4. 牵引供电设备

其通过能力主要受牵引供电所的数量、容量等因素影响。

城市轨道交通各项固定设备的通过能力通常各不相同,其中通过能力最小的固定设备限制了整个系统的通过能力,该项固定设备的通过能力即为城市轨道交通的最终通过能力,因此,设备的通过能力应该尽量协调。在各项固定设备中,限制城市轨道交通通过能力的固定设备通常是线路和列车折返设备。

5. 列车运行组织模式

城市轨道可以组织速度相同的列车同向追踪运行,也可以组织不同速度列车追踪运行。由于不同模式对区间和车站的通过能力产生不同的影响,导致城市轨道通过能力计算不太相同,因此,采取同速和不同速度共线进行计算。

在影响城市轨道交通通过能力的诸多因素中,权重最大的是列车运行控制方式和列车车站停站时间。

列车运行控制方式是指列车运行间隔、速度控制方式和行车调度指挥方式,取决于采用的列车运行控制设备类型,表3-2是三种列车运行控制方式时通过能力比较。

列车运行控制方式与线路通过能力　　　　表3-2

序号	闭塞设备	列车间隔控制	列车速度控制	行车调度指挥	通过能力
1	移动闭塞	追踪运行+列车自动防护	连续速度控制	自动化	高
2	自动闭塞	追踪运行	点式速度控制	调度集中	中
3	双区间闭塞	非追踪运行	点式速度控制	调度监督	低

由于城市轨道交通车站一般不设置配线,列车中低级在车站正线停车办理客运作业,致使列车追踪运行经过车站时的间隔时间远大于列车在区间追踪运行时的间隔时间。因此,列车停站时间是限制城市轨道交通线通过能力的又一主要因素。

二、列车等速时通过能力计算

1. 线路通过能力计算

(1) 移动闭塞和自动闭塞行车

自动闭塞行车时,线路通过能力计算公式为:

$$n_{max} = \frac{3600}{h} \tag{3-29}$$

式中:n_{max}——1小时内线路通过的最大列车数,列;

　　　h——城市轨道交通追踪列车间隔时间,s。

(2) 双区间闭塞行车

双区间闭塞是指列车这发间隔按同一时间,两个区间内只准有个列车占用进行控制列车运行。列车运行周期

线路通过能力计算公式为:

$$n_{max} = \frac{3600}{\sum t_{运}^i + t_{站} + \tau_{连}} \tag{3-30}$$

式中:$t_{运}^i$——区间运行时分,s;

　　　$\tau_{连}$——连发间隔时间,s。

2. 列车折返设备通过能力

列车折返设备通过能力计算公式为：

$$n_{折返} = \frac{3600}{h_{发}} \tag{3-31}$$

式中：$n_{折返}$——1小时内列车折返设备能够折返的最大列车数，列；

$h_{发}$——列车折返出发间隔时间，s。

列车折返方式主要有站后折返和站前折返两种。站后折返通常是列车利用站后尽端折返线进行折返，站前折返则是列车经过站前渡线进行折返，计算方法见项目三任务三。

3. 最终通过能力与使用能力

(1) 最终通过能力

如果城市轨道交通的最终通过能力受限制于线路或列车折返设备的通过能力，则最终通过能力可用下式计算：

$$n_{max}^{最终} = \frac{3600}{\max\{h, h_{发}\}} \tag{3-32}$$

式中：$n_{max}^{最终}$——城市轨道交通在小时最终能够通过的最大列车数，列。

(2) 使用通过能力

在日常行车组织中，因为列车运行时分偏离、设备故障、行车事故和外界影响等带来的通过能力损失是不可避免的。因此，实际可使用的通过能力达不到理想作业状态下的理论计算能力。为合理安排列车运力，保证列车运行秩序，有必要确定使用通过能力。

$$n_{使用} = \frac{3600}{h + h_{损失}} \tag{3-33}$$

式中：$n_{使用}$——扣除能力损失后，城市轨道交通在1小时能够通过的最大列车数，列；

$h_{损失}$——平均每列车分摊到的损失时间，可根据列车运行统计资料计算确定，s。

注：列车不等速时，城市轨道交通通过能力的计算方法可以参考项目三任务三中扣除系数法。

 任务实施

1. 下发任务单，明确任务内容，学生课前按要求完成预习任务；
2. 教师先进行讲解，学生分组完成任务；
3. 学生自行总结相关规定的经验；
4. 教师和各组长担当本次任务的他人评价工作，评判同学们的任务完成情况。

任务五　列车运行图编制

 任务描述

理解列车运行图编制要求，学习列车运行图编图步骤；理解列车运行图的编制原则，掌握列车运行图编制方法，掌握列车运行图评价指标。

1. 掌握列车运行图的编制要求和步骤；
2. 编制运行图资料；

3.掌握列车运行图的编制原则；
4.掌握全天列车运行线的铺画的方法；
5.掌握长短交路列车运行图的编制方法；
6.熟悉列车运行图的编制阶段及各阶段重点。

知识准备

轨道公司由运输、机务、车辆、工务、电务、计划等有关部门负责人组成领导小组,负责编图的组织领导工作,确定编图的原则、任务和步骤,组织有关部门协商拟订列车运行方案,审查提报的编图资料和编制的列车运行图。

一、列车运行图的编制要求和步骤

1.编制要求

(1)确保行车安全:列车运行图应符合各地铁企业行车规章的有关规定,严格遵守行车作业程序和各项时间标准。

(2)合理运用设备:列车运行图应流线结合,充分利用线路通过能力。在满足客流需求的同时,注意提高车辆满载率和旅行速度。

(3)优化运输产品:列车运行图应根据客流特点,开行列车间隔、编组辆数、列车交路和旅行速度不同的列车。

(4)配合站段工作:为使换乘站的客运作业能均衡进行,列车运行图应安排列车交错到达换乘站,并预留调试列车运行线。

列车运行图在很大程度上反映着整个轨道行车组织工作的水平。提高运行图编制质量,可以改善对乘客的服务,加速送达,改进车辆的运用,更好地利用区段通过能力,提高劳动生产率,降低运输成本。因此,在编制列车运行图时,必须及时总结和推广先进经验,不断提高列车运行图的质量。

列车运行图是与运输有关各单位的综合工作计划。因此,在编制运行图过程中,要从全局出发,统筹兼顾,正确处理列车运行与车站作业的关系,列车运行与列车交路的关系、运输与施工的关,列车与其他列车的关系等。要使编制出来的运行图既是先进的,又是可行的。

轨道公司确定在统一实行新运行图的日期(与新列车编组计划同时实行)、印制运营时刻表,拟定新旧运行图的交替办法,应组织各站段切实做好实行新运行图的各项准备工作。

2.编制步骤

(1)按上级要求和编图目标确定编图要求与注意事项；
(2)收集编图资料,对有关问题组织调查研究和试验,计算确定列车运行图要素；
(3)总结分析现行列车运行图的完成情况和存在问题,提出改进意见；
(4)确定全日行车计划；
(5)确定运用列车车底数；
(6)编制列车运行方案；
(7)征求调度部门、车站行车和客运部门、车辆部门对列车运行方案的意见,并进行必要的调整；

71

(8)根据列车运行方案铺画详细的列车运行图;
(9)对列车运行图的编制质量进行全面的检查,并计算列车运行图指标;
(10)将编制完毕的列车运行图、列车运行图分析资料和编图工作总结等一并报上级部门审批。

3.编制运行图资料

在编制列车运行方案和铺画详细的列车运行图前,必须收集下列编图资料:
(1)全日最大断面客流量;
(2)列车运行方案;
(3)线路通过能力;
(4)终点站折返能力;
(5)换乘站设备能力;
(6)运用列车车底保有量;
(7)列车编组辆数;
(8)追踪列车间隔时间;
(9)车站间隔时间;
(10)列车区间运行时分;
(11)列车在折返站停留时间标准;
(12)列车出入车辆段作业时间标准;
(13)现行列车运行图完成情况的分析。

二、列车运行图编制

列车运行图分为基本运行图和节假日运行图,开行定期列车、季节列车和临时列车。

节假日运行图是指针对客流量波动较大的主要节假日编制的列车运行图。另外,还可编制旅游旺季、特殊社会活动等特别需求的分号运行图。

1.列车运行图的编制原则

列车运行图的编制应遵守以下原则:
(1)在保证安全可靠的条件下,提高列车的运行速度,缩小列车的运行时分

列车运行速度高是城市轨道交通系统的主要优势,在保证安全的前提下,通过提高列车运行速度,压缩折返时间,减少出入库作业时间等,提高系统的运行效率和服务水平。

(2)尽量方便乘客

城市轨道交通系统是城市公共交通的重要组成部分,编制运行图时主要考虑列车发车间隔在满足运行技术前提下尽可能减少乘客的候车时间。在安排低谷运行时,最大的列车运行图间隔不宜过大。如能改变列车编组,保持较小列车间隔,不失为一种节省运能并减少乘客候车时间的良策。

(3)充分利用线路的能力和车辆的能力

通常情况下,折返站的折返能力是限制全线能力的关键,因此必须对折返线的折返作业时间进行精确的计算,尽可能安排平行作业。当车辆周转达不到运营要求时,要合理安排车辆解决高峰客流组织。

(4)在保证运量需求的条件下,运营车底组数达到最少

在保证运量需求的条件下,综合考虑高峰时段列车运行速度、折返时间、列车开行方式等要素,使运营列车数量达到最少,从而降低系统的车辆保有量与运营成本。

2. 城市轨道交通列车运行图编制的特点

城市轨道交通列车运行图的编制与铁路列车运行图相比有其不同的特点：

(1)列车运行图应尽可能考虑客流高峰需求,列车开行数量具有按时段的波动性和规律性；

(2)列车开行数量受车组数量和运用方式的制约,应尽可能提高车组的上线率；

(3)对于本线高速列车,需要明确其优先原则和列车等级；

(4)运行图的编制要考虑相关运行线的紧密接续,方便乘客的换乘。

3. 全天列车运行线的铺画

在城市轨道交通列车运行图中,一般有工作日、双休日和节假日三种类型,如表3-3。对于不同类型的列车运行图,其编制的重点考虑也不同,尤其是工作日列车运行图,一天中不同运行间隔的时间段非常多,且高峰时间段与非高峰时间段的发车间隔差距很大,会出现频繁的列车出入库,因此,这种类型的列车运行图的编制过程最复杂。

城市轨道交通列车运行图的类型及特点　　表3-3

类型	时间段数量(个)	高峰时间段发车间隔	列车出入库
工作日	5~7	最小	非常频繁
双休日	1~3	最大	较频繁
节假日	1~3	最大	较频繁

(1)时间段列车运行线的编制

如果一天中列车运行间隔只有一种,铺画列车运行线的工作比较简单,在同一运行间隔时间段内,列车运行图呈现出周期的特点。运行线铺画应先以周期运行线为基础,在铺画好周期运行线后,再根据时间段的起始与终止时间来铺画时间段内的运行线,如图3-41所示。

(2)不同时间段过渡运行线的编制

如果一天中有几个不同间隔时间段,由于不同间隔时间段所运用的车底数不相同,因此在不同间隔时间段的过渡期内,会存在车底的出入库,从而形成过渡时间段的列车运行线,如图3-42所示。过渡时间段列车运行线的铺画,是城市轨道交通列车运行图最难也是最复杂的部分,铺画时不仅要求考虑车底的出入库方式,还要考虑车底的折返要求及列车的发车间隔要求。过渡时间段列车运行线的铺画方式与车底的出入库方式有关,过渡时主要有以下两种情况：

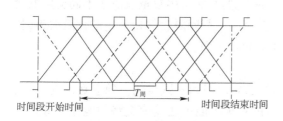

图3-41　时段运行线的铺画

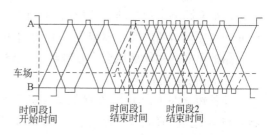

图3-42　过渡时间段运行线的铺画

①列车运行线由疏至密的时间段

当前一时间段的运行间隔大于后一时间段的运行间隔时,表明后一时间段需要运用的车底数要比前一时间段需要运用车底数要多,因此,在前一时间段结束时,会有部分车底出库,车底出库线的铺画要考虑出库的合适时间以及出库方式。

②列车运行线由疏至密的时间段

当前一时间段的运行间隔小于后一时间段的运行间隔时,表明后一时间段需要运用的车底数要比前一时间段需要运用的车底数要少。因此,在前一时间段结束时,会有部分车底入库,这些车底入库线铺画应考虑入库的合适时间以及入库方式。

4. 长短交路列车运行图编制

长短交路列车运行图是指在一条线路上开行2个或2个以上的交路形式,这样的交路方式会形成在某个区段开行不同交路的列车。某区段开行单方向的列车交路大于或等于2种时,该区段为共线段;某区段开行单方向的列车交路只有1种时,该区段为非共线段。以全线开行2个交路的情况为例,长短交路的列车运行图形式有图3-43所示的3种。

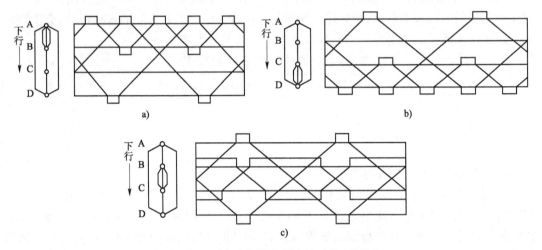

图3-43 2个交路的情况下长短交路的3种形式

长短交路方案适用于各区段客流量不均衡程度较大且有明显客流断点的情况。编制这种类型的列车运行图时,不仅要考虑列车车底数量、时间段过渡方式等因素,还要考虑以下几个方面的因素:

(1)运行间隔的合理匹配

在保证各交路区段运行间隔均衡的条件下,长短交路列车运行图的最大特点是长短交路的开行数量(或运行间隔)需保持一定的比例关系(如1:1、1:2等)。

(2)车底运用数量的计算

长短交路列车运行图中,以有2个列车交路的为例:车底运用数量取决于不同交路的运行周期。在运行图的实际编制过程中,由于长短交路的运行间隔要保持一定的比例关系,长短交路的车底运用周期也会相互制约,但相差不会超过一列。

(3)车底运用方式

在长短交路运行图中,车底周转有两种方式:独立运用和套跑运用。独立运用时,车底周转与某交路方式完全一致,在某一交路上运营的列车不能担任其他交路的运输任务。如图3-44所示。套跑运用时,车底周转与交路方式不完全一致,在某一交路上运营的列车可以担任其他交路列车的运输任务,如图3-45所示。

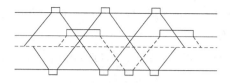

图3-44 长短交路独立运用的车底周转方案

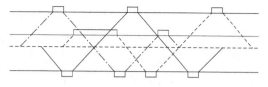

图3-45 长短交路混跑的车底周转方案

5. 站后折返、站前折返及区间交叉干扰约束

在城市轨道交通线路上,列车之间除了要满足追踪间隔时间约束外,在折返站需满足折返时间及折返方式的约束。列车出入库时,需考虑可能会在区间与其他列车形成交叉干扰,如图3-46所示。

约束条件	站台、线路布置图例	运行图图示	约束条件
站后折返	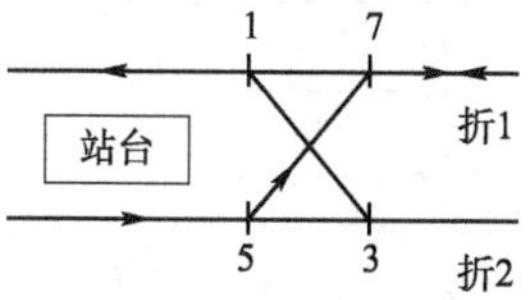 (图示：站台,1、7、5、3,折1、折2)	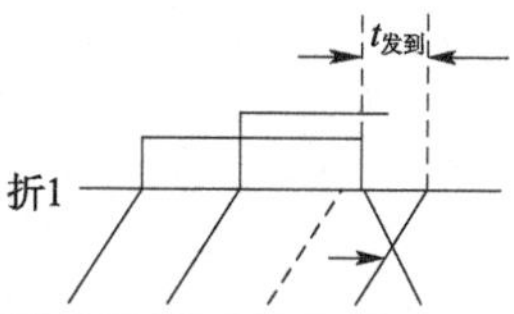 (图示：折1,$t_{发到}$)	折返线数量及布置形式
站前折返	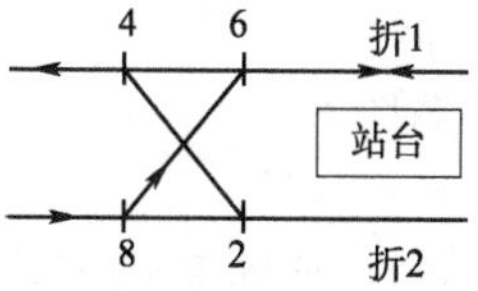 (图示：4、6,站台,8、2,折1、折2)	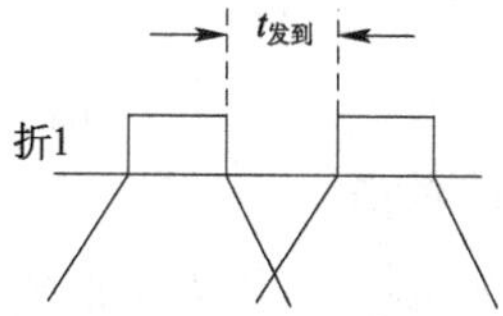 (图示：折1,$t_{发到}$)	站前折返间隔时间
区间交叉干扰	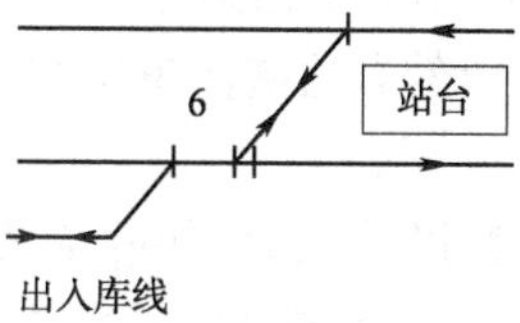 (图示：6,站台,出入库线)	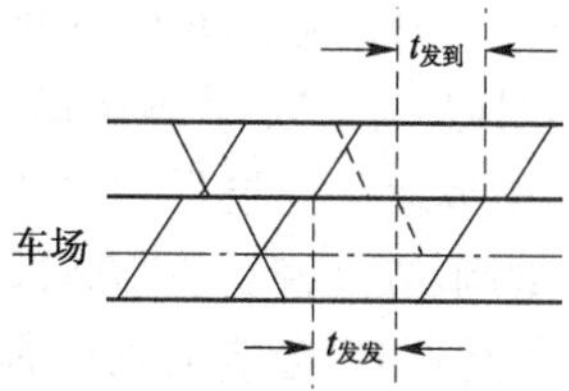 (图示：车场,$t_{发到}$,$t_{发发}$)	车场与区间正线的连接方式及行车交叉间隔时间

图3-46 站后、站前折返以及区间交叉干扰约束条件

6. 列车运行图的编制阶段

列车运行图的编制阶段,通常分三步进行。

(1) 编制列车运行方案图

编制列车运行方案是列车运行图编制工作中十分重要的工作。它主要应解决以下一些问题：

① 方便乘客

方便乘客作为一项基本要求是衡量服务水平的重要标志之一,具体表现为乘客时间的节约。它包括乘客候车、乘车和换乘等几个环节的时间。因此,在考虑列车运行方案时,要认真排定头班车和末班车的发、到时刻。在清晨和夜间的列车间隔不宜太长,减少乘客在车站的候车时间。合理规定列车的停站站名和停站时间,以提高运行速度和减少乘客乘车时间。对联结几条线路方向的换乘站,各条线路的运营计划不能独立制定,应根据不同线路的客流量来制定换乘枢纽各方向列车到发时间点,尽量避免多个方向的列车同时到达枢纽站,列车的到、发时刻应合理地衔接配合,以减少乘客在车站的换乘时间。各个方向的换乘客流同时得到照顾通常会有困难,此时应重点照顾优势方向的换乘客流。如图3-47所示,E站是换乘站,图d)明显优于图c),其中照顾到C-E-B客流的换乘要求,而图c)中就没有照顾到换乘客流的需求。

轨道交通列车的到发时刻与其他交通工具,如地面公共交通、铁路、航空、企事业交通车等的衔接配合,对需要换乘的乘客会带来较大的方便。

同时必须安排好运送轨道交通通勤职工上下班的列车运行线。在可能的情况下,为节省车辆的运用,可以合并使用列车运行线。

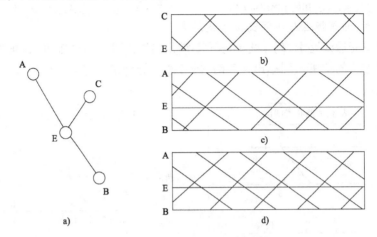

图 3-47 换乘站列车到发时刻的衔接

② 经济合理地使用车辆

当车辆不足或客流量增长较快的情况下,充分挖掘潜力,加速车辆周转,对轨道交通运输具有较大的现实意义。减少运用车组的需要数可以采用适当压缩列车在折返站的停留时间,合理安排列车回段检修等方法。确定运用列车车底数的方法有图解法和分析法两种。

③ 列车运行与车站客运作业过程的协调

在采用岛式站台的车站上,在运营高峰时间或行车密度较大时,如两个及其以上方向的列车同时到达,由于客流集中,会造成站内拥挤。因此,不宜安排不同方向的列车在车站交错到达,以避免车站客运组织工作出现困难。

现以 2 条线换乘车站列车运营计划来分析高峰时段如何对 4 个方向的列车进行协调。假设,线 A 的高峰时段行车间隔为时为 8min,线 B 高峰时段行车间隔 8min,两线列车间隔时间相同,则换乘站的合理的列车到发点组合如图 3-48(图中每格 2min)。如果线 A 的高峰时段行车间隔为时为 8min,线 B 高峰时段行车间隔 6 分钟,两线列车间隔时间不相同,则换乘站的合理的列车到发点组合如图 3-49,由于两线列车间隔时间不是整数倍,因此,不能避免出现不同线列车同时到达车站。

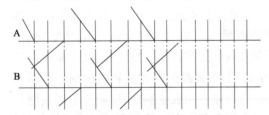   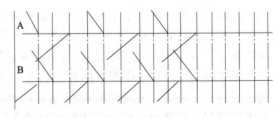

图 3-48 两条线列车间隔相同时换乘站的合理的列车到发点组合   图 3-49 两条线列车间隔不同时换乘站的合理的列车到发点组合

④ 列车运行与车辆段有关作业的协调

必须考虑车辆列检作业的需要,并保证足够的作业时间。在考虑到列检能力的同时,要尽可能使各个车组在列车运行图上连续运行周数大体均衡。

在车辆段设有试车线时,应铺画调试列车运行线,调试列车一般在运营低谷时间开行。对司乘人员的换班、吃饭应按规定在列车运行图上合理安排时间。

出入库运行线是指连接车场与两折返站的列车运行线。车场的设置不同,出入库运行线的编制也不同。在城市轨道交通系统中,出入库方式主要有3种。如图3-50所示。

对于图3-50中的前两种方式,列车出入库比较灵活,能够很好地满足运营需要,特别是能很好满足首末班车同时刻发车的要求,但列车运行图的编制相对复杂。对于第三种方式,由于车场没有与车站B直接相连接的线路,车底出场时要先从车库到达站A,然后从站A到达站B;如果是入库车,列车要从站B先到站A,然后再由站A入库。因此,对于第三种方式,一天中会出现列车首末班车发车时间不相同,且上下行开行的对数也不相同。

序号	出入库方式	说　　明	线　路　设　置	出入库交路图示
1	多样	车场与两折返站间的交路有多条	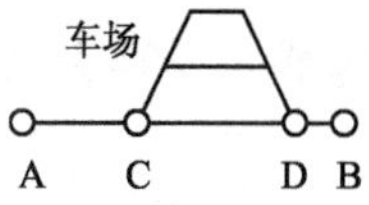	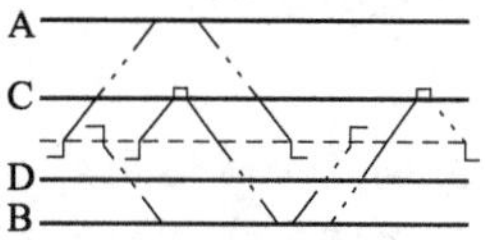
2	单一	车场与两折返站间的交路有且仅有一条	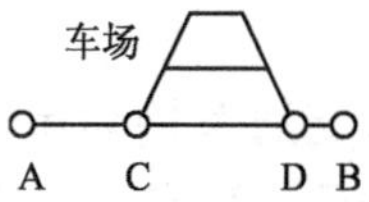	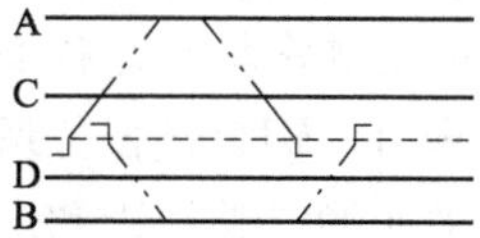
3	唯一	只有一条车场与某一个折返站连接的交路	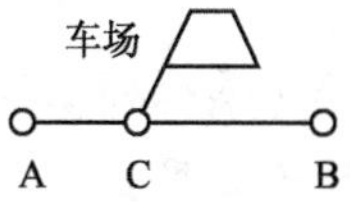	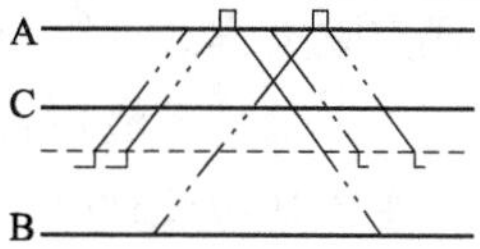

图3-50　车底出入库方式类型

（2）铺画列车运行详图

在一分格列车运行图上精确地铺画每一条列车运行线,即根据列车运行方案图和有关资料,详细规定列车在每个车站的到、发和通过时刻,在各个区间的运行时分和在折返站的停留时间。

铺画顺序按照列车等级依次为:专用列车、乘客列车、调试列车和回空列车。自列车出库起,从始发站一直铺画到折返站,经过一定作业后,由折返站返回。在详细铺画列车运行图的过程中,可按需要对方案图所拟定的列车运行线作适当的调整。

在铺画详图时,要注意确保行车安全和乘客的乘降安全。为此,必须做到:

①遵守列车区间运行时分和列车停站时间标准;

②遵守列车在折返站停留时间标准;

③遵守追踪列车间隔时间和车站间隔时间标准;

④遵守乘务员边疆工作时间标准;

⑤列车在车站折返时,同时停在折返站上的列车数应与该车站的线路数相适应;

⑥列车在车站会车和越行时,同时停在车站的列车数应与该车站的到发线数相适应。

（3）列车运行图编制质量的检查

列车运行图编完后,必须对运行图的编制质量进行全面检查。检查的主要内容有:

①运行图上铺画的列车数和折返列车数是否符合要求;

②列车运行线的铺画是否符合规定的各项时间标准;

③列车在车站折返时,同时停在折返线上的列车数是否超过该车站现有的折返线数;

④换乘站的列车到发密度是否均衡；
⑤列车乘务员的工作和休息时间是否符合规定的时间标准。

三、列车运行图指标

通过检查，确认运行图完全满足规定的要求后，还应计算列车运行图的各项指标。

1. 列车列数和折返列车数

各种编组的列车在运营线路上行驶1个单程，不论是全程运行或是小交路运行，均按1列计算，图定回空列车计入开行的乘客列车列数内。专运列车和调试列车等另行统计。乘客列车分别按全日、上行和下行开行列数计算。折返列车数按各折返站分别计算。

2. 乘客输送能力

计算公式为：
$$\text{乘客输送能力} = \text{乘客列车数} \times \text{列车定员数} \tag{3-34}$$

3. 高峰小时运用列车数

按不同的高峰时期分别计算，如按早高峰和晚高峰分别计算。

4. 全日车辆总走行公里

全日车辆总走行公里是轨道交通车辆为运送乘客在运营线路上所走行的里程，它包括图定的车辆空驶里程和出于某种原因列车在中途清客或列车在少数车站通过后仍继续载客的车辆空驶里程。计算公式为：
$$\text{全日车辆走行公里} = \Sigma(\text{乘客列车数} \times \text{列车编组数} \times \text{列车运行距离}) \tag{3-35}$$

5. 车辆日均走行公里（又称日车公里）

即每一运用车辆每日平均走行公里数。

计算公式为：
$$\text{车辆日均走行公里} = \frac{\text{全日车辆走行公里}}{\text{全日车辆运用数}} \tag{3-36}$$

其中全日运用车辆数可近似地取早高峰小时的运用车辆数。

6. 车辆全周转时间

车辆在运营线路上完成一次周转所消耗的时间。

计算公式为：
$$\text{车辆全周转时间} = \frac{\text{全日营业时间} \times \text{运用车组数}}{\text{全日开行列车对数}} \tag{3-37}$$

7. 车辆周转时间

车辆周转时间与车辆全周转时间指标的区别在于：车辆在运营线路上完成一次周转所消耗的时间中不包括回库检修等与运送乘客无关的时间。

$$\text{车辆周转时间} = \frac{\text{全日营业时间} \times \text{运用车组数} - \Sigma \text{回段检修时间}}{\text{全日开行列车对数}} \tag{3-38}$$

8. 技术速度

列车平均技术速度，即列车在各区间运行（包括列车起停车附加时分等，但不包括列车在各中间站的停站时间和列车在线路两端的折返停留时间），平均每小时走行的公里数。

计算公式为：
$$v_{\text{技}} = \frac{\Sigma nL}{\Sigma nt_{\text{运}}} \tag{3-39}$$

式中：$\sum nL$——列车总的走行公里；

$\sum nt_运$——列车运行时分的总和(包括起停车附加时分)。

9. 旅行速度(又称运送速度)

列车平均旅行速度,即列车在各区间运行(包括列车在各中间站的停站时间),平均每小时走行的公里数。

计算公式为：

$$v_旅 = \frac{\sum nL}{\sum nt_运 + \sum nt_停} \tag{3-40}$$

式中：$\sum nt_停$——列车在各中间站停留时间的总和。

10. 满载率

满载率是指全部运用车辆运送乘客时的平均满载程度。满载率又分成两种：

(1)平均满载率。反映一定时间内车辆运能的利用水平。

(2)线路断面满载率。反映特定时间、特定断面上车辆运能的利用程度。

$$线路断面满载率 = \frac{断面客流量}{断面输送能力} \times 100\% \tag{3-41}$$

实际工作中,线路断面满载率通常指高峰小时、单向最大客流断面的车辆满载情况。

11. 平均运距

平均运距(km/人)是指每个乘客平均乘车距离。它能从全面客流调查或抽样客流调查得到。

为了进一步评价新运行图的质量,除计算新运行图的各项指标外,还应与现行运行图进行比较,分析各项指标提高或降低的主要原因。

四、分号列车运行图的编制

为适应运量波动需要编制分号运行图,分号运行图决定于列车运行图实行期间的运量波动程度及波动期间的长短。一般情况下,城市轨道交通列车运行图可以按周一~周四,周五,周六~周日,五一、国庆黄金周等情况进行分号编制,以适应不同运量的需要。

1. 分号列车运行图的种类

分号列车运行图根据其所适应需要之不同可分为两类,即在运量波动较大的轨道区段或方向上,为适应运量波动需要而编制的不同客行车量分号运行图,以及为进行隧道、桥梁修理和线路改造、大中修等施工的施工分号列车运行图。

为保证基本运行图的经常使用,基本运行图的列车对数,应该是经常可能实现的运量。但是,大多数的轨道区段或方向,列车运行图实行期间行车量的波动很大。为了达到更高的运行图指标和掌握必要运输量,必须对客运量波动较大的区段,编制分号运行图。

2. 不同行车量的分号列车运行图

为适应运量波动需要而编制的分号列车运行图,决定于列车运行图实行期间的运量波动程度及波动期间的长短。运量波动程度及期间,一般应根据过去实际情况和计划运量的资料加以研究确定。经验证明,适应运量波动所编制的分号运行图,一般以取两个到三个(包括基本运行图)为宜。因为分号列车运行图数量太多,换用分号列车运行图过于频繁,容易引起现场员工执行上的困难。

分号列车运行图一般采用如下两种方法编制：

(1)依照不同的行车量编制一个综合分号列车运行图。编制这种列车运行图,原则上应从最小运量的分号列车运行图开始,首先铺画运行图的基本核心列车,然后在此基础上再顺序铺画到最大分号运行图所规定的行车量,分别把这些运行线和车辆周转相互协调起来。

(2)按照不同的行车量,分别编制几个不同运量与不同时刻的独立分号运行图。编制这种列车运行图时,每个运行图上列车运行线的铺画及与车辆周转的联系都应单独考虑。

五、实行新运行图前的准备工作

列车运行图经最后批准后,为了保证新图能够正确和顺利地实行,必须在实行新图之前做好下列准备工作:

(1)发布实行新图的命令;
(2)印刷并分发列车时刻表;
(3)拟定执行新图的技术组织措施;
(4)组织有关人员学习新图,使每个职工了解、熟悉并掌握新图规定的要求;
(5)根据新图的规定,组织各站段修订《行车工作细则》;
(6)做好车辆和司乘人员的调配工作。

六、编制运营时刻表

在铺画好列车运行图后,应立即编制运营时刻表。时刻表的编制依据就是列车运行图,各区间上下行列车运行时间和沿途各车站列车停站时间标准。时刻表按照不同的使用范围可分为对内使用和对外公布两种。简易列车时刻表可人工编制,实施自动监控的列车时刻表可使用计算机编制,并作为生成列车运行图使用。运营时刻表的编制可分载客列车和出入场空驶列车两大部分,先编制载客列车:上下行载客列车时刻表编在一起,然后再编制出入场的空驶列车时刻表。

由于城市轨道交通系统列车开行密度较高,时刻表包括主要的开行时段,开行密度,以及首、末班列车时刻表即可,如表3-4和表3-5上海地铁1号线运营时刻表。

上海地铁1号线首末班车时刻表　　　　　　　　　　表3-4

站名	首班车发车时刻			末班车发车时刻		
	往火车站↓	往富锦路↓	往莘庄↑	往火车站↓	往富锦路↓	往莘庄↑
莘庄	5:30	—		22:32	—	
汉中路	5:17	5:40	5:31	23:05		23:01
上海火车站	—	5:43	5:30	23:08		23:00
友谊西路	—	6:10	5:32	23:35		22:32

上海地铁1号线发车间隔　　　　　　　　　　表3-5

	周一~周四		
名称	时段	列车间隔	
		莘庄—上海火车站	上海火车站—富锦路
早高峰	7:00~9:30	约2min44s	约5min28s
晚高峰	16:30~19:30	约3min20s	约6min40s
其他时段		约4min~12min	6min~12min

续上表

周五			
名称	时段	列车间隔	
		莘庄—上海火车站	上海火车站—富锦路
早高峰	7:00~9:30	约2min44s	约5min28s
晚高峰	14:00~21:00	约3min20s	约6min40s
其他时段		约4min~12min	6min~12min

周六、周日			
名称	时段	列车间隔	
		莘庄—上海火车站	上海火车站—富锦路
高峰时段	8:00~21:00	约3min30s	约8min
其他时段		4min~9min	7min~12min

任务实施

1. 下发任务单，明确任务内容，学生课前按要求完成预习任务；
2. 教师先进行讲解，学生分组完成任务；
3. 学生自行总结相关规定的经验；
4. 教师和各组长担当本次任务的他人评价工作，评判同学们的任务完成情况。

拓展知识

编制某地铁1号线列车运行图程序

通过实际的编制列车运行图的练习，掌握编制列车运行图的基本技能和基本技术，深入理解城市轨道交通列车运行图的几大难点。

1. 某地铁1号线概况

某地铁1号线全长26.188km，正线设22座车站，平均站间距为1238m，全线有4座具备列车折返功能的车站。在线路两端分别设有1座车辆段、1座停车场。车辆段与一端终点站既可站前连接又可站后连接，停车场与另一端终点站只能站后连接。目前车辆保有量为116辆，其中4节编组列车17列，6节编组列车8列。

由于ATP、ATO子系统仍处在调试阶段，所以行车闭塞方式为自动站间闭塞，列车驾驶模式为人工驾驶。

目前在运营初期，首、末班车发车时间分别为6:00和22:00。全天最小行车间隔为5min，最大行车间隔为9min，共开行228列，投入运用18组车。工作日的全天客流量在10万人次左右。

2. 列车全周转时间的确定

列车全周转时间(T)是运行图铺画的最核心的基础，是指列车在正线按规定的列车交路从某点按正方向运行一圈回到原点的时间总和。它包括列车正线区间运行时分、站停时分、折返时分。

列车正线区间运行时分(t)是指列车在相邻两车站区间内运行的时间，区间运行时分需要根据牵引计算和实际查标后确定，对于信号系统尚未完全调试完毕即开通运行的轨道交通，区间运行时分则需要通过列车多次运行试验实测才能确定。

站停时分($t_{站停}$)是指列车停站作业的时间,包括乘客乘降时间、列车开关门时间以及安全门或屏闭门与车门开关的不同步时差等,站停时分应服从于乘客乘降的需要,根据每个车站不同的客流情况作相应调整。对于客流较大的车站,可适当延长停站时分,对于客流较小的车站,可适当减少站停时分,使列车停站时分更加合理。目前某地铁 1 号线全线各站停站时分控制在 15~30s 之间。

折返时分(折返)是指列车在折返站进行折返作业的时间,在 ATO 模式下,折返作业信号系统自动运行,折返时分可根据牵引计算得到。在列车人工驾驶情况下,折返时分应包括列车出入折返线的运行时间、司机确认信号的时间、司机倒台时间、列车在进出折返线时的启动和制动时间等。影响折返时分长短的因素很多,其中主要包括:折返线的长度、列车的长度、列车牵引制动性能、折返方式、司机操作水平、信号系统性能等。所以,在确定列车实际折返时分时必须经过大量试验实测,在保证列车运行安全的前提下,确定个富有一定弹性的时分值。目前在列车人工驾驶情况下,某地铁 1 号线最小折返时间为 3min 52s。

列车全周转时间与列车正线区间运行时分、站停时分、折返时分的关系为:

$$T = \sum t + \sum t_{站停} + t_{折返-起} + t_{折返-终} \tag{3-42}$$

式中: T——列车全周转时间;

$\sum t$——列车全线(上、下行)运行时分之和;

$\sum t_{站停}$——全线各车站停站时分之和;

$\sum t_{折返-起}$——起点折返时分;

$\sum t_{折返-终}$——终点折返时分。

根据上式计算全周转时间 $T = 100$min。

列车平均行车间隔 m 与列车全周转时间 T 的关系为:

$$m = \frac{T}{N}$$

式中:N——在线运行列车数。

根据上式计算,某地铁 1 号线目前列车平均行车间隔可以达到 5~6min。

3. 列车出入场方式及出入库能力

列车出入场方式和能力是编制列车运行图的重要因素。某地铁 1 号线列车出入车辆段有两种方式,一种是站前式,另一种是站后式,各有优缺点。

由于目前某地铁 1 号线客流量较小,行车密度不大(最小行车间隔为 5min),为了提高客运服务水平,列车出入车辆段方式选择了站后式。根据对某地铁 1 号线的实际查标,列车在车辆段站前出库能力为 2min/列,站后出库能力为 4min/列,停车场出库能力为 2min/列。

4. 列车全天运行时段划分

一般情况下,从充分、合理运用运能和节约运能的角度考虑,轨道交通要把全天运营时间划分为 3 个时段:高峰时段、平峰时段和低峰时段。在确定 3 个时段之前,必须要对城市轨道交通沿线做 OD 客流调查、分析,要对市民出行习惯、方式,上下班时间和上下学时间以及沿线商业营业时间等做深入的调查,摸清每个时段的大体客流量,为确定全天运行时段提供充分、必要的依据。根据全天运行时段再进一步安排全天行车计划,使运行图计划做到经济合理。

5. 列车交路安排

由于轨道交通是城市带有公益性的行业,因此其线路客流分布是确定列车交路计划的主要因素之一即把对客流在时间上、空间上分布的不均衡性加以分析后的结果,作为确定列车交路计划的主要依据之一。

某地铁1号线全线客流呈均衡态分布,某些远端区段客流甚至超过了中间区段客流,而且在线路两端终点站都具备折返功能,目前行车间隔在5~9min的情况下,如果要求在中间折返站下车换乘,乘客可能会抱怨,将会给车站客运组织带来一定的困难。因此某地铁1号线在铺画运行图时,选择了大交路运行。

6. 列车运行图编制程序

(1) 确定全日行车计划

首先召开编制新运行图的专题会,对相关各部门提供的编制运行图的基础资料进行汇总,按照编制运行图的要求和规定整理、分析所有的原始资料,确定全日行车计划(包括全日运营时段、投入运用列车组数、列车运行交路、列车回库整备时间、首末班车发车时间、列车行车间隔以及车站停站时间等运行图铺画的基本要素)。然后将全日行车计划报运营公司领导审批。

(2) 编制基本运行图

根据审批通过的全日行车计划编制运行图,协调处理各相关部门的要求,力争在铺画运行图时,满足有关部门提出的要求。结合全线的实际运能和乘客需求,编制基本运行图。编制完毕后,检查、计算运行图的各项指标是否在规定范围内,并利用ATS系统运行图编辑工作站对其进行安全有效性检查。

(3) 评审基本运行图

为进一步协调相关部门的需求,将编制好的基本运行图和运行图编制说明送达相关部门;各相关部门负责评审运行图,并提出书面意见,以便对其做进一步修改和完善,从而满足行车的需求。

(4) 修改基本运行图

根据各相关部门提出的基本运行图修改书面意见,对基本运行图进行修改和完善。

(5) 评价基本运行图

为了评价一套新运行图的质量,要对运行图的各项指标进行计算,并与当前使用的运行图进行对比,分析各项指标提高或降低的原因,为下次改图积累经验。

(6) 审批基本运行图

将修改后的运行图及运行图编制说明一并提交运营公司领导审批;审批通过后,把输入ATS系统时刻表编辑工作站中的基本运行图上传至ATS系统服务器保存,作为信号系统数据库里的基本运行图。根据公司会议要求,确定工作日、周末和节假日使用的基本运行图。

7. 运行图编制技巧及注意事项

在使用计算机编图时,应注意以下技巧及事项:

(1) 在行车密度较大时,要注意运营中途上线列车与终点站折返列车的时间分配,确保高效率而又无冲突,可以通过计算机系统检查来保证安全。

(2) 在编制列车运行图过程中,要考虑列车出库进入正线时机的问题。在某地铁1号线,列车需要按运行计划提前2min进入转换轨。列车停稳后,司机需要做两件事:一是与控制中心做通信测试;二是测试完毕后转换列车驾驶模式。因此,在编制运行图时,要预留列车进入正线的时分,不同线路的时分值需要在实际测试后确定,以保证司机作业时间。

(3) 对于列车出库进入正线,有两种(或多种)方式的线路。在一种列车出库方式能力有限、不足以满足正线行车间隔时,编制运行图时可以安排列车两种(或多种)出库方式同时使用,这样可以大幅度地提高列车出库能力,满足正常运营。

(4)由于城市轨道交通行车间隔小、密度大,一般情况下不具备在运营过程中"开天窗"施工,施工作业在停运后才能安排,因此要正确处理行车组织与施工组织的关系。在编制运行图时,要保证设备维修维护、施工有充分的时间,确保行车与施工两不相误。

(5)如果线路一端设有车辆段、另一端设有停车场(停车场不具车辆检修条件时),在铺画列车运行图时,应根据车辆检修计划,安排停运后收在停车场的车组定期回车辆段检修,保证车辆运用计划的灵活性。

(6)在铺画列车运行图时,应在低、平峰时段预留1~2个调试列车车次运行时刻,以保证故障车辆恢复后能及时在正线上测试,充分利用运营条件。

(7)通常情况下,折返站的折返能力是限制全线能力的关键,因此在铺画列车运行图时,在保证行车安全、信号设备功能允许的前提下,要尽可能地安排平行作业,充分利用设备能力,提高折返线的作业效率。

(8)在铺画运行图时,应根据司机作息制度、交接班地点与方式等因素,均衡地安排各个车组的运行计划。

(9)对于有不同编组列车混跑的轨道交通运营单位,在铺画列车运行图时,应充分考虑不同编组列车的应用问题。在低平峰时段,为了提高对外服务水平,可以采取小编组列车运行,保持较小的行车间隔,这样既能节能又能减少乘客候车时间。

(10)在铺画列车运行图时,既要保证一定的列车满载率,又要留有一定的余地,以应付某些不可预测因素带来的客流波动,同时也要考虑乘客的舒适水平。

一般情况下,列车满载率要控制在90%以下。如果客流较大,列车满载率超过90%时,应考虑增加在线运用车组数,缓解客流组织压力。

(11)对于线路客流呈比较均匀分布的,在铺画运行图时,适合选用大交路运行;对于线路客流呈纺锤体分布的,适合选用长短交路套跑。

(12)在编制列车车次号过程中,如果运行图编制系统条件允许,应该把车组运用计划表号与车次号编在一起。这样,行车调度员在具体运用时,就能在第一时间内知道每个车次列车对应的车组,使调度员在处理车辆突发事件时能节约一些宝贵时间。一般情况下,下行出库上线的车组号编单号,上行出库上线的车组号编双号,与车次号编制原则保持一致。

(13)在编制运行图过程中,应将区间通过能力利用率控制在一定的允许范围内(一般情况下,利用率控制在60%~80%范围内),确保列车运行图具有一定的弹性,以适应日常运输生产和列车运行计划秩序变化的需要。

(14)对于夜晚停运后开展的计划或临时的正线列车调试,控制中心可以在停运前45min与施工负责人核对完计划后,把列车调试路径方案线编制在当天的实际使用运行图中。

(15)一套新运行图编制完成后,应输入控制中心 ATS 系统运行图模拟运行工作站中,检验其在实际运用中是否存在问题或不足。在运行图模拟运行过程中,可以离线修改运行图的相关要素,通过增减车组运用计划,平移列车计划路径,复制、删减列车运行计划,调整列车交路,修改车次号、列车行车间隔、列车停站时分、区间运行等级及列车上下线时分,调换车组运用表号等方式,完善运行图,满足实际运行的需要。

(16)在检查并确认列车运行图完全满足规定的要求后,应对列车运行图的各项指标进行计算分析,包括全日开行列车数、乘客输送能力、全日车辆总走行公里、车辆日均走行公里、车辆周转时间、技术速度、旅行速度、满载率等,分析各项指标变化的原因,为下次编制运行图积累更多的经验。

列车运行图概念和构成要素

1. 定义

所谓列车运行图是用坐标原理表示列车运行状态的图解形式,它规定和包括了运用列车占用区间的时分、车站到发时分、终点站折返时分以及其他列车运用的相关内容。

列车运行图是一个综合性的运行计划和运营工作的操作工具,它比较完整地规定了运营中列车进行的时间要素、数量要素、相关要素相互协作、统一的状态。

2. 要素构成

(1) 时间要素

区间运行时分:指相邻车站之间的运行时分。

停站时分:指列车停站作业(包括减、加速、开、关车门等),乘客上、下车所需时间总和。

折返作业时分:指列车到达终点站或在区间站进行折返作业的时间总和。折返作业时分包括确认信号时间、出入折返线时间、司机换岗时间等。

出入车辆停车场作业时分:指列车从车辆停车场到达与其相接的正线车站或以正线车站返回车场的作业时间。

营运时间:指城市轨道交通运营线路运送乘客的时间,具体为每日首、末班车始发站开车点之间的时间。

停送电时间:指每天营运开始前送电和运营结束后停电所需操作和确认时间。

(2) 数量要素

全日分时段客流分布:按客流的时间分布进行预测、调查分析、确定高峰、低谷时段客流量,从而对列车编组数或列车运行列数等相关因素进行合理安排,并作为开行不同形式列车的主要依据,如区间列车、连发列车等。

列车满载率:列车满载率指列车实际载客量与列车定员数之比。编制列车运行图时,即要保证一定的列车满载率,又要留有一定余地,以应付某些不可测因素带来的客流量波动,同时也要考虑乘客的舒适水平。

出入库能力:由于车辆基地与线路车站之间的出入库线有限,加之出入库列车插入正线受到正线通过能力的影响,因此,每单位时段通过出入库进入运营线的最大列车数,即出入库能力,是编制列车运行图的一个重要因素。

列车最大载客量:列车最大载客量即一个编制列车按车厢定员计算允许承载的最大乘客数,分为定员载客量和超负载客量。

(3) 相关要素

与其他交通方式的衔接:包括大交通系统如铁路、港口、机场、公路交通枢纽等;城市交通方式如公交线路、车站布置、自行车停放、其他车辆停放等。

与大型体育场所、娱乐、商业中心的衔接:这些场所会有突发性的客流冲击地铁,造成车站一时运力和人力安排的困难。

列车检修作业:为保证列车状态完好,需均衡安排列车运行与检修时间,即使每个列车均有日常维护保养与检修时间。

司机作息时间:根据司机作息制度,交接班地点与方式,途中用餐等因素等,均衡安排各个列车的运行线。

车站的存车能力：线路上的车站大多数无存车线，只有在终点站、区间个别车站设有存车线，可存放一定数量列车，在日常运行时可作为停车维护用，在夜间可存放列车减少空驶里程，均衡早上运营发车秩序。

列车的能耗：在计算、查定列车的各区间运行时分时，要协调区间的运行等级、限速与给电时间的关系，尽可能使之达到最佳。同时也要使同一区段同时启动的列车最少。

项目小结

列车运行图一方面是轨道运输企业实现列车安全、正点运行和经济有效地组织轨道运输工作的列车运行生产计划，它规定了轨道运输线路、站场、机车、车辆等设备的运用，以及与行车各有关部门的工作，并通过列车运行图把整个轨道网的运输生产活动联系成为一个统一的整体，严格地按照一定的程序有条不紊地进行工作，保证列车按运行图运行，它是轨道运输生产的一个综合性计划。另一方面它又是轨道运输企业向社会提供运输供应能力的一种有效形式。从这个意义上讲，供社会使用的轨道乘客列车时刻表，实际上就是轨道运输服务能力目录。因此，列车运行图又是轨道组织运输生产和产品供应销售的综合计划，是轨道运输生产和社会生活的纽带。

本项目的实施过程中，不但要求学生具有较好的理论知识，而且要求学生具有较强的动手能力。

通过本项目的学习，使学生能够根据掌握的相关资料，科学地编制列车运行图，并能有效运用运输线路、站场、机车、车辆等设备，科学合理地协调行车各有关部门的工作。

 习题

一、简答题

1. 列车运行图概念是什么？横、竖、斜三种线各代表什么？
2. 列车运行图概念是什么？运行图组成要素有哪些？
3. 确定车站中心线的位置哪几种方法？
4. 什么是列车区间运行时分？要在哪几种情况查定？
5. 乘客乘降的列车在车站停站时间取决因素有哪些？
6. 不同时到达间隔时间($\tau_不$)概念是什么？根据哪些条件确定？
7. 会车间隔时间($\tau_会$)是什么？
8. 追踪列车间隔时间是什么？列车过站追踪间隔时间有哪几种？应如何确定？
9. 简述移动自动闭塞追踪列车间隔时间计算原理。
10. 列车折返间隔时间与列车在折返站停留时间有什么不同？
11. 折返出发间隔时间的确定方法有哪些？
12. 列出站后尽端线折返和站前双渡线折返出发间隔时间公式。
13. 轨道区段通过能力按照哪些固定设备计算？
14. 简述单线区间成对非追踪列车运行方案。
15. 简述非平行运行图通过能力计算方法。
16. 简述扣除系数概念。

17. 简述列车运行图的编制要求和步骤。
18. 列运行图的编制应遵守原则有哪些?
19. 列车运行图组成要素有哪些?
20. 简述长短交路列车运行图的编制。
21. 简述不同时间段过渡运行线的编制。

二、编制列车运行图

已知:某轻轨线路 A—H 线路长 16km,区间的分布及计算资料如下:

(1)各站停站时间。

车站	A	B	C	D	E	F	G	H
停站时间	1′	30″	30″	30″	30″	30″	30″	1′

(2)各区间运行时分(上、下行运行时间相等)。

区间	A-B	B-C	C-D	D-E	E-F	F-G	G-H
纯运行时间	2′30″	2′00″	3′00″	3′30″	2′30″	3′30″	3′30″
	2′30″	2′00″	3′00″	3′00″	2′30″	3′00″	3′00″

区间上下行时间相同,列车起车附加时分20s,停车附加时分为10s。

(3)折返站作业时间。

A 站和 H 站均为站后双折返线折返,纯折返时间为 3min(不含上下车)。

(4)各运营时段的时间间隔各区间运行时分。

上午运营时间为 5:30 ~ 12:00;

其中 5:30 ~ 7:00,发车间隔为 10min;

7:00 ~ 9:00 为高峰时段,发车间隔为 6min;

9:00 ~ 12:00 期间发车间隔时间为 8min。

(5)线路条件:车场与 F 站相邻,与正线"八字形"接轨,为双向贯通式接轨。

(6)车次规定:图定列车班次号为 001~099;到 A 目的地号 02,到 H 的目的号为 01;目的号在后。

要求:根据以上条件,提供以下设计文件

(1)6:00~8:00 的列车运行图(应包含运行图的要素),请在图上注明列车交路。

(2)编写列车运行图设计说明书。

主要内容包括:

①线路运营概况;

②上线列车情况,包括运用车,备车的使用情况;

③其他需要注意的事项;

④计算速度和运行速度。

三、计算折返能力

已知地铁列车在某车站采用站后折返,相关时间如下:前一列车离去时间 1.5min,办理进路作业时间 0.5min,确认信号时间 0.5min,列车出折返线时间 1.5min,停站时间 1min。试计算该折返站通过能力。

项目四　正常情况调度指挥

 项目描述

本项目引导学生认识调度机构，理解日常调度工作制度，掌握 ATS 操作和调度命令发布的基本技能，掌握列车运行调整和调度统计分析的基本技能。通过本项目学习，行车调度人员能够科学地指挥列车安全、高效、正点和稳定地运行。

 教学目标

【知识目标】

1. 认识调度指挥机构及模式；
2. 了解调度日常工作制度；
3. 掌握列车自动监控系统（ATS）设备操作；
4. 理解调度命令与实绩运行图；
5. 掌握日常调度指挥工作；
6. 掌握城市轨道列车运行调整方法；
7. 理解调度工作的统计与分析的指标。

【技能目标】

1. 能够说出调度指挥机构及模式；
2. 能够说出调度日常工作制度；
3. 能够熟练使用列车自动监控系统（ATS）；
4. 能够发布调度命令和绘制实绩运行图；
5. 能够进行列车运行调整；
6. 能够正确地完成调度统计与分析。

【素质目标】

1. 养成遵章守纪的职业习惯；
2. 养成团结协作的职业态度。

任务一　认识调度指挥机构及模式

 任务描述

认识城市轨道交通调度指挥系统，学习岗位职责，了解行车调度指挥设备，理解列车调度指挥原则，掌握列车调度指挥模式。

 **任务单**

1. 了解调度指挥机构；
2. 理解列车调度指挥原则；
3. 掌握城市轨道调度指挥模式。

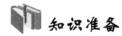 **知识准备**

城市轨道交通调度是城市轨道交通日常运输组织的指挥中枢,城市轨道交通行车组织工作,以安全运送乘客、满足设备维护的需要,按列车运行图的要求,实现安全、准点、舒适、快捷的运营服务为宗旨。各单位、各部门必须在集中领导、统一指挥的原则下,紧密配合、协调动作,确保行车和乘客安全,完成各项工作任务。

一、调度工作的作用与任务

1. 调度工作的作用

调度是轨道交通企业日常运输组织的指挥中枢,担负着组织行车、提高运营服务质量、确保运输安全、完成乘客运输计划、实现列车运行图的重要责任。它对城市轨道交通日常工作的开展起着决定性的作用。

在生产过程中,为了保证完成乘客运输计划,实现列车运行图,必须进行一系列的运输日常工作组织,城市轨道运输工作日常工作组织就是统称的调度工作。运营调度工作由调度控制中心实施,实行集中领导、统一指挥、逐级负责的原则,以使各个环节紧密配合、协同动作,从而保证列车安全、正点地运行。

2. 调度工作的任务

列车运行调度的主要任务是:科学地组织客流,经济合理地使用车辆及其他运输设备,挖掘运输潜力,根据列车运行图和每日的具体状况,组织与运输相关的各部门密切配合,采用相应的调整措施,努力完成运输生产任务,以满足乘客出行的需要,更好地服务于城市人民的生活。

二、调度指挥机构

为了有序组织运输生产活动和对运输生产活动进行统一指挥和有效监控轨道交通系统设立调度机构,即总调度所或控制中心,并根据运输生产活动的性质设置不同的调度工种,实行分工管理。在调度机构的生产组织系统中通常设有行车调度员、电力调度员和环控调度员等调度工种,如图4-1所示。

1. 指挥机构

（1）运营指挥分为一级、二级两个指挥层级;二级服从一级指挥;

（2）一级指挥为:行车调度员、供电力调度员、环控调度员;

（3）二级指挥为:车站值班员、车辆段调度员、DCC检修调度员;

（4）各级指挥要根据各自职责任务独立开展工作,并服从 OCC 值班主任总体协调和指挥。

2. OCC、DCC、生产调度及车站的指挥工作关系

（1）正线行车工作由行车调度员统一指挥,车辆段由车辆段调度员统一指挥,列车由司机负责指挥,有车长时由车长负责指挥,"中控"模式时由行车调度员直接指挥,但转为"站控"模式时,该联锁区域由集中站车站值班员统一指挥。

(2)发生行车设备故障,报告处理流程按《运营总部生产管理规定》执行。

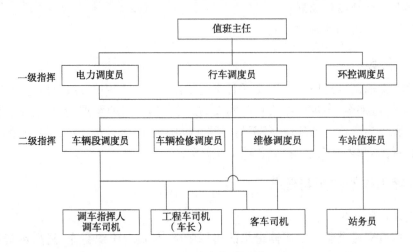

图4-1 调度指挥系统结构

3.控制中心职责

(1)全面负责控制中心安全、运营、管理各项工作,建立、健全各项规章制度,处理行车工作中发生的问题;

(2)制订控制中心年、月度工作计划和实施办法,定期检查、分析、总结计划完成情况,并向指挥调度中心经理汇报;

(3)定期对调度人员进行业务、安全培训,监督员工工作表现,对员工进行月度和年终评估,有权处理调度人员在执行各项规章制度中发生的问题;

(4)贯彻执行《运营时刻表》和《施工计划》,确保运营工作安全、有序,及时向公司领导及其他部门通报运营信息;

(5)协调公司内部有效资源,迅速、有效处理事故及突发事件,分析事故、突发事件,制订事故处理方案,组织事故救援演练;

(6)对本部门工作的改进有建议权。

4.控制中心主任职责

(1)全面负责控制中心安全、运营、管理各项工作,建立、健全各项规章制度,处理行车工作中发生的问题;

(2)制订控制中心年、月度工作计划和实施办法,定期检查、分析、总结计划完成情况,并向指挥调度中心经理汇报;

(3)定期对调度人员进行业务、安全培训,监督员工工作表现,对员工进行月度和年终评估,有权处理调度人员在执行各项规章制度中发生的问题;

(4)贯彻执行《运营时刻表》和《施工计划》,确保运营工作安全、有序,及时向公司领导及其他部门通报运营信息;

(5)协调公司内部有效资源,迅速、有效处理事故及突发事件,分析事故、突发事件,制订事故处理方案,组织事故救援演练;

(6)对本部门工作的改进有建议权。

5. 控制中心副主任职责

(1)在调度室主任的领导下,全面负责安全、运营、管理工作;

(2)组织员工认真学习政治理论,学习研讨行车业务,提高员工的政治素质、应变能力和指挥水平,对员工进行安全教育,强化安全生产意识;

(3)组织员工严格执行《运营时刻表》和《施工计划》,确保行车组织和乘客服务工作安全、有序地进行及施工计划的实施;

(4)参与控制中心设备的定期检查,确保设备处于良好的状态;

(5)组织、协调各岗位调度人员及其他相关人员,对行车、供电和监控系统的运作实施有效的监督,对各系统在运作过程中出现的异常情况,有权要求各调度及时采取措施,确保运营组织工作的顺利进行;

(6)认真总结工作经验,对员工进行考核、评议,对工作中出现的影响运输生产的各类问题,提出整改意见,并及时汇总上报;

(7)根据现场具体情况,有权决定采取相应调整方案或处理办法,并通知相关人员执行相应的程序,有权纠正、制止行车组织工作中的违章、违纪现象,并及时向有关部门报告;

(8)根据施工部门的需要,有权对施工领域及临时性的施工计划做出适当的调整;

(9)认真执行交接班制度,做好交接班工作;

(10)对本部门工作的改进有建议权。

6. 行车调度员职责

(1)在值班主任的领导下,与电力调度员密切配合,共同完成运营组织工作;

(2)认真监视列车运行、设备运转状态,严格按《运营时刻表》和相关规章,组织列车安全正点运行,确保运营工作正常进行;

(3)审核所有线路占用、施工计划及临时性生产任务等情况;

(4)根据《运营时刻表》及值班主任制定的列车调整方案,及时、准确地下达控制指令,监视列车运行及设备运转情况,记录列车到发时刻,铺画列车运行图;

(5)当列车运行秩序紊乱时,配合值班主任采取调整措施,尽快恢复运行秩序;

(6)听取设备状况报告,及时通报设备故障情况,遇控制中心设备故障或其他原因不能实现中心控制时,须及时报控制中心主任,将控制权下放车站,控制权下放后,须监护车站办理情况;

(7)执行各类突发事件处置方案及施工组织方案;

(8)搜集填写运营工作有关数据,总结每日运营生产工作质量;

(9)对控制中心工作的改进有建议权。

7. 值班主任职责

(1)在控制中心主任(副主任)的领导下,全面负责本班的安全、运营、管理工作;

(2)组织本班员工认真学习政治理论,学习研讨行车业务,提高本班员工的政治素质、应变能力和指挥水平,对本班员工进行安全教育,强化安全生产意识;

(3)组织本班员工严格执行《运营时刻表》和《施工计划》,确保行车组织和乘客服务工作安全、有序地进行及施工计划的实施;

(4)参与控制中心设备的定期检查,确保设备处于良好的状态;

(5)组织、协调各岗位调度人员及其他相关人员,对行车、供电和防灾系统的运作实施有效的监督,对各系统在运作过程中出现的异常情况,有权要求各调度及时采取措施,确保运营组织工作的顺利进行；

（6）认真总结本班工作,对本班员工进行考核、评议,对工作中出现的影响运输生产的各类问题,提出整改意见,并及时汇总上报；

（7）根据现场具体情况,制定相应调整方案或处置办法,并通知相关人员执行相应的程序,有权纠正、制止行车组织工作中的违章、违纪现象,并及时向控制中心主任报告；

（8）统筹安排各类施工,组织施工列车的开行及施工作业的实施,尽量满足设备维修的需要；

（9）传达上级有关运营工作的指令,及时准确发布调度命令；

（10）监护行车调度员下达控制指令,及时、准确绘制、填写有关图表；

（11）认真执行交接班制度,做好交接班工作。

三、行车调度工作人员应具备的基本条件

（1）有较高的政治思想觉悟,爱岗敬业,遵章守纪,文明礼貌,团结协作,有严肃认真的工作态度。

（2）经过专业培训达到上岗资格,熟知行车业务及与行车有关的专业知识,熟练掌握《行规》有关内容。

（3）值班主任标准。

①掌握与行车相关设备的性能和特点,熟练使用控制中心内各种行车设备,熟悉电力设备；

②熟练掌握并运用《行规》《调规》及其他相关规章制度,遇有规章制度未涉及的新情况、新问题时,能本着安全高效、减少影响、防止次生灾害发生的原则予以处理；

③熟练掌握行车专业知识,熟知与行车相关的车辆、信号、供电、线路、机电、通信等其他专业知识；

④能监护行车调度员正确下达控制命令,并指导协调各调度人员（行车调度员、电力调度员、车场调度员或车辆段调度员）及其他行车人员共同完成运营生产任务；

⑤随时掌握客流变化规律,有预见性地组织列车运行。及时、正确地发布行车调度命令,妥善处理行车工作中发生的各种情况,积极组织按图行车,确保运营安全；

⑥以身作则,团结同志,实事求是,具有较强的责任心和管理能力。

四、行车指挥设备

1. 信号设备

该信号系统由列车自动控制系统(ATC)、列车自动监控系统(ATS)、联锁计算机系统(CBI)、通信系统(DCS)、维护系统(MMS)组成。其中正线正方向、辅助线、出入车辆段线正反方向为基于通信的列车自动控制系统(CBTC)覆盖区域。系统可提供基于通信的列车自动控制系统(CBTC)移动闭塞和联锁后备自动闭塞两种行车模式,以及中心集中控制、站控和紧急站控三种控制方式。

其中列车自动监控系统(ATS)是调度指挥工作人员使用的重要设备,主要实现对列车运行的监督和控制,包括:列车运行情况的集中监视、自动排列进路、自动列车运行调整、自动生成时刻表、自动记录列车运行实迹、自动进行运行数据统计及自动生成报表、自动监测设备运行状态等,辅助调度人员对全线列车进行管理。

2. 通信设备

通信设备包括调度电话、无线列车调度电话及程控电话。

(1)调度电话、无线列车调度电话是行车指挥工作的专用通信工具；

(2)程控电话是联系行车指挥工作的辅助通信工具。

3. 其他辅助设备

其他辅助设备包括中央广播(PA)设备、闭路电视监视设备和打印机。

(1)中央广播(PA)设备能对各站站台及正线运行的列车进行广播,其优先级高于车站和列车；

(2)闭路电视监视设备是观察车站客流、列车在站通过及到发情况的设备；

(3)打印机是输出有关行车记录、信息及报告的设备。

五、调度指挥原则

1. 安全生产的原则

在列车运行调度指挥工作中,必须坚持安全生产的原则,正确指挥列车运行。不能发布没有安全保障依据的命令和指示。当得到有关危及行车安全的信息时,要正确、及时、妥善处理。以保证列车的安全为重点,组织列车安全运行。

2. 按图行车的原则

列车正点率是轨道交通运输产品质量的重要技术指标,也是轨道交通运输组织管理水平的综合反映。只有按图行车,才能保持正常的运输秩序,进而保证列车的正点率。

3. 单一指挥的原则

轨道交通行车工作是一个由互相联系、互相影响的多部门、多单位、各工种所组成的完整系统。在这个系统中,各部门、各单位、各工种间的紧密联系和协调一致,对于保证行车安全和运输效率有着决定性的意义。轨道交通行车调度员是为适应轨道交通行车特点而设置的轨道交通行车工作的统一指挥者。在列车运行调度工作中,与行车有关的人员,必须服从所在区段当班行车调度员的集中指挥,其他任何人(包括各级领导和主管领导)不得发布与行车有关的命令和指示。

4. 下级调度服从上级调度的原则

在列车运行调整中,必须严肃调度纪律,下级调度必须服从上级调度的指挥,行车调度员必须听从值班主任的指挥的车站,行车值班员必须听从行车调度员的指挥。对不认真执行命令、指示,影响列车运行者,要追究责任,严肃处理。

5. 按等级进行调整的原则

行车调度员要按列车运行图指挥列车运行,当列车不能按列车运行图运行时,须按列车的性质、用途进行调整。除特殊情况外,应坚持先高等级、后低等级的原则。列车等级顺序为:客运列车、调试列车、回空列车、其他列车。担当救援、抢险任务的列车优先开行。对特殊指定的列车,按其规定的办法执行。

六、城市轨道交通调度指挥模式

城市轨道交通一般采用列车自动控制系统(ATC),列车调度指挥的模式相对于铁路调度指挥而言,列车运行调度指挥模式种类较复杂。

1. 行车指挥自动化

在设备正常情况下,城市轨道交通采用的调度指挥模式。目前,列车自动控制系统(ATC)已经被越来越多的城市轨道交通系统采用,包括上海轨道交通和广州轨道交通等。通常列车自动控制系统(ATC)由列车自动防护系统(ATP)、列车自动运行系统(ATO)和列车自动监控系统(ATS)组成。

列车自动监控系统(ATS)是整个运行控制系统的核心,它通过信息采集设备,实时动态显示列车的运行状态和线路设备被占用状况,为列车调度人员和现场工作人员提供清晰真实的动态画面,供其对整个运行系统进行实时监督控制和记录运行图的执行情况,在列车因故偏离运行图时及时做出调整,辅助行车调度员完成对全线列车运行的管理。

2. 调度集中模式

当列车运行时间晚点超过一定范围,或其他原因,造成行车指挥自动化无法进行时,列车自动监控系统(ATS)降级到调度集中模式。

调度集中系统能够实现了对列车的集中监视和控制:列车的确切位置、线路和信号设备的状态信息可以迅速地传递到调度所,再由调度集中设备集中发送控制命令。调度集中指挥模式取得如下明显的经济效果:

(1)减少列车停车和会车的时间,提高线路通过能力,提高了旅行速度;
(2)减少事故,增加列车运行安全度;
(3)运行图被打乱时,能通过一些措施迅速恢复正常行车秩序,可以减轻列车晚点程度;
(4)减轻了调度人员的劳动强度。

3. 调度监督模式

当列车自动控制系统(ATC)只能对现场的设备进行监视而不能进行控制时,就只能采取调度监督指挥模式。列车运行指挥必须通过调度电话和无线电话等通信系统完成。

4. 电话指挥模式

电话调度指挥方式是以调度电话作为主要通信工具。调度员通过调度电话呼叫区段内任意一个车站的值班员或者同时呼叫所有的值班员,下达列车运行计划和调度命令,车站值班员也利用调度电话呼叫调度员报告列车到、发和通过车站的时间(报点)及其他有关事宜。

具体的管理过程是:车站值班员向调度员报点,调度员在计划上记录列车运行实际情况。计划和列车实绩都绘制在同一张运行图上,调度员首先在图上作计划,列车实绩与计划不一致,要擦抹掉计划重新标明实际的运行时分。频繁地收点、修改计划和布置计划,这些繁琐事物工作中浪费调度员大部分工作时间。

电话调度方式是全人工调度方式,费时费事,调度员的劳动强度大。电话收点不及时和调度人员超劳可能造成调度不当,影响行车安全和运输效率。

这四种模式根据设备状况不同,采取不同的模式。降级顺序为:行车指挥自动化→调度集中模式→调度监督模式→电话指挥模式。

 任务实施

1. 下发任务单,明确任务内容,学生课前按要求完成预习任务;
2. 教师先进行讲解,学生分组学习;
3. 学生自行分析调度指挥机构和调度指挥设备;
4. 教师和各组长担当本次任务的他人评价工作,评判同学们的任务完成情况。

任务二　调度日常工作制度

任务描述

理解调度工作制度,在工作中自觉地遵守纪律。

任务单

1. 熟悉日常工作制度;
2. 熟悉安全管理制度;
3. 熟悉业务培训制度。

知识准备

为了保证调度工作任务能顺利地得到完成,就必须坚持标准化作业,按各项规章制度办事。我国许多城市的轨道交通系统根据自身的特点,制定了完整的调度工作制度,可以归纳为以下方面。

一、日常工作制度

日常工作制度包括交接班制度、文件传阅制度、员工大会制度、调班申请制度、卫生轮值制度。

1. 安全生产制度

(1)行车调度员应贯彻安全第一,预防为主的安全生产方针。

(2)严格执行规章制度,严禁违章指挥,臆测行车。

(3)按时上岗,精力集中,密切配合,工作中严格执行"一看、二办、三复查"的操作程序和"三盯、四及时"的工作制度及岗位联保制度,防止错发、漏发调度命令,错办、漏办进路;(注:一看,看列车去向;二办,办理列车进路;三复查,复查所办进路是否正确;三盯,一盯列车运行情况,二盯设备运转状态,三盯列车到开时刻;四及时,及时办理接发车进路,及时处理行车中发生的问题,及时通知有关单位对设备故障进行抢修,及时向有关领导汇报行车中发生的问题)。

(4)室内严禁大声喧哗,不得干扰坐台调度员的正常工作。岗上不得看书、看报,不做与行车无关的事情,严禁使用调度电话、无线列车调度电话、长时间占用程控电话谈论与行车无关的事情。严禁将行车指挥设备挪作他用。

(5)班前四小时及当班中不得饮酒。

(6)出现行车事故、差错、调整不当及违章违纪现象,要本着四不放过(事故原因未查清不放过,责任人未处理不放过,责任人和群众没有受到教育不放过,整改措施没落实不放过)的原则,认真组织分析,找出原因,制定改进措施并进行严格考核。

2. 交接班制度

为保证行车指挥工作的连续进行,确保运营安全,交接班工作应按下列规定执行:

(1)控制中心实行24小时工作制,每日8:15、17:30为交接班时间。

(2)交班前由值班主任将本班工作情况向控制中心领导汇报,并填写交班日志,应包括:

交班时间、调度员姓名、列车运行情况、设备运转状态、当日使用的时刻表号、上级指示及文件、本班遗留工作或正在进行中的工作、安全重点、备品备件、卫生状况等内容,做好交班前各项准备工作。

(3)交班调度员应树立全局观念,积极采取措施,组织列车运行,打好交班基础。

(4)接班调度员应提前10min到达控制中心,按规定着装,并尽快了解当时运行情况。

(5)提前5min(早上8:10、下午17:25)由接班值班主任召集接班会,集体点名、考勤,并按照交班日志的内容向本班人员进行布置,对完成本班任务提出要求和安全措施。

(6)交接班要对岗交接。如遇列车运行秩序紊乱时,应以交班调度员为主进行调整,交班调度员除采取各种有效措施尽快恢复运行秩序外,并要向接班调度员讲清采取的调整方案及列车、设备状况,命令执行情况及遗留事项;接班调度员应对调整方案,列车、设备现状及命令情况等了解清楚后,方准进行交接班。有困难时,可推迟交接班时间。

(7)交接班完毕,交班值班主任应召集交班调度员总结本班工作,必要时召开专题分析会。

3. 分析工作制度

分析工作是提高运营工作效率,保证运营工作质量,提高调度指挥水平,保证行车安全的必要手段。做好行车指挥分析工作,有利于调度员总结经验,互相取长补短,共同提高业务能力。

(1)在日常工作中,值班主任须组织本班人员,对本班的工作从调度命令的发布、运行图各项指标的统计、表报的填写等方面进行分析,不断总结经验,查找不足,做到事事总结分析。

(2)当行车工作中出现特殊事例、发生行车事故及违反行车规章的情况时,须进行专题分析,并按以下要求进行。

由分析调度员召集当班人员召开分析会,从调度命令的发布、行车调整方案、各种行车规章的应用、列车实际运行图的绘制、表报的填写、各种情况的记载及人员分工配合等方面进行分析,总结成绩,找出不足,制定改进措施,提出工作中遇到的疑难问题,以书面形式(专题分析记录)上报控制中心。

非当班人员以班为单位,根据行车日志、实际列车运行图、调度电话录音及当班人员的分析材料,总结经验,查找不足,并对提出的疑难问题进行探讨。

分析调度员根据实际情况及当班人员的自我分析意见,进行分析总结,并对疑难问题提出解决方案,以书面形式下发。

(3)对其他单位发生的事故及行车工作中出现的问题,行车调度员亦应进行讨论分析,找出自己工作中类似的薄弱环节,从中吸取教训,防止类似问题的发生。

(4)控制中心须对月、年及重大运输期的运营生产情况进行汇总,提出分析意见,以书面形式上报运营公司技术安全部。

(5)月分析:每月第三个工作日前,对全月各项生产指标完成情况进行分析汇总,作为经济责任制考核的依据。

(6)年分析:每年第一个工作日,对上一年的各项生产指标完成情况进行分析汇总。

(7)重大运输期分析:在元旦、春节、春运、冬运、清明、五一、暑运、十一及其他重大运输期结束的第一个工作日,对重大运输期间的各项生产指标完成情况进行分析汇总。

4. 文件传阅制度

当值人员必须按时传阅最新文件,进行学习、贯彻文件的相关精神。在传阅文件后,当值人员应按要求签名并注明日期。

5. 员工大会制度

每月月初召开一次全体员工大会,总结上月的工作情况,并布置本月的工作任务,对重点工作内容提出具体要求,同时传达上级(公司或部门)会议精神。

6. 调班申请制度

调度岗位轮值必须按照排班表进行,遇特殊情况无法按照班表上班时,应与相同岗位的同事协商,双方一致同意调班后,由申请人填写《调度员调班申请表》,经双方值班主任同意后调班。

二、安全管理制度

安全管理制度包括安全例会制度、安全检查制度、安全演练制度和事故分析制度。

1. 安全例会制度

每月月初召开一次安全例会,总结上月的安全工作情况,对上月发生的故障、事件和事故处理进行分析和学习,同时布置本月的安全工作任务,对安全工作的重点内容提出具体要求,同时传达上级(公司或部门)安全会议的精神。

2. 安全检查制度

安全检查制度包括运营前检查、每周一查、非正班检查、消防日检查以及安全大检查制度。

(1)运营前检查制度

行车调度员在每天运营开始前 30min,检查各车站的运营准备情况,填写《运营前准备工作检查记录表》,并进行一次 MMI 操作功能检查,发现设备设施故障或其他异常情况时,应做好记录,并及时通知维修调度员处理。

(2)每周一查制度

安全员每周检查安全培训记录、设备运行的安全、调度日志(兼交接班簿)、调度命令、线路施工作业登记表记录情况,故障及延误报告的填写等,发现问题及时提出整改。

(3)非正班检查制度

在非正班时间段,控制中心或上级部门领导不定期对控制中心进行突击抽查,检查各班组的"两纪一化"和安全运作情况。

(4)消防日查制度

部分城市的轨道交通系统的消防设施采取自查形式,大多数城市的轨道交通系统的消防设施委托物业管理检查。

(5)安全大检查制度

逢元旦、春节等大节日时,在节前安全网络进行一次安全大检查,检查内容除了日常的安全检查内容外,还包括了节假日的运营组织方案和运作命令等。

3. 安全演练制度

为使调度员熟练掌握各种应急方案,提高调度指挥水平,各班组每月至少进行一次桌面演练。此外,各班组还需参加上级部门组织的突击演练。

4.事故分析制度

发生事故后,当值班组要进行全面分析,分析不足,总结经验,写出事故处理报告,由控制中心上报部门安全网络;控制中心视情况召开全体成员的分析会,对事故的责任进行内部分析,制定防范措施,教育广大员工,防止出现同类事故。

三、业务培训制度

业务培训制度包括班组学习制度、每日一问制度。

1.班组学习制度

所有调度员必须参加培训网络组织的班组学习。学习内容包括规章文件、运营方案和各种故障、事故处理案例。

2.每日一问制度

为了检查员工对近期重点工作内容和安全关键点的掌握,值班主任每班抽问调度员成员,了解班组成员的掌握情况,发现不熟练时要进行有针对性的培训。

四、填写书面报告制度

1.运营日报

(1)值班主任每日7时前编写运营日报,报告前一天6:00至当日6:00运营计划完成情况。

(2)运营日报须送交分公司领导、相关部门领导。

(3)日报主要内容包括:

①列车服务情况,包括事故、故障和列车延误及处理等;

②当日完成运送客运量、列车开行情况、兑现率及正点率;

③列车晚点、清客、下线、抽线、救援、加开等服务情况;

④当日施工计划件数及截至6:00的施工完成件数;有关工程车、试验列车运行方面的信息;

⑤耗电量(总耗电与牵引耗电)和车站温湿情况;

⑥接待情况说明;

⑦派班员上报的当日运营列车运营里程、空驶里程、载客里程。

(4)运营日报的格式按地铁运营部门的规定执行。

2.故障和延误报告

(1)行车调度员应在行车设备发生故障及造成列车延误时,及时填写故障和延误报告。

(2)故障和延误报告作为编写运营日报原始资料的一部分。

(3)故障和延误报告主要包括如下内容:

①发生故障的时间、地点、列车编组、报告人员及概况(故障现象)等情况;

②发生故障导致行车延误(直接延误、本列延误)、影响情况;

③所采用的调整列车运行措施;

④恢复正常运作的时间。

(4)故障和延误报告格式见表4-1。

故障及延误报告　　　　　　　　　　　表4-1
年　月　日至　月　日　　　　　　编号：控运－0104

序号	时间	车次	车组	发生地点	报告人	概况	直接延误	本列延误	跟进措施	维持运营	终点检修	调整退出	恢复时间

行车调度员：＿＿＿＿　　　　日班：＿＿＿＿　　　　夜班：＿＿＿＿
值班主任：＿＿＿＿　　　　　日班：＿＿＿＿　　　　夜班：＿＿＿＿

3.行车事故概况

（1）行车调度员应根据每件行车事故及时填写《行车事故概况》；
（2）按《行车事故管理规则》规定的时间将《行车事故概况》报分公司安全保卫部。

 任务实施

1．下发任务单，明确任务内容，学生课前按要求完成预习任务；
2．教师先进行讲解，学生分组学习；
3．学生自行总结日常工作制度内容和特点；
4．教师和各组长担当本次任务的他人评价工作，评判同学们的任务完成情况。

任务三　列车自动监控系统（ATS）操作

 任务描述

了解列车自动监控系统（ATS）的功能，理解设备工作特点，掌握列车自动监控系统（ATS）操作技能。

 任务单

1．熟悉列车自动监控系统（ATS）的在线控制功能；
2．掌握系统基本操作。

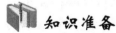 **知识准备**

一、列车自动监控系统（ATS）的在线控制功能

在线控制功能是CATS的主要控制功能，它主要有五个控制内容：即信号控制、列车描述、列车调整、时刻表控制和列车运行图。

1．信号控制功能

信号控制功能是指对全线所有车站（车辆段除外）信号设备的控制，其主要内容如下：

(1) 设置控制模式

控制模式是指遥控，还是站控。它的设定是系统控制的关键，遥控是指由控制中心对全线各联锁集中站进行控制，站控是由控制中心授权，相应的联锁集中站控制车站。控制模式的转换，由控制中心和车站双方配合完成，紧急情况下，可由集中站直接执行紧急站控，它也属于站控模式。站控模式要转换至遥控模式，必须将该联锁集中站的信号系统"复原"，经控制中心同意后，才可返回遥控模式。

(2) 设置终端模式

线路两端的折返站以及具有折返功能的中间站，都可以设置终端折返模式。

终端折返站设有以下三种终端模式：

模式 1：用折返线 1 进行列车折返；

模式 2：用折返线 2 进行列车折返；

模式 3：用空闲的折返线，进行列车折返；优先为折返线 1。

模式 3 为最常用的终端折返模式，也是默认模式。（但是实际运营过程中，调度员一般根据"惯用"的原则，固定采用模式 1 或模式 2，很少采用模式 3）。当终端折返模式设定以后，车站信号设备根据列车运行的目的地号，自动地排列进路，并开放相应的信号。

(3) 进路控制和信号机控制

进路的建立和取消，以及信号机的开放和关闭，是信号控制功能中涉及行车安全的重要内容。列车自动监控系统（ATS）在控制中心设有人工进路控制功能，调度员可以采用进路操纵方式，通过工作站的显示屏，操纵鼠标，点击进路的始端和终端，建立或取消进路；信号机随着进路的建立而开放，并根据列车占用进路的情况而自动关闭。控制中心可以对全线所有车站的信号机或某个联锁集中站的信号机，设置成"连续通过"信号或"自动"信号的信号机工作模式。"连续通过"信号和"自动"信号，其进路的排列以及相应信号机的开放，都由车站联锁设备完成。所谓连续通过信号，是指以该信号机为始端的进路，是连续的通过进路，列车通过该进路以后，进路将再次自动排列，该信号机会自动开放。自动信号是指该信号机为始端的进路，为自动进路，车站信号设备将根据列车的目的地号，自动地排列列车进路，当列车到达该信号机的接近区段时，自动地开放信号。

(4) 呼叫车站

当控制中心调度员要与车站值班员联系时，若电话联系不上，可使用"呼叫车站"功能，使该车站控制台上的铃声响，提醒车站值班员与调度员联系。

2. 列车的描述功能

列车描述包括三部分内容：即车次号、司机号和列车号，它们各有五位数组成，其中车次号的前三位为运行号，后二位为目的地号，运行号是运行列车的标识，是系统把列车和时刻表相联系的基础，也是系统控制和表示列车的基础。目的地号指明列车运行的终点站，它是系统触发车站信号控制的重要参数，据此可以为列车自动排列进路。在运行过程中，系统将各次列车的目的地号，传送给车站信号设备，以控制列车进路，所以车次号是列车描述中很重要的部分。这里需要说明的是，目的地号可以先由司机人工设定，只要列车经过车地信息交换点（设于停车辆段出库线、各个车站的站台区域、折返线等处），列车可以通过列车自动监控系统，自动地得到正确的目的地号，以后列车在每个车站，都会自动地得到更新的目的地号信息。司机号，由司机在车上人工输入，并通知调度人员，说明哪一位司机在操纵哪一列车。列车号的设置，是为了使系统跟踪列车的运行，从而产生车辆运行里程报告。

上述列车运行的车次号、目的地号、司机号及列车号可以设置、修改和删除。在控制中心车号窗中,自动地跟踪相应的车号信息。车号信息设置方式不是固定的,运行管理人员可以根据各地不同线路情况自行设定,但是同一个控制中心的不同线路其设置应相同。

3. 列车运行调整功能

列车运行调整功能的作用是:调度和调整列车的运行。

(1) 系统调度模式的设置

不同的线路其系统调度模式不尽相同,一般有四种模式:自动调整模式、人工调整模式、人工调度模式和全人工模式。

全人工模式,系统的自动控制功能不起作用,所有控制、调度、调整均依赖调度员指挥;

人工调度模式,ATS 既不能自动调整列车运行等级,也不能自动给列车分配车次号和目的地号,只按照计划时刻表默认的运行等级控制列车运行。车次号和目的地号需要行车调度员为在到达转换轨的列车人工输入。

人工调整模式,指运行调整要依赖调度员,系统除具备人工调度模式的自动控制功能,还具自动调度功能,即根据时刻表和调度模式,按时自动调度列车从折返站(或车辆段)出发,可按照计划时刻表默认的运行等级控制列车运行,可自动给列车匹配目的地和车次号。

自动调整模式,是调度自动控制最高级别,系统除有人工调整模式的功能,还具有自动调整功能,列车自动监控系统(ATS)将根据运行计划、派班计划和列车实际运行情况自动调整运行等级、自动给列车匹配目的地和车次号。

(2) 列车调度方式的设置

自动调整模式中,列车调度方式有两种:一种,是按列车运行顺序来调度列车的方式;另一种,是按列车的车次号来调度列车的方式。

城市轨道交通中间站设有存车线的车站较少,所以基本上都不在中间站折返;而在终端折返站,也不可能存放多列列车,一般列车到达终端站以后,都经折返后再次出发,所以"顺序"调度模式是常用的列车调度方式。折返站存有多列列车的情况下,这时,只有当列车的车次号与时刻表中下一次车的车次号相同时,才能调度该列车,这便是车号调度方式。

(3) 列车运行控制

① 列车进入系统的自动控制

当列车由车辆段出库线出发,进入正线运行前,为了使列车受系统的自动控制,列车必须在停车辆段出库线的车地信息交换点,自动地设置正确的列车车次号,包括运行号和目的地号,对于反向出库的列车,可以先由司机人工地设定列车车次号,当到达下一个车地信息交换点,可从系统接收正确的列车车次号。与时刻表相对应的列车,进入正线就成了时刻表列车,必须接受系统对其的自动控制。若取消对列车的自动控制,则该列车成为非时刻表列车,当恢复自动控制后,该列车又成为时刻表列车,系统也恢复对它的自动控制。

② 站台控制

站台控制包括:列车的停站时间设置、列车运行等级设置、扣车和终止停站设置、"跳停"设置等。列车在正线运行,除始发站的发车时间外,正线的运行时间,包括区间运行时间和停站时间二个部分,由于各个区间的长度是固定的,决定其区间运行时间的关键是运行速度,而运行速度又取决于列车自动监控系统(ATS),向列车发送的运行等级。列车自动监控系统(ATS)运行等级一般分为四级,等级1和等级2对应的速度较高,而等级3和等级4对应的速度较低。列车从钢轨收到列车自动防护系统(ATP)速度命令信息,依据由车地信息交换信息,所收到的列车自动监控系统(ATS)运行速度等级,从而由车载列车自动运行系统(ATO)执行运行速度的自动调整。所以调整运行等级,也即调整列车在区间的运行速度和时间。控制停站时间和调整运行等级,是保证列车按时刻表正点运行的主要方法。

a. 停站时间的设置。在自动调度模式下,由系统根据时刻表和列车运行的正点误差值,自动调整停站时间,在人工调度模式下,人工设定车站停站时间。在系统设计时,已经根据该车站的客流量等因素进行设定,一般设有20s、25s、30s、35s、40s,当然可以根据线路情况进行调整。

b. 运行等级的设置。在自动调度模式下,系统根据列车运行时刻表和列车运行正点误差值,自动调整该列车的运行等级。人工调度模式下,可选择四种运行等级的任意一种,作为列车新的运行等级。在调度员工作站上,可以显示已经设置,并正在执行的停站时间和运行等级。

c. 扣车和终止停站。在特殊情况下,将列车扣于某站,从而使该站的发车表示器不亮,列车不按时刻表规定的时间出发,所以扣车功能使原来设定的停站时间不起作用。反之终止停站功能,使该站的发车表示器,立即点亮,列车随之出发。

d. "跳停"。"跳停"是列车在该站不停车的功能,"跳停"功能可以对单个列车,也可以对部列车,也可以设定于某个时间段的某个站,一般用于空车或晚点较多的列车,如上海地铁1号线的"人民广场站",上海地铁2号线的"河南中路"站、"陆家嘴"站等,因各种特殊的原因而跳停。要实行某站"跳停"功能时,必须在"跳停"站的前一站发车前,将此信息告知列车,并在进入"跳停"站的站台区域时,再次得到确认。

③下一车号的设定

选择指定时刻表中,终端折返站下一趟列车的时间和列车车次号,一般情况下,根据时刻表,下一个列车车次号是由系统自动设定的,也即依据始发站的列车调度和发车数据,系统自动地把时刻表中下一个车号按序推进,当自动功能发生错误时,可人工设定下一趟列车的车号,并在调度员工作站上显示。

4. 时刻表控制功能

时刻表控制功能仅供调度员使用,以管理和调整在线时刻表和计划时刻表。计划时刻表是指:准备投入在线控制的时刻表。在线时刻表是指:正投入在线控制的时刻表。调度员选择时刻表管理员所创建的某一种基本时刻表,以进行必要的调整。所以调度员可根据基本时刻表,建立计划时刻表,继而建立在线时刻表;当然也可以从系统中删除计划时刻表或在线时刻表,以增加或删减车次;也可以进行时间偏移调整。

5. 列车运行图的绘制功能

系统在"在线控制"情况下,能绘制当天和前一天的列车运行图,也可以绘制其中某一段时间的运行图。列车运行图有计划运行图、实绩运行图和复合运行图。

二、系统操作

当控制中心的维护员启动列车自动监控系统(ATS),并开启工作站,调度员便可对系统进行操作。系统操作,一般分正线操作和车辆段试车线操作。这里主要介绍正线操作,正线操作又可以分为正常操作和非正常操作(包括紧急事件),下面就在线控制的正常操作内容加以阐述：

1. 进入系统

(1)选择语言：即选择中文和英文的用户界面；

(2)登录：输入用户名和口令，以进入系统；

(3)选择运行模式：即选择在线控制模式、模拟运行模式，或运行复示模式；

(4)选择用户等级，当选择在线控制模式或模拟运行模式时，相应工作站的用户界面将显示站场图形窗、命令菜单窗、告警信息窗、时钟窗，及处理器状态窗等。

2. 建立在线时刻表

每天正式运行前，必须先建立在线时刻表，可以先建立计划时刻表，再建立在线时刻表，也可以直接建立在线时刻表。建立计划时刻表和在线时刻表都有数个选择，选择其中之一，然后再通过加车、减车和偏移功能，对时刻表进行必要的修整。

3. 设置系统设备的工作模式

每天运行开始前，必须设置系统设备的工作模式。

(1)选择系统模式。

从全人工、人工调度、人工调整和自动调整四种模式中选择一种。系统在自动控制的情况下一般选择自动调整模式，人工控制的情况下一般选择人工调度模式。

(2)设置列车调度模式。

系统在自动调整模式下，一般选择列车顺序调度模式。

(3)设置系统的控制模式。

控制中心控制时，选择"遥控"模式，必要时可以选择"站控"模式，这时，控制中心具备监督功能。"站控"情况下，"终端折返模式"的设置，"连续通过信号"和"自动信号"的设置等，都由车站值班员完成。

4. 停站时间和运行等级的设置

每天运行开始前，应根据时刻表的设定，为每个车站的站台，设置停车时间和区间运行等级(运行等级信息，由设于站台区域的车地信息交换系统，送至车载列车自动监控系统(ATS))，以保证列车按时刻表要求，正点运行。在人工调整模式下，不必设置停站时间和运行等级。

5. 调度列车由车辆段进入正线，投入运行

控制中心调度员与车辆段调度员配合，使列车按时刻表的要求，及时到达停车辆段的出库线信号机外方。在此过程中，司机应对列车进行投入运行前的相关测试，如列车车门循环测试、列车制动测试、列车灯光和空调测试等等。

(1)用"显示下一车次"功能，显示时刻表中下一次出库车次的列车车次号和时间，若不符，用指定下一车次功能，进行调整；

(2)用设置"列车描述"功能，对停在停车辆段出库线的列车，设置列车车次号；

(3)自动调度时，由列车自动监控系统(ATS)按时序，自动排列进路，指挥列车驶入正线，也可以使用人工调度方法，按时用进路控制方式排列进路，指挥列车驶入正线，投入运行。

6. 调度列车从终端折返站发车

(1)列车终端折返后，调度员工作站显示时刻表中下一趟始发列车的运行号和时间，若显示不符，可用"指定下一车次"功能，指定时刻表中下一趟发车的运行号和时间。

(2)若列车已有运行号,且系统运行在人工调度模式以上时,系统将自动修改列车的目的地号,若列车无车号,用"列车描述"功能,对停车在折返线上的列车,设置车号。

(3)自动调度情况下,系统将按时自动排列进路,指示列车进入始发站台,正点发车。人工调度时用进路控制功能,按时排列进路,指挥列车出发。

7. 监控列车的运行

(1)监视终端折返站的列车运行,可用"显示下一车次"功能,查看各终端站下一趟列车的时间和车号,也可以打开监视窗,连续地监视终端折返站的发车情况和发车车号等。

(2)排列进路。若系统已设置了连续通过信号和自动信号,列车进路就按列车运行时序,自动排列,信号自动开放,调度员监视其执行情况,若设置为"站控"的情况下,由相应联锁集中站的车站值班员排列进路和开放信号,控制中心调度员可监视状态表示信息。若设置为"进路控制"功能,则由调度员按时排列进路。

(3)停站时间的设置。调度员可用设置停站时间和运行等级功能,调整列车在车站的停站时间和运行等级,以确保列车按时刻表正点运行。若将停站时间调整设置在"自动"状态,系统将根据列车运行的实际情况,自动调整运行等级,自动调整列车在车站的停站时间,但任何列车的停站时间不能小于15s。

(4)监视告警信息。调度员应随时掌握列车运行的实际情况和系统设备的故障告警信息,以便及时采取措施,确保列车安全、正点运行。

8. 调整列车运行

当列车偏离时刻表,超出了允许的范围,可用下述办法进行调整。

(1)若列车晚点,可用"终止停站"功能,催促列车提前发车。

(2)若列车早点,可用"扣车/终止停站"功能,适当延长列车在车站的停站时分。

(3)若列车晚点太多,需要"赶点"时,可使用"跳停"功能,但必须提前告知乘客,哪个站"跳停"。中间站实施"跳停"影响而较大,必须顾及乘客利益。

(4)若出现非常情况,导致不能按在线时刻表运行,可用"时刻表控制"功能中,加车、减车及偏移功能,来调整在线时刻表,重建新的行车次序。

9. 异常情况处置举例

(1)当车号跟踪不上列车时,可用"移动车号"功能,将车号从一个"车号窗"移到另一个跟踪的"车号窗"内。

(2)当车号跟踪过程中,发生车号出错时,可用"修改列车描述"功能进行修正。

(3)若终端折返站的下一车次与时刻表不符时.可用"指定下一车次"功能进行调整。

(4)当特殊情况下需要加车、减车时,可用"时刻表控制"的"加车、减车"功能,调整在线时刻表。

(5)当某列时刻表列车故障,无法继续运行时,可用"取消自动控制"功能,将该列车变为非时刻表列车,然后用人工控制手段将该列车退出运行。

(6)当控制中心显示的列车自动防护系统(ATP)模式,与车载列车实际的模式设置(列车实际模式由车载系统传至地面)不一致时,调度员可用列车描述的"设置ATP"功能予以纠正。

(7)为救援故障列车,出现两列车合为一个车号,两车的车号跟踪发生错位时,可重复使用列车描述的"移动车号"功能,使跟踪正常。

10. 在运行结束后的日报汇总

(1) 用"列车运行图"功能,绘制所需的实绩运行图等;

(2) 用"报告"功能,打印所需的每日运行等报告;

(3) 将在线时刻表从系统中删除,以便次日系统建立新的在线时刻表;

(4) 调度员下班时,应将工作站从系统退出。

这里需要说明的是不同线路的列车自动监控系统(ATS),因其系统结构不同,系统功能、操作界面以及操作方式也有差异。

 任务实施

1. 下发任务单,明确任务内容,学生课前按要求完成预习任务;
2. 教师先进行讲解,学生分组学习;
3. 学生自行总结列车自动监控系统(ATS)操作的经验;
4. 教师和各组长担当本次任务的他人评价工作,评判同学们的任务完成情况。

任务四　调度命令与实绩运行图

 任务描述

理解调度命令,掌握调度命令种类和使用时机,掌握发布调度命令的基本技能,掌握实绩运行图绘制技能。

 任务单

1. 熟悉调度命令种类;
2. 掌握发布调度命令的程序;
3. 掌握实绩运行图标记方法。

 知识准备

一、调度命令分类

调度命令包括口头指示、口头命令、书面命令。调度命令是调度人员在工作中对有关行车人员发出的指示或指令,只能由当班行车调度员发布。在发布命令之前,应详细了解现场情况,并认真听取有关人员意见。命令内容应简明扼要,术语标准,不得任意简化。

(1) 口头指示。日常运行调整指挥内容,行车调度员以口头指示形式下达,口头指示无须给号,只下达受令人及指示内容。遇表 4-2 所列情况,须发布口头指示。

(2) 口头命令。行车调度员发布的涉及安全或影响较大的指示内容以口头命令形式下达。口头命令内容包括:命令号、受令人、受令处所、命令内容、发令人、发令时间。如表 4-3 所列情况。

(3) 书面命令。在通信记录设备故障时,发布给司机的口头命令以书面命令形式发布。

须发布口头指示的情况　　　　　　　　表 4-2

序号	指示项目	受令者		
		司机	车辆段	车站
1	列车途中清客	√		√
2	停站列车临时变通路线或通过列车在站停车	√		√
3	变更列车进路[列车自动控制系统(ATC)模式下]	√		√
4	发布线路及列车限速或取消限速[列车自动控制系统(ATC)模式下]	√		
5	临时加开或停开列车[包括临时列车、回空列车等,列车自动控制系统(ATC)模式下]	√	√	
6	列车越过故障信号机[列车自动控制系统(ATC)模式下]	√		
7	列车反方向运行[列车自动控制系统(ATC)模式下]	√		
8	列车由区间退回站内或由站内退到区间[列车自动控制系统(ATC)模式下]	√		
9	列车部分冒进退回站内	√		√
10	区间一度停车	√		
11	改变列车驾驶模式	√		
12	失去通信列车在正线投入	√		
13	行车调度员认为有必要发布上述以外的指示	有关人员		

须发布口头命令　　　　　　　　表 4-3

序号	命令项目	受令者		
		司机	车辆段	车站
1	变更列车进路[非列车自动控制系统(ATC)模式下]	√		√
2	发布线路及列车限速或取消限速[非列车自动控制系统(ATC)模式下]	√		
3	列车越过故障信号机[非列车自动控制系统(ATC)模式下]	√		
4	改变闭塞方式	√	√	√
5	列车反方向运行[非列车自动控制系统(ATC)模式下]	√		
6	列车由区间退回站内或由站内退到区间[非列车自动控制系统(ATC)模式下]	√		√
7	封锁、开通区间	√	√	√
8	临时加开或停开列车[包括临时列车、回空列车、调试列车等,非列车自动控制系统(ATC)模式下]	√	√	√
9	开行工程车	√	√	√
10	区间疏导乘客	√		√
11	封闭、解除封闭车站	√		√
12	临时改变运营时间	√	√	√
13	控制权下放		√	√
14	临时添乘列车驾驶室	√		
15	行车调度员认为有必要发布上述以外的命令	有关人员		

二、调度命令发布与交付

行车调度员采用计算机发布调度命令时,必须严格遵守"一拟、二审核(按规定需监控人审核的)、三签(按规定须领导、值班主任签发的)、四发布、五确认签收"的发布程序。受令人必须认真核对命令内容并及时签收。

行车调度员采用电话发布调度命令时,必须严格遵守"一拟、二审核(按规定需监控人审核的)、三签(按规定须领导、值班主任签发的)、四发布、五复诵核对、六下达命令号码和时间"的发布程序。

行车调度员发布口头命令和口头指示可以使用无线列调电话或调度电话直接向司机、车站值班员、车辆段调度员、发布,受令人必须复诵该口头命令和口头指示内容。

行车调度员发布书面命令时,在车辆段由车辆段调度员负责传达,在正线由车站值班员负责传达,传达给司机或其他有关人员的书面命令须加盖车站(车辆段)行车专用章。

列车因故迫停区间,行车调度员无法与司机取得联系时,可令车站行车值班员向列车司机了解情况,并转达调度命令。

同时向几个单位或部门发布调度命令时,行车调度员应指定其中一人复诵,其他人核对,抄收命令时如有遗漏或不清楚的地方,受令人应立即核对并更正,书面命令填写《调度命令登记簿》。

三、发布调度命令的基本要求

在日常运输工作中,各级调度是通过调度命令或口头指示进行调度指挥的。

根据统一指挥,逐级负责的原则,指挥列车运行的调度命令和口头指示,只能由该区段值班行车调度员发布。因此要求行车调度员必须不间断地了解,掌握列车运行及其他情况,以便及时向行车有关人员发布调度命令或口头指示,完成运输生产任务。

(1)先拟后发,正确及时,一事一令。在无线录音设备状态正常时调度命令可以以口头命令形式下达;在无线录音设备故障停用和列车反方向运行、ATP故障实施人工驾驶或开行列车救援时调度命令应以书面命令形式下达。

(2)调度命令和口头指示有同等效力,有关行车人员必须坚决执行,服从调度指挥。

(3)调度命令的内容包括命令号,受令处所,受令人,命令内容,发令日期与时间,发令人及复诵人。对涉及邻调度区的行车调度命令,应取得值班调度主任或调度长同意后发出。

(4)调度命令日期的划分,以零时为界。命令号由1~100按日循环,每一循环期间不得跳号和重号使用;口头指示在登记时亦应编号,由101~200顺序循环使用,每一循环期间不得漏号、跳号和重号。

(5)发收调度命令时,必须填记《调度命令登记簿》(如表4-4),并由行车调度员指定受令人员中一人复诵。受令人员在抄收命令中如有遗漏或不清之处,应及时向发令行车调度员提出核对并更正。确认正确无误后,再给发令时间和命令号码。

调度命令登记簿 表4-4

月日	发出时刻	命令			复诵人姓名	接受命令人姓名	调度员姓名	阅读时刻签名
		号码	受令及抄收处所	内容				

注:划○者为受令人员。

(6)调度命令内容中空缺的内容应正确填写,完整,用语标准,简明扼要。遇有不正确的文字应圈掉后重新书写。如调度命令内容与格式中虚体字内容吻合,应及时描写。未描写的虚体字一概作为无效内容并用横线进行删除。

(7)填写或抄送调度命令时不得随意简化,但允许使用标准缩写形式。

(8)在日常运营过程中,当时无法传达给司机的书面命令,应及时完成命令的补交手续。

四、书面调度命令的填记标准

(1)填记项目:调度命令应填记调度命令号码、调度命令发布的时间、受令处所、调度员姓名、调度命令内容、受令车站行车专用章、受令行车值班员签名。格式如表4-5。

(2)命令内容:运行指挥过程中如遇限速、救援、区间封锁等情况时,根据命令标准格式内容分类填写。如遇其他特殊情况时(命令超出现有标准格式),应由行车调度员将命令内容手写在"其他命令"表中。

调度命令　　　　　　　　　表4-5

____年____月____日____时____分　　第____号

受令处所		调度员姓名	
内容			

受令车站_____车站值班员

五、下达命令工具

1. 行车调度电话

车站行车值班员用调度电话分机接收行车调度员用数字电话机发布的调度命令,口头指示等行车事宜,向行车调度员报告现场情况。

2. 行车无线调度电话

行车调度员用无线电台与列车上设有车载无线电台的司机进行数据通信及通话,与手持对讲机的行车值班员进行通话,遇紧急情况对列车上乘客广播,以及通过行车调度员操作无线控制台后使司机与司机指示,司机与行车值班员,运转值班员通话。

3. 公务电话

行车调度员、行车值班员用自动电话机与地铁内部各单位进行联络。如果控制中心调度电话故障,行车调度员应尽量利用有录音功能的程控电话,向有关部门发布调度命令。

六、列车实绩运行图的绘制方法

1. 总则

(1)列车运行图是记录列车运行计划和当日列车运行实际情况的资料,是运营统计分析的基础。列车运行图要求准确、完整;

(2)在不同行车管理办法下,采用不同形式的列车运行图;

(3)在列车自动控制系统(ATC)设备控制下,如果设备正常,采用系统自动打印运行图,须补足运行图中未打印的断头线,及加开列车的实际运行线;

(4)在非列车自动控制系统(ATC)设备或列车自动控制系统(ATC)设备故障不能完成

打印列车运行图时,用备用列车计划运行图,对正常运行列车,则实际线可以不画,采取在计划运行线上打钩;

(5)当列车晚点或因各种原因运行不正常时,在原有的列车运行图基础上,按统一的格式采取人工补充标画,以达到运行图的完整、准确,便于查阅和统计人员分析。

2. 列车运行线的表示

(1)客运列车:红色实直线

(2)回空列车:红色实直线加红圈

(3)救援列车:红色实直线加红叉

(4)调试列车:蓝色实直线

(5)轨道车(施工列车):黑色虚直线

(6)临时客运列车:红色虚直线

(7)接触轨检查及轧道车:黑色实线

3. 运行图有关符号的画法

(1)列车始发

(2)列车终到

(3)列车折返交路:

(4)列车在区间停车:

(5)列车在站停车超过规定时分:

(6)列车在站通过:

(7)列车早点画红圈,在圈内用红色数字记载早点时分:

(8) 列车晚点画蓝圈，在圈内蓝色数字记载晚点时分：

(9) 当运行中发生不正常情况时，在发生处画一大红圈，圈内注明情况：

4．列车实绩运行图

列车实绩运行图的用途是：通过画出的列车实绩运行图与计划时刻表比较，反映列车运行的质量，作为计算列车运行指标的依据。

(1) 列车及工程车开行均须绘画列车实绩运行图。

(2) 列车实绩运行图按下列要求画出：

①行车调度员根据各报点站报告的列车到、发（通过）时刻，画出列车实绩运行图；

②对列车、工程车或其他列车，运行图符号要分别表示。

 任务实施

1．下发任务单，明确任务内容，学生课前按要求完成预习任务；

2．教师先进行讲解，学生分组学习；

3．学生自行总结调度命令与发布的经验；

4．教师和各组长担当本次任务的他人评价工作，评判同学们的任务完成情况。

任务五　列车运行调整方法

 任务描述

了解城市轨道交通列车运行调整的特点，理解列车晚点及影响，理解列车运行调整的目标和原则，掌握列车运行调整方法。

 任务单

1．理解列车运行调整的目标和原则；

2．掌握列车运行调整方法及使用时机。

 知识准备

城市轨道交通列车运行调整就是指在由列车、区间、车站、区段内的各种技术设备和信号、联锁和闭塞设备以及计划运行图的运行列车组成的系统，当该系统受到干扰而使列车偏离规定的运行线运行时，通过各种组织手段，依据一定的优化目标，迅速、高效地制定运行调整措施，尽快恢复列车运行的正常秩序。

一、城市轨道交通列车运行调整的特点

城市轨道交通与铁路有着很多的不同，无论是设备构成、运营指挥等都有不尽相同。列车运行调整的策略、方法与目的都与铁路有着比较大的不同。

(1)城市轨道交通与铁路在功能和定位有着本质的区别。铁路作为服务于城际之间甚至是省级之间的一种交通工具,站间距很大,线路基本上都远离人口密集的城市区域;而城市轨道作为城市内的公共交通工具,服务对象主要是城市居民,满足人民日常工作生活的需要。

(2)从行车组织的角度来看,铁路客货列车混行,具有大编组、低密度、追踪间隔长的特点;城市轨道的站间距短、线路上运行的列车种类单一,列车运行具有小编组、高密度、追踪间隔短的特点,这要求城市轨道具备相当的自动化控制水平。

(3)铁路可进行列车的越行与会让,在优化调度的方法上主要是处理列车的放行顺序的问题,通过不同的放行顺序的组合得到多种调度策略。铁路列车运行调整的最终目的是使列车恢复按计划运行图。因此一般在调整中总是尽量使调整后的运行图来逼近计划运行图。调整的目标一般定为正点率最高或晚点时间和(加权和)最小。城市轨道的线路形式不同于铁路,除两条正线和必要的存车线与渡线外,一般没有其他的配线,列车的进路比较简单,有利于实现列车运行的自动控制,在运行调整时基本上没有会让与越行。另外,城市轨道交通恢复时刻表运行的意义不大,城市轨道交通的调整目标应该是维持列车高密度行车,保证一个比较稳定的发车间隔,考虑车辆周转时及时疏散人群,从而实现列车的最佳调度。

二、列车晚点影响

实际列车运行是一个十分复杂的运输生产过程,它需要利用多种技术设备,同时要求运输相关各部门、各工种、各项作业之间相互协调配合。因此,列车实际在车站的到达或出发,通常不可能完全按照运行图规定的时刻进行,而是可能以运行图规定时刻为基点,在一定范围内波动的。

1. 列车晚点及其分类

列车晚点是列车运行图在执行过程中所受到各种因素影响的综合表现形式,分为自身晚点及连带晚点两种情况。

列车自身晚点是由于列车在运行过程中受到各种因素如机车、车辆、线路维修、信号、车站进路状态等技术设备因素,机车司机的技术水平及乘客上下、火灾、社会灾害以及客流发生突发性变化等主客观因素造成列车进入区段或在区段内运行过程中偏离(滞后)计划运行轨迹的现象。自身晚点是首先发生晚点列车在随后车站的晚点称之为自身晚点。若自身晚点列车发生初始晚点,那么这趟列车在其后行车站会发生持续晚点现象,即晚点进行了传播,如图4-2。

列车连带晚点是指前行列车自身发生晚点时,所引起的后行列车或其自身的后效晚点现象。这种现象的发生是由于列车运行图中运行线间或线群间储备的缓冲时间(可调能力)不足或列车调度员调整措施不当而引起,称为晚点传播。

列车由车站出发,对于其相邻区间而言,可称之为该列车进入区间,若列车由任一站出发晚点,即将产生列车进入区间晚点,即当列车由车站进入区间的实际时刻偏离于运行图规定的时刻,简称列车进入晚点,并定义列车实际进入区间时刻与运行图规定计划发车时间之差为列车进入晚点时间。

2. 列车晚点造成的影响

城市轨道交通有站间距离小,高密度,不间断运营等特点,其运行间隔小,停站时间短。一旦出现列车晚点,尤其高峰运行时分,必然对所有列车的运行造成的影响。主要表现为:

(1)前行列车的大幅晚点必然造成后行列车的晚点,使晚点列车的数量越来越多;

(2)由于列车在前一车站或区间发生晚点,必然造成后一站台乘客积压,而这种现象又会使列车停站时间延长,造成进一步晚点。行车间隔的打乱,有的列车超员,有的则欠员,使车站乘客的周转失去平衡,由此形成一种恶性循环。

(3)对于一个城市轨道交通系统而言,服务质量评价的一个重要参数就是列车应以一个比较规则的间隔到达车站。列车分布的不均衡性将会给乘客等待列车造成影响,降低服务质量。

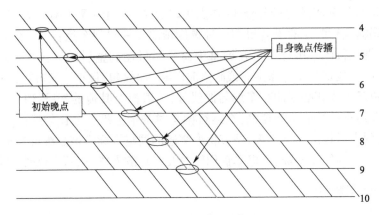

图 4-2 自身晚点传播示意图

3. 影响列车晚点最主要因素

通过对国内外城市轨道交通的列车晚点分类统计情况来看,造成列车晚点的主要因素是:车辆故障、信号故障和客流状况。其中客流状况最主要因素。

三、列车运行调整的目标和原则

1. 列车运行调整的目标

(1)减少列车实绩运行图与计划运行图的偏差;

(2)所有列车的总延时迟最短;

(3)乘客平均等待时间最短;

(4)列车运行调整的时间尽量短;

(5)实施运行调整的范围尽量小。

2. 列车运行调整的原则

列车初始晚点的时间长度决定了整个列车运行调整方案最终与计划运行图吻合的情况。具体到实行列车运行调整工作时,要遵守以下几个原则:

(1)按图行车原则

列车运行调整时,应该尽量维护原计划运行图的严肃性,遵守调度规则,使晚点列车恢复正点,减少或消除其影响。当列车的计划时刻表需要被新的运行计划取代时,这个新的运行计划应该根据优化方法来计算出来一个比较优的方案。可是,一般情况下,行车调度员不可能根据经验计算出一个比较优的方案。调整一般不能给运行系统带来新的干扰,所以,恢复列车运行图的行车秩序是最好的措施。

(2)快速及时原则

在行车调整时,要做到反应快、报告快、处置快,把握事发初期的关键时间,将突发事件对运营组织的影响控制在最小范围。同时为了最大程度地减小对运营秩序的影响,保证一定限度内的地铁运营能力,调度应当在保证线路安全的情况下第一时间恢复通车,然后再处理应急事件带来的影响。如果不能及时进行调整,就可能进一步强化列车晚点,使整个城市轨道列车运行秩序进入混乱状态,列车调整难度进一步增加。

(3)按列车的性质、用途进行调整

在进行列车调整时,须按列车的性质、用途进行调整。列车等级顺序为:客运列车、调试列车、回空列车、其他列车。担当救援、抢险任务的列车优先开行。对特殊指定的列车,按其规定的办法执行。

(4)服务原则

运营是服务的基础,乘客平均等待时间是评价城市轨道交通列车运行质量的一项重要指标,它包括行车间隔时间和因乘客换乘而产生的(本线)换乘时间。列车运行调整方案会因换乘乘客均需在衔接车站下车换乘而延长乘客平均等待时间,同时增加衔接车站规模和车站管理难度。因此列车运行调整,尽量满足乘客同站台换乘,以减少乘客等待时间,确保乘客旅行过程完整。列车必须尽可能地等间隔运行,行车调度员要采用一系列手段保证,将由晚点造成的间隔不均匀对乘客的影响降到最低。

列车运行调整中,必须要考虑对服务及乘客的影响,将相关信息通过各种渠道告知乘客,最大限度地减少损失、降低影响,这要求行车调度员在传递信息的途径上要迅速流畅,要注意和车站工作人员的配合,积极对乘客进行引导,尽力维持服务水平。

(5)全面原则

在应急处理时,行车调度员要有全局观,不能只关注突发事件及设备故障,而忽略了其他因素和影响。在应急处理过程中,全方位考虑。在ATC系统功能良好区段的列车,适当缩短两列车间的正常追踪间隔,实现晚点危害的"分散化",让所有列车共同承担晚点。需要制定相应措施,在前车出站晚点发生的过程中,采用增加在站停留时间等方法,适当推迟后行列车到达下一站的时刻(应避免第一后行列车与第二后行列车之间追踪间隔的过大),这样既能保证充分的列车间隔时间,实现平均吸纳客流,又可以避免出现后车的站外停车。

四、列车运行调整所需要的数据

调整列车运行,首先必须实现对列车运行情况以及轨道、道岔、信号等设备状况的进行了解和掌握。基本数据包括车站的顺序和种类、站间旅行时间、各站的停站时间、车站与折返线之间的旅行时间、在折返线上的停留时间和计划时刻表数据等。实际数据包括调度员下达的控制指令、在线运行列车的实时位置和速度、在线运行列车的限制速度和安全距离。

五、列车运行调整方法

城市轨道交通列车运行调度的基本调整方法主要包括以下几种:

1. 列车在始发站提前或改晚

(1)使用此种调整方法情况

①当列车在中途某区段需限速运行,到达终点站晚点时,可通知列车在始发站提前发车;

②当线路中部出现行车故障,导致通过能力下降、列车阻塞时,可通知列车延迟发车,减

少拥堵；

③需要有效地调整运营间隔。

(2)注意事项

①当调整列车折返后的发车时间时,一定要注意满足列车在该站的最小折返时间,如果调整后不能满足最小折返时间,列车将无法完成折返作业。因此要对每个折返车站的折返时间进行卡控,使其满足折返作业的要求；

②头班车必须保证正点开行,不得改晚,末班车必须保证正点开行,不得提前。如遇特殊情况可适当延长运营时间,行车调度员应提前通知各站。

2. 改变列车区间运行时间(列车加速或减速运行)

根据列车的速度和位置,可以预测列车到达下一站的到站时间。如果预测的到站时间晚于计划到站时间,可以修改列车运行等级,包括设置最大速度和加速度。启动滑行模式也可影响运行时间。缩短区间运行时间,及时消除可能出现的晚点。

3. 增加或压缩列车停站时间

通过车站 ATS 系统适时发送命令,控制站内列车的停站时间。若列车晚点,可使列车提前出发(但也必须受车站最小停站时间的约束)；若列车早点,则可延长列车停站时间。这种方法可以在一定范围内调整列车运行。

4. 组织列车"跳停"(也称"跳站"或"通过")

(1)在行车工作中,如因车辆、设备故障、事故及客流突变等原因造成运行晚点或特殊原因需要时,准许客运列车在站通过(也可简称"通过")。在高密度的行车组织中,单列车的晚点会导致后续列车的排队晚点,使故障的影响进一步地扩大,而采用列车"跳停"的方法可以在一定程度上减少影响。

(2)采取"通过"措施时,应遵循下列原则：

①确定采取"通过"措施后,行车调度员应提前通知列车司机及相关车站,各车站和司机要做好乘客广播；

②不影响后续列车正点运行或折返后能够正点始发的晚点列车,原则上不得"通过"；

③原则上头班车、末班车不得"通过"；

④原则上不准两列及其以上列车在同一车站连续"通过"；

⑤特殊车站不得进行"跳停",如换乘车站。

(3)"跳停"的优缺点

①优点："跳停"可以减少停站时间及减速和起动时间。越过一个站可以减少约 60s 的时间,后续列车的排队晚点也相应得到减少,同时减少因客流压力导致的列车晚点增加。

②缺点：设不停车站为 A 站,则在 A 站下车的乘客无法及时下车,需要坐"回头车"返回 A 站,导致这部分人增加旅行时间。"跳停"会引起不能下车乘客的不满,可能引发乘客乱动车上设备而导致列车区间停车的风险。"跳停"有利也有弊,但总体上是利大于弊。

(4)列车始发站不载客到前方站投入载客服务

在实行站后折返的始发站,当出现列车较大晚点时,为了减少列车停站及减速、起动的时间,可安排列车不停站通过若干个车站到合适的车站投入载客服务,使列车恢复正点运行。另外,为疏导前方大客流车站的滞留乘客,也可以采用此方法,以达到最快疏运客流的目的。

①优点：可以减少停站时间及停车前的减速和停车后的起动时间；减少后续列车的排队晚点；可以使列车运行到滞留客流较多的车站,实现客流的迅速疏运。

②缺点:列车不停站通过车站后,使越行车站乘客的候车时间增加,服务水平下降。

非特殊情况不能连续两列列车在始发站不载客。该方法一般运用在站后折返的车站,当使用在站前折返时,在始发站需要进行清客,降低了该方法的优势。

(5)列车"跳停"功能设置及使用

例如某地铁列车自动控制系统(ATC)设置方法如下:

设置"跳停"(停车改通过)可由行车调度员在中央工作站完成,也可由行车调度员命令司机在当次列车上完成。

①中央设置。

列车到站停稳或在此之前,中央可设置前方某站"跳停"。中央设置对车站有所限制,在某些车站的某方向上无法"跳停"。如果某站设"跳停",则列车必须在前一站停稳。

一般情况下,只要是允许"跳停"的车站,无论车站处于中控,还是站控,都可设置"跳停",除非中央与集中站的通信中断。

②列车设置。

列车运行的全过程(未停稳前),列车均可设置前方车站的"跳停"。列车设置对车站没有限制,全线和站上下行站台均可设置"跳停"。

③中央设置与列车设置的区别。

在具体操作上,中央可对当前允许"跳停"的若干车站同时进行设置,而列车设置"跳停"仅针对下一站。对行车组织而言,两种设置最明显的区别在于,中央设置无法使列车连续两站"跳停",而列车设置连续"跳停",不受限制。

④取消"跳停"设置。

对中央设置而言,在列车还未停稳某站时,均可取消原来预先设置的下一站及以后各站的"跳停"。如果列车停稳某站后,中央已设置下一站"跳停",此时,已无法取消该设置。

对列车设置而言,如果程序停车已启动,在此之前设置"跳停"无法取消。

5. 变更列车运行交路,组织列车在具备条件的中间站折返

当某一列车严重晚点时,可以变更交路,提前折返。此时可以采取的办法是依次缩短后续列车的运行间隔,经过几趟车的追赶,可以完成正点运行,运行图中的操作是平移运行线。但是,如果晚点发生在运营高峰期内,后续列车运行间隔无法压缩,会造成后续列车均晚点的情况。

另一种办法是减少某次列车在线的一次运转,运行图调整的操作是抽线处理,但是此种方法会降低运力,同样适用于平峰期内的运营。此时也可以采取让列车提前折返的方式来完成正点运行,最大限度地保证运力及列车正点率。

【例4-1】 某列车严重晚点,造成其在折返站的折返时间不够,此时可以改变该列车的交路,使其提前折返。当某一车站不能接发列车时,也可改变上下行列车交路,提前折返。如图4-3所示,更改了列车903034、列车905036、列车904039和列车906041的交路,使其不通过站三,由之前的长交路变为现在的短交路,提前折返。

行车调度员采用列车清客折返填补行车间隔的调整办法,能够平衡上下行的运力。此调整办法有"拆东墙、补西墙"的嫌疑。但当出现类似车辆救援等单点故障造成的大间隔时,该办法有着无可替代的作用,能为缓解客流压力起到立竿见影的作用。这种方法也属于变更列车运行线的一种。

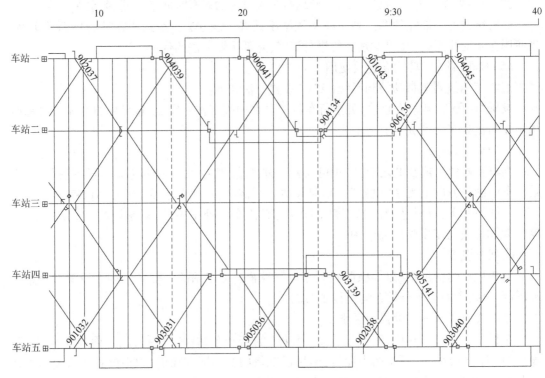

图4-3 变更运行交路

6. 组织列车反方向运行

当一个方向列车密度较大而另一方向列车密度较小时,为恢复列车正点运行,可利用有岔站的渡线,将列车转到密度较小的线路上反方向运行;当某方向因列车故障救援等造成较大间隔时,也可利用渡线将列车转到另一线路上反方向运行,缩小列车间隔。

列车反方向运行时,行车调度员应扣停敌对进路上的列车,防止列车冲突;同时行车调度员应提前通知相关车站与司机做好乘客广播服务。

7. 扣车

扣车主要应用于运行调整(列车早点、某一区段列车运行间隔过密等)及发生紧急情况时。当列车运行前方发生前行列车故障、轨道或接触网等出现故障,需要通知设备部门对故障进行检查确认,方能保证后续列车运行安全时,对后续列车应采取在后方站延长停站时间。如果区间或车站等处发生火灾、出现恐怖袭击或其他事件,为避免事态扩大不允许列车进入。

扣车就是将应继续向前运行的列车扣留在某站,使其延长停站时间或终止其运行。应急扣车是发现任何可能影响列车安全运行的情况,必须立即设法使受影响列车停下,尤其是发生需要停止部分车站运营或停止部分线路行车,以及其他能够造成严重社会负面影响的重大事件。产生应急扣车的情况通常包括正线列车脱轨、正线断轨、正线列车冲突、恐怖袭击、运营列车失火、地下站水淹、车站火灾等。在特殊情况下还可能出现在调整列车运行间隔时。

(1)因运营调整、区间堵塞或列车救援等需要时,应及时采取扣车措施,将列车扣停。

(2)扣车及取消扣车。

①行车调度员可在"中控""站控"状态下通过人机界面(MMI)进行"扣车/取消扣车"操

作;车站可在"站控""紧急站控"状态下通过用户界面(HMI)进行"扣车/取消扣车"操作;

②所有的"扣车/取消扣车"操作在MMI、HMI、站台TDT上均有相应表示(MMI、HMI上可区分扣车的来源);在CBTC模式下,所有的"扣车/取消扣车"操作均可在CBTC列车DMI上有相应表示(可区分不同的扣车来源);

③对信号机的影响:非CBTC模式下,如果办理了扣车,相应的出站信号机将不能开放,或原开放的信号将被关闭(进路仍在锁闭状态);取消扣车后,有关联锁条件满足时,相应的出站信号机将自动开放;

④在中控时,只能由中心进行"扣车/取消扣车"操作。如遇CATS故障,车站经行车调度员允许后可转入紧急站控取消中心扣车操作;

⑤在站控时,中心、车站可同时进行"扣车/取消扣车"操作,遵循谁扣谁放原则;

⑥紧急站控时只能由车站进行"扣车/取消扣车"操作。

(3)办理扣车的规定。

①当信号设备(MMI/HMI)具备扣车功能时,行车调度员/车站值班员应使用信号设备扣车,扣车时间超过1min,扣车一方须口头通知另一方及司机;

②当信号设备(MMI/HMI)不具备扣车功能或者情况紧急来不及通过设备扣车时,行车调度员通过无线电台通知司机自行扣车,同时通知车站;车站通过无线电台、口头通知或显示紧急停车手信号等方式要求司机扣车,同时报行车调度员;

③遇紧急情况时,车站值班员或站台有关人员可以利用紧急停车按钮进行扣车;

④电话闭塞时,若需要临时扣车,行车调度员或车站值班员在确认列车未从车站发出的情况下,需先通知列车车站扣车,若已发路票,则应及时收回路票;

⑤"扣车/取消扣车"操作遵循"谁扣谁放"的原则。

8. 停运列车

(1)使用情况

①在因列车故障无法投入载客服务;

②线路局部通过能力低下;

③当出现对所有列车均有影响的单点故障(如信号机灰显,所有列车在同一地点紧急制动等)。

故障的抢修时间往往持续几小时。此时,如果仍然维持高密度行车方式,所有列车经过故障点均会慢行而增加晚点1~3min不等;再加上排队晚点的时间,一个单程的晚点往往都在15min以上,将给乘客的出行带来较大的影响。行车调度员可以采取列车退出服务,组织列车清客后进入就近存车线,或运行至终点站退出服务,以保列车顺畅通行。例如,某线路当日执行时刻表的行车周期为90min,上线列车30列,正常行车间隔3min,因发生全线联锁故障需采用电话闭塞法组织行车,行车间隔增大至7min,停运列车数 = 30 - 90/7 = 17列。在组织列车下线时,应先清客。

(2)停运列车这种调整手段的优缺点

①优点:列车晚点增加的问题得到解决;列车在站等待时间减少甚至消除;车上乘客旅行时间未增加;行车调度员调整的压力减少。

②缺点:将运营的载客列车退出服务,必然会导致列车的行车间隔加大,站台等待时间加长;每列车的载客人数增加,乘客的舒适度下降;抽线列车较多,使运行图兑现率降低。

(3)停运列车能否及时,是决定调整方法效果的关键

停运列车是否及时主要受以下几个因素影响:①对故障影响的大小判断不足;②存在"等、靠、要"的思想,期待故障很快恢复,对形势估计过于乐观;③受"抽线"等指标的制约;④故障事发中间站,停运列车困难;⑤客流过大,怕停运列车影响载客能力。

停运列车的时机考验了班主任对故障的判断及决策魄力;停运列车的数量体现了值班主任对故障影响的分析及计算能力。如何使用停运列车这一调整手段也是需要值班主任长期总结、提升的技能。停运列车可以保证列车更加顺畅地运行,是值得所有调度员不断尝试的调整手段。

9. 列车单线双向运行

单线双向运行,也称"拉风箱",就是在一条固定进路上同一时间内只有一列列车往返运行。当一条线路上某个区段堵塞时,可以在另一线路上的相同区段采用此种行车方式,要注意的是两端车站必须控制好列车进路,否则会引起列车冲突。另外,如果两端车站距离过长,则该区段内乘客的等待时间会增加。

10. 采用灵活车站折返方式

列车在终点站折返时,通常采用站后折返方式,此种方式车站接发车采用平行作业,不存在进路交叉,有利于确保行车安全,同时也避免了上、下车客流交汇,如图4-4中实线所示,但折返时间较长。为了缩短折返时间,可以采用站前折返方式,如图4-4中虚线所示,此种方式有利于缩短列车走行距离,但列车折返会占用区间线路,影响后续列车闭塞,同时导致上、下车客流交汇,需要车站及司机做好乘客引导工作。

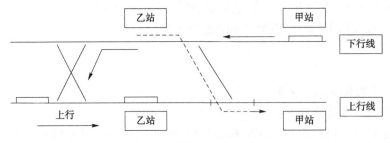

图4-4 列车折返方式示意图

11. 修改计划时刻表

当列车晚点时间比较多,或者涉及晚点的列车比较多时,可以考虑直接修改计划时刻表,尽可能地减小对整个系统的影响,保证系统的有序运行。修改计划时刻表通常包括加车、减车(抽线)、改变列车运行班次、变更列车运行线和时刻表时间整体偏移等方法。

12. 调整列车间隔时间

在城市轨道交通线路上一旦发生某次列车发生晚点的情况,其他列车的延时会随之增加。这是如某一列车延时越长,那么等待这趟列车的乘客也随之越来越多,这将使在这次列车在各个车站的停站时间也随之延长。也就是说列车运行不是独立的,它们相互之间是有影响的,初始晚点必然导致连带晚点。这不但会使这列晚点的列车越来越拥挤并且会使整个列车运行陷入可怕的混乱当中。

为了防止这类现象的发生,行车调度员要及时调整列车的发车间隔。这被称为"列车间隔调整",它的调整对象是所有在线列车,通过调整沿线各列车的运行时间、运行速度和停站时间等因素,逐步恢复列车正常秩序,最终目标应该是在尽可能短的时间内,将在线运行列

车调整到计划状态。其主要思路就是晚点危害的"分散化解"。主要有两种做法：

(1)将初始晚点部分分担到后行列车上,对后车提出了一种"压赶结合"的运行调整方法。如图4-5 其方法是：当"列车1"在"车站2"出发晚点,延长后行"列车2"从"车站1"运行到"车站2"的区间运行时间,同时缩短"列车2"从"车站2"运行到"车站3"的区间运行时间。目的有两个：尽量避免后行"列车2"在区间("车站1"到"车站2")发生非正常停车现象；同时将"车站2"的列车到达间隔时间适当均衡一下。

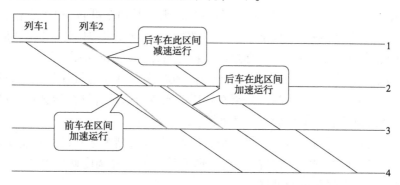

图4-5 后行列车采取"压赶结合"的列车间隔调整示例图

(2)将初始晚点部分分担到前行列车上。

在图4-6中,列车2是一列晚点列车,它在"车站2"出站时发生初始晚点,列车1是进行列车间隔调整而故意延迟发车的列车(目前列车1正在"车站3"等待它的出发时)。调度员故意延长在晚点列车之前列车的停站时间,目的是为了平衡一下列车的拥挤状,还有防止某些列车晚点时间太长。由于列车2之前的列车1在"车站3"故意滞留了,这样"车站3"的一些乘客就可以搭乘列车1,不然他们就必须搭乘列车2了,这样列车2在"车站3"的停站时间就不会变得太长,而列车2的拥挤度也会相应减少。

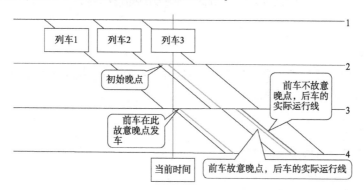

图4-6 前行列车"故意晚点"的列车间隔调整示例图

13. 抽线

抽线就是抽掉计划运行图中的列车车次运行线条。

当列车下线后无备用车替开或大面积列车"连带延误",全线所有列车等间隔地出现较大晚点时,抽掉前面某一列车车次,然后依次将后面列车车次匹配到前一列车运行线上,可以提高列车正点率。此种调整方法也属于变更列车运行线的一种。

抽线的地点尽量选择在两端始发站；抽线时机为列车晚点时间大于或等于行车间隔；如是为提高列车正点率而抽线,抽线是连续的抽线,抽线后的行车间隔和抽线前不会有明显的变化,抽线应尽可能将全线列车的行车间隔调整均匀。

14. 备用车顶替

利用备用车是因大客流导致运力不足、运行图秩序紊乱等情况,可组织备用车加开车次;或因列车故障下线、严重延误等情况,采用备用车来顶替故障或延误列车的调整方法。

利用备用车进行列车运行调整会增加运输组织的难度,尤其是备用车上线时机的选择。备用车开行时,要做好车站的客流组织工作,尽量减少客运作业对行车组织过程中产生的影响。

备用车的来源有两种:一种,是计划安排在车站存车线上的备用车;另一种,是在停车辆段或车辆段存放的备用车。如果临时调用备用车,则涉及列车准备、司机安排、进路准备等问题。从实际运营来看,备用车从准备到上正线的时间偏长,有时甚至会错过时机。因此,一般正线上的备用车都是采用热备(即组织司机在备用车上随时待命)的方式。

该调整办法有着使用灵活、进退自如等优点,在应急处理能力较强的调度班组里使用频率较高,值得广泛推广。但其受制于是否有备用车或备用车是否符合运营服务的条件,临时加开图外车次时,应注意控制前后列车的间隔。

总之,行车调度员对列车运行调整方法的选择,取决于列车运行的具体情况。在列车运行调整中,行车调度员根据实际情况,灵活合理地采取了多种调度调整方法,迅速实现列车运行调整的目标,维护列车运行秩序。

任务实施

1. 下发任务单,明确任务内容,学生课前按要求完成预习任务;
2. 教师先进行讲解,学生分组学习;
3. 学生自行总结列车运行调整的经验;
4. 教师和各组长担当本次任务的他人评价工作,评判同学们的任务完成情况。

任务六　正常情况调度指挥

任务描述

了解列车运行指挥日常工作,理解行车调度工作的程序,掌握运营前的准备工作、运营期间的行车组织和运营服务结束工作。

1. 熟练完成运营前的准备工作;
2. 熟练组织运营期间的行车;
3. 熟练完成运营结束工作。

知识准备

在我国的大部分城市,通常由控制中心(OCC)担任城市轨道交通系统的列车指挥工作,它是城市轨道交通系统的运营生产指挥部门。行车调度员负责所辖各条轨道交通线路列车运行的调度指挥和突发事件处理等工作。

一、一般要求

(1)行车组织工作必须贯彻安全生产的方针,坚持高度集中、统一指挥、逐级负责的原则。正线行车组织工作由行车调度员统一指挥,有关行车人员必须严格执行调度命令,服从调度指挥。

(2)行车调度员在行车组织工作中必须做到:

①严格按运营时刻表组织行车,遇列车偏离时刻表时,应积极采取措施,恢复正点;

②随时掌握客流变化,及时调整列车运行;

③随时监控报警信息,及时、正确地处理临时发生的问题;

④检查各站和段(场)执行《运营时刻表》的情况,及时发布有关调度命令;

⑤合理组织各种施工作业;

⑥正确填写各种表报。

二、列车调度指挥日常工作程序

为加强行车调度指挥工作的标准化管理,规范行车调度工作程序,明确行车调度的工作范围、工作内容,在日常工作中行车调度人员须按下列规定执行:

(1)每日4:00,应检查、试验各种行车设备是否运转正常,发现故障,及时通知有关部门进行维修,并将当日所需运营时刻表及相关图表准备齐全,如发现系统自动加载时刻表与当日所需时刻表不符时,及时更正。

(2)每日4:15前,向车辆段、车辆段收集当日上线列车及备用列车计划。

(3)每日4:15~4:20,收集各站送电前的准备工作(包括记表、施工完成情况、巡道情况、接触轨检查情况和运营线路占用情况),当各项工作已完成,并接到全线各站送电广播完毕的报告后,通知电力调度正线接触轨送电,因特殊原因全线不能按时送电或部分区段不能按时送电时,应及时查明原因并上报值班领导。当部分区段不能按时送电时,可先将具备送电条件的区段送电,当全线不能按时送电时,须按值班领导指示办理。必要时,得到相关领导指示后,发布命令推迟运营时间,并通知相关部门。

(4)投入运营后,要严格按运营时刻表或当日行车计划组织列车运行,安全、准确地完成运营生产任务。

(5)每天8:15、17:30为交接班时间,调度员应认真执行交接班制度,做好交接班工作。

(6)每日21:00前,查阅施工计划,如有临时施工计划时,及时与车站进行核对。有工程车开行时,应于接触轨停电前一小时左右受理工程车开行的联系工作,接触轨停电后,受理各项施工作业的请点工作,并根据《施工计划》和《临时施工计划》的安排,及时发布许可作业的调度命令。施工完成后,受理施工作业的销点工作,并及时下达注销命令。

(7)在线运行的列车全部回段(场)后,及时通知电力调度接触轨停电。如有需要,可采取分段停电的办法。停电完毕后,通知车站,遇夜间接触轨不停电时,亦应通知车站。

(8)夜间须按计划组织各项施工,指挥施工列车运行,及时处理施工中发生的各种问题,必要时上报值班领导。

(9)在工作中,行车调度员应及时、准确地填写调度工作日志及各种表报。

行车组织是行车调度员的核心工作。正常情况下的行车组织包括运营期间对列车的行车组织和非运营期间对工程车/调试列车的行车组织。行车调度员在组织行车时,必须严格执行《运营时刻表》和有关规章制度的要求。

三、运营前的准备工作

1. 确认施工结束

（1）运营时间开始前，行车调度员应按照《行车设备维修施工管理程序》规定的时间确认正线上或影响正线的有关施工的结束，组织工程/调试列车回场。

（2）确认线路出清（含人员、设备器械出清），具备列车上线运营的条件。确认线路出清的方法：

①线路巡检和施工作业结束后，行车调度员根据情况与线路巡检员或车站值班员确认线路出清；

②线路巡检员经过无施工区段和施工作业已经出清的区段，由线路巡检员向行车调度员报告线路出清；

③线路巡检员经过施工作业仍在进行的区段，由车站值班员向行车调度员报告线路出清。

④通过ATS系统确认所有工程/调试列车已回场。不能通过ATS系统确认时，通过车辆段信号楼值班员的报点确认。

2. 组织正线送电

确认正线所有施工已经结束，线路已出清后，在控制主任授权下，组织电力调度员对正线接触轨进行拆地线和送电工作。送电完成后对全线各站、车辆段发布送电通知。

3. 接收DCC运营日计划

于首列车出库前1h，接收DCC按运营时刻表计划提供的运营日计划（包括当日上线运行的列车、备用车及司机的配备情况等）。若有困难，DCC应于首列车出库前45min提供完整的上线运行的列车组号。

4. 运营时刻表的装入

（1）装入《运营时刻表》

①静态时刻表：长期的计划时刻表。

②运行时刻表：对于某天在线运行时刻表的选择。通常情况下需要载入当天和下一天的运行时刻表。一旦时刻表被载入，操作员能够利用时刻表编辑器实时更改。

（2）装入运营时刻表的规定

①每日运营开始前45min，主任或行车调度员在HMI上装入当日使用的《运营时刻表》；

②当日《运营时刻表》装入后，必须检查是否有效；

③在每日运营开始前，行车调度员与车站值班员核对当日《运营时刻表》。

（3）装入时刻表操作

从时刻表加载对话框中加载时刻表。如某城市轨道交通ATS系统。

点击"基本信号显示"中的"时刻表加载对话框"按钮，则时刻表装载对话框出现。

可以从时刻表数据库中装载一个新的时刻表。将装载的时刻表传输到列车自动调度（ATR）进程和进路自动排列（ARS）进程。

要为系统加载一个新的激活时刻表步骤如下：

①点击"装表"；

②选中应使用时刻表的日期，按两下"名称"栏，可以从下拉菜单选择一个模式名称（此为：table4-28-3，如图4-7）；

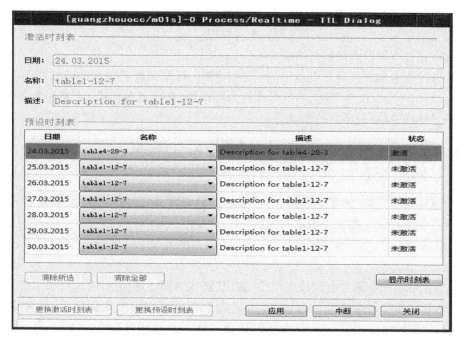

图4-7 选择时刻表

③点击"应用"按钮。所选的时刻表显示在表格中,并显示相应的时间间隔;

④点击"更换激活时刻表"按钮;

⑤弹出对话框,确认更改激活的时刻表,如图4-8。

5. 运营前的检查

(1)检查中央监控调度设备。

①确认中央监控设备的各种元素显示正确无误;

②确认各种故障报警信息;

③确认当日运营时刻表并核对时间的要求;

④根据运作命令的要求执行相应运营时刻表;

⑤在每天运营前行车调度员用全呼功能,与车站及车辆段核对当日运营时刻表以及钟表时间。

(2)每天运营前30min,行车调度员检查车站和车辆段的准备工作,各站行车值班员、DCC值班主任应积极配合行车调度员,完成检查,发现异常情况时向行车调度员汇报。检查内容如下:

①所有施工是否结束,施工、线路出清情况,运营线路是否空闲,人员、工器具是否全部撤离轨道,运营线路是否空闲;

图4-8 确认对话框

②接触轨、低压供电及环控系统是否正常;

③行车备品、备件是否齐全、完好;

④站台是否有异物侵入限界,屏蔽门状态是否正常;

⑤行车调度员通知各联锁站行车值班员在 LOW 工作站上进行道岔、进路试验,确认状态是否良好,信号机显示是否正常;同时,行车调度员检查 HMI、大屏幕显示状况,试验完毕

后使所有道岔处于开通正确的位置;
　　⑥当日使用列车、备用车安排及司机配备情况;
　　⑦各车站及车辆段人员到岗情况。
　　在检查过程中如果发现有设备不能正常使用时,行车调度员应立即通知相关部门调度派人检查抢修,不能及时修复时,应立即通报全线车站、各次列车司机,并采取措施优化行车组织方案,尽可能减小对运营的影响。

四、运营期间行车组织要求

1. 列车出场的要求

运营前检查时,行车调度员要向 DCC、车场信号楼发布正线送电的通知单,由车场派班室通知所有列车司机正线已经送电的信息。

(1)运营开始时,行车调度员应严格按照《运营时刻表》的要求组织列车上正线投入运营。

(2)列车可以在车辆段出段或入段线"登记"进入 ATC 监控区。出场列车在信号机前停下,经控制中心行车调度员确认后,ATS 系统赋予列车相应的列车识别号,此列车便进入 ATC 监控区,然后驶往相邻车站,进入正线运营。列车也可在折返线、存车线按上述方式登记进入。

(3)列车驶出车辆段时,行车调度员与列车司机要试验无线电话的通话效果,确认车次号和车底号是否正确。

(4)列车出车辆段前,行车调度员在 HMI 或通知车站在 LOW 上将有关出厂不需转动的道岔单独锁定在进路上位置,并把相关信号机的自排/追踪功能关闭,防止错误排列进路。

(5)列车司机在出入车辆段线必须严格按规定控制速度,车辆段运行不得高于 25km/h,列车进入正线后按正常速度运行。

(6)运营时间需要组织列车出车辆段时除按上述规定办理外,必须确保不得影响正线的列车运营,由行车调度员利用运营间隙组织列车从出场线或入场线出车辆段。

2. 列车正线运行规定

正常情况下,列车在 ATP 保护下,在正线能够实现 CBTC 模式运行,列车以收到的速度码为移动凭证,列车与列车之间能够保持一定的安全距离,按照《运营时刻表》的要求实现自动运行。

(1)首班车运行要求
①首班车应严格按照《运营时刻表》组织开行,在始发站按时发车,不得提前或推迟;
②首班车在沿途各站必须停站进行客运服务,严禁不停站通过;
③首班车驾驶模式为 ATP,司机沿途应加强瞭望,注意线路状况。

(2)列车停站作业规定
①运营时刻表中无规定又未得到行车调度员命令,司机不得驾驶列车通过车站。当列车通过车站时,司机应及时广播通知乘客。
②列车在车站对标停稳后,司机应迅速打开驾驶室门和客室门;当距开车时间 12~10s 时,关闭客室门,确认无夹人夹物时,进入驾驶室开车。在屏蔽门与信号系统没有联锁或联锁故障的车站,列车在车站停稳后,司机应迅速打开驾驶室门,先操作 PSL 打开屏蔽门,后打

开客室门;当距开车时间 15～12s 时,依次关闭屏蔽门和客室门,确认无夹人夹物时,进入驾驶室开车。

③在正线上司机凭车载信号显示或调度命令行车,按 DTI 和运营时刻表掌握停站时间及运行,行车调度员调整列车运行时,按行车调度员的指令执行。

④列车进站时,列车停车位置越出站台 2 个车门及以下时,司机应退回停车窗内,打开屏蔽门、客室门上下乘客;当未到停车标停车时,司机确认运行前方无异常,迅速动车对位。

⑤运营列车在非终点站停车位置越出站台 2 个车门以上时,司机/车站报告行车调度员,经行车调度员同意,司机不开车门继续运行到前方站停车,行车调度员应通知前方站,车站应及时对站台乘客广播并维持好秩序。

(3)列车转换驾驶模式的操作规定

某地铁某线列车运行模式的基本特征及运用,如表 4-6 所示。

某地铁某线列车运行模式的基本特征及运用　　表 4-6

运行模式	缩写	基本特征	基本运用
列车自动驾驶模式	ATO 模式	两站间的列车自动运行,列车的运行不取决司机; 司机负责监督 ATP/ATO 指示,列车状况,所要通过的轨道、道岔、信号的状态,必要时加以干预	正线的正常运行(包括折返线)
列车自动折返模式	AR 模式	列车自动折返,也可以进行人工折返; 司机负责在折返前检查所有乘客已下车,车门已关闭; DTRO 模式时,按压 DTRO 按钮	在折返站使用
ATP 监督下的人工驾驶模式	SM 模式	列车由司机驾驶,列车的运行速度受 ATP 监控; 司机负责监督 ATP/ATO 显示,列车状况,所要通过的轨道、道岔、信号的状态,必要时加以干预	ATO 故障时的降级运行; 运行时轨道上发现有障碍物(如人)
限制的人工驾驶模式	RM 模式	列车由司机驾驶,速度不能大于 25km/h,ATP 只提供 25km/h 的超速防护; 司机负责监督 ATP/ATO 显示,列车状况,所要通过的轨道、道岔、信号的状态,必要时加以干预	车辆端运行;联锁、轨道电路、ATP 轨旁设备、车载 ATP 天线或测速电机等故障时;列车紧急制动后
非限制的人工驾驶模式	URM 模式	列车的运行完全由司机负责,没有 ATP 的监控	车载 ATP 设备故障;列车车载设备测试

列车驾驶模式原则上由司机掌握,根据情况变化采用 ATO、ATP、RM 等模式。司机改变驾驶模式时须得到行车调度员的口头命令,并严格按规定程序及限速要求运行。

(4)列车在终点站折返操作规定

正常情况下,列车到终点站按规定清客完毕且关好车门后,司机按压司机台相关折返按钮,再开启端墙"ATB 折返"开关,列车根据信号指示启动、自动运行、折返,停靠在站台规定处,实现折返;如运营停车点取消、开启"ATB 折返开关"后列车不能动车,司机报告行车调度员,由行车调度员关闭相关信号机,司机再进入驾驶室,待相关信号机开放后进行人工折返。

(5)列车运行速度规定(见表4-7)

列车运行速度规定 表4-7

序号	项目	运行速度(km/h)				说明
		ATO	SM	RM	URM	
1	正线运行	设定正常速度	低于设定正常5km/h	25	60	设定正常速度为80~65km/h(300m曲线半径为65km/h)
2	列车通过车站	40	40	25	40	列车头部离开头端墙的速度
3	列车进站停车	57.5	50	25	45	列车头部进入尾端墙的速度
4	列车推进运行	—	—	25	30	救援列车在被救援列车尾部推进时,URM模式驾驶为30km/h(须按车辆故障处理指南操作相应的开关);在前端牵引运行(SM模式)时为45km/h
5	列车退行	—	—	—	10/35	因故在站间退回始发站时(推进/牵引)
6	引导信号	—	25	25	25	
7	列车进入终点站	设定速度	35/25	25	35/25	SM、URM操作时,进终点站为35km/h,进接轨站为25km/h
8	列车在辅助线上运行	—	15	15	15	经过渡线、存车线、折返线
9	车场内运行	—	—	25	25	停车库内10km/h

3.调试列车的行车组织

(1)开调试列车的前提条件为:

①在列车结束服务后进行或在无列车开行的线路上进行;

②开行调试列车的线路已执行线路出清程序。

(2)调度程序如下:

①行车调度员根据《施工行车通告》安排或《运作命令》组织调试列车上正线运行;

②调试列车临时变更调试计划时,由调试负责人批准;

③根据《行车组织规则》要求,做出适当保护;

④向车场调度员、维修调度员和车站值班值班员发布列车上正线调试的调度命令;

⑤布置相关车站排列调试列车的运行进路。

4.接发列车作业规定

(1)车站接发列车作业规定

①信号系统正常使用时,车站原则上不进行接发列车作业,遇特殊情况须接发列车时,应严格执行接发列车作业程序。

②在列车进站时,车站行车值班员及站台工作人员监视列车的运行状态,注意站台乘客

动态,发现危及行车安全时立即按压紧急停车按钮或显示停车手信号。

③当信号系统操作权下放给车站控制,如不能自排进路时,车站行车值班员在LOW工作站上排列列车进路。

④行车调度员/行车值班员应正确掌握开放信号时机,当需要取消发车进路时,应先通知司机;采用站间电话闭塞法组织行车时,先收回行车凭证,再取消发车进路。

(2)车辆段接发列车作业规定

①接车。

接车前根据回段列车计划,距列车入段时间提前10min排列列车接车进路,开放接车信号机,列车凭信号机显示进入上述信号机前方,并低速行驶至目标距离为20m时停车。司机进行模式转换后,用列车车载台向信号值班员请求入段,进路排出后信号楼值班员预告司机进路、停车线别及段内运行注意事项,司机确认满足发车条件,以低于25km/h的限制速度驾驶列车进入车辆段。

②发车。

DCC于首列车出库前1h,按运营时刻表的计划提供运营日计划。若有困难,应于首列列车出库前45min提供完整的上线运行的列车车组号。

司机按照规定对列车进行整备,当列车具备发车条件后,使用车载电台与值班员联系。

值班员在得到行车调度员授权后依据列车运行图、列车运用计划及列车停放位置,排列发车进路至出厂信号机前方。列车出库前3min值班员通知列车司机将列车驶入出或入车辆段线,待列车完全停于出厂信号机前方后,用直通电话与值班员取得联系,通知列车已驶入出或入车辆段线,待值班员开放信号后,司机凭信号将列车驶入正线。

五、列车运行监控

1. 车次号生成与更替

此处,以国内某轨道交通公司ATS系统为依据,仅供参考。国内不同线路,使用设备不相同,操作方法也不相同。

列车在车辆段范围内没有车次号。当列车行驶到转换轨时,马上受到ATS系统的监控,这时列车就必须有一个唯一的与之对应的车次号。每天早上列车投入运营服务时,都必须从车辆段发车,经过转换轨,最后进入正线。列车出场的示意如图4-9。

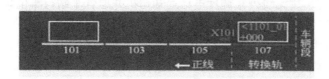

图4-9 列车经过转换轨示意图

(1)车次号自动生成

当ATS系统监测到有列车从车场进入转换轨,即列车占用图4-9中107轨道区段时,列车运行监督及追踪(TMT)程序马上检查时刻表系统(TIS),在日记表中查找列车信息。时刻表中的列车信息包括:在这一时刻是否有编制好的列车投入运营计划,如果有计划,对应的目的地码、服务号及行程号。

①有出车计划。

如果在时刻表中查找到有出车计划时,TIS就会发送一份报文给TMT。TMT收到TIS的报文就会读取报文中的目的地码、服务号及行和号等信息,然后根据收到的服务号在车组管理清单(CML)中查找该服务号对应的车组号。

同一时间,当列车进入转换轨后,马上会把列车当前的车组号、乘务组号通过车地通信(PTI)系统发送给TMT。TMT收到PTI报文之后,就会收到来自TIS报文的目的地码、服务号、行程号,以及来自PTI报文的车组号、乘务组号,通过轨旁设备以报文的形式发送给列车,这样就确定了列车的车次号。

如果在CML中查找不到对应的服务号、车组号数据,或查找到的车组号与PTI报文中的车组号不一致,TMT就会在人机接口工作站(MMI)上向行车调度员发出一个报警信息,行车调度员可以根据运营需要选择是否修改车次号。如果行车调度员需要修改车次号,可以直接在MMI上通过相应操作输入新的车次号,可修改内容包括目的地码、服务号、行程号及车组号。同时也可在列车进入正线后再修改。

②没有出车计划。

如果在时刻表中没有出车计划,TMT得不到TIS的响应,也就收不到TIS发送的报文。TMT就自动产生一个错误的车次号,以这个错误的车次号代替目的地码、服务号、行程号,同时列车把当前的车次号、乘务组号通过PTI发送给TMT,TMT将其发送给列车。同时,TMT在MMI上向行车调度员发出报警,行车调度员可根据运营需要选择是否修改车次号。

归纳来看,车次号生成有以下三种方式:

自动产生:当列车进入转换轨,车地通信建立后,ATS获得该物理列车的信息并给它分配列车车次号。

调度员人工设置:在非计划列车、非通信列车或工程车,调度操作员需人工输入列车车次号。

司机在驾驶室设置:当控制中心发生故障时,或某些特殊需要,司机可以在驾驶室内设置。

(2)修改车次号。

即因调整需要对车次号进行变更。列车车次号不得任意变更。当需要改变列车性质、用途或变更列车目的地时,方可变更列车车次号。变更列车车次号时,应按下列规定执行:

①改变列车性质、用途时,应发布调度命令;

②客运列车在始发站(包括段、场)变更班次时,以口头指示通知相关车站行车值班员或段(场)转达司机,亦可用无线列车调度电话通知司机并通告车站行车值班员。

车次号的更替,一般有以下几种情况:

①仅更改目的地符;

②当前列车识别符由另一正使用的列车识别符替换;

③图定列车指定为非图定列车,或非图定列车指定为图定列车。

说明:对第二种情况,需更替车次号的列车必须在折返站的折返线内进行。除非替换与被替换车次的两列车均在尽头站折返站的折返线内,此时车次号可以直接对换,否则都必须使用替代车次号。另外这种情况下,一般需涉及若干后续列车,依次作相应的更替,必要时,这种更替可在两尽头站同时进行。

(3)车次号移动,当出现车次号未跟踪时,通过移动车次号,将列车与车次号一一对应起来。

(4)车次号删除,即将不需要的车次号删除。

(5)列车内容显示,用来查看察看列车状况。用来显示指定列车的各项详细信息。选择该功能后,将弹出一个多属性页的对话框,显示列车的基本信息/编组信息/计划信息/ATC信息/车辆信息。

(6)列车不同颜色显示,如表4-8。

车次早晚点显示的颜色 表4-8

早晚点范围	显 示 颜 色	含 义
早点120s或以上	蓝色	严重早点
早点21～119s	绿色	轻微早点
晚点20s～早点20s	黄色	正点
晚点21～119s	粉红色	轻微晚点
晚点120s或以上	红色	严重晚点

2. 列车操作(车次窗)

(1)定义车组号

选择此功能用于在正线或车辆段的某个位置定义一个需要ATS跟踪管理的列车记录。

用户鼠标点击站场图上某个空闲车次窗图标并在出现的菜单(如图4-10)中选择该操作项,车站和车次窗属性将被自动输入到弹出的对话框中。

新车组号可以通过下拉框选择ATS系统已经定义的车组号,也可以输入自定义车次号。输入的车组号必须为三位数字且必须大于零。输入的车组号必须未被系统中其他列车信息使用。

使用该操作建立的列车初始状态为人工车,可通过后续操作指定为计划车。

选择"执行"将发出命令,选择"取消"放弃操作并关闭对话框。

(2)删除列车

选择此功能用来删除位于正线或车辆段的某个列车,不管其是计划车还是人工车。

用户鼠标点击站场图上列车所在车次窗图标,并在出现的菜单(如图4-11)中选择该操作项,车站、车次窗、列车车组号将被自动输入到弹出的对话框中。车组号也可以通过键盘手工输入。选择"执行"将发出命令,选择"取消"放弃操作并关闭对话框。

图4-10 定义车组号菜单

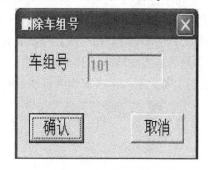

图4-11 删除车组号菜单

(3)设置计划车

选择此功能用来为列车指定计划运行任务,ATS将尝试将列车作为计划列车管理。

用户鼠标点击站场图上列车所在车次窗图标并在出现的菜单(如图4-12)中选择该操作项,列车车组号将被自动输入到弹出的对话框中。在进行此操作时,必须输入与当日行车计划相符的 4 位车次号。

只有正线区域的列车可以应用该操作。

选择"执行"将发出命令,选择"取消"放弃操作并关闭对话框。

(4)设置目的地车

选择此功能用来将列车设定为目的地车,并指定该车是否不停站直达目的地。

用户鼠标点击站场图上列车所在车次窗图标并在出现的菜单(如图 4-13)中选择该操作项,列车车组号将被自动输入到弹出的对话框中。

操作员输入目的地和车次号,输入的目的地号,输入的车次号。

选择"执行"将发出命令,选择"取消"放弃操作并关闭对话框。

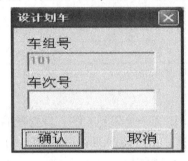
图 4-12　设计划车菜单

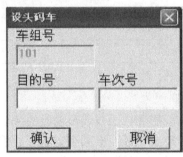
图 4-13　设置目的车菜单

(5)设置人工车

选择此功能用来将列车设定为人工车,清除之前的计划车或目的地车属性。

用户鼠标点击站场图上列车所在车次窗图标并在出现的菜单(如图 4-14)中选择该操作项,列车车组号将被自动输入到弹出的对话框中。ATS 根据车组号查找到指定列车并将其设为人工车。

注意事项:中心控制模式下,在列车到达触发轨,前方进路将会自动触发。在列车接近触发进路时,如果将列车服务号改为人工车,将会导致 ATS 自动发送取消进路命令,可能导致列车起紧急。为避免这种情况,在正线运营列车运行过程中,请设定正确的服务号,不要随意将列车设置为人工车。

(6)移动列车位置

选择此功能用来手工移动列车到一个新的车次窗位置。

用户鼠标点击站场图上列车所在车次窗图标并在出现的菜单(如图 4-15)中选择该操作项,列车车组号将被自动输入到弹出的对话框中,也可用键盘手工输入车组号。然后用鼠标左键点击站场图上某个空闲车次窗作为移动目的地,目的车次窗信息将被自动显示在对话框中。

图 4-14　设置人工车

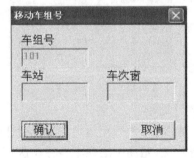
图 4-15　移动车组号菜单

处于移动闭塞追踪模式的列车不能使用该操作来人工移动位置。

选择"执行"将发出命令,选择"取消"放弃操作并关闭对话框。

(7) 指定列车往返

选择此操作功能用来使 ATS 发送指定列车往返命令,使列车在目的号 1 所在站台与目的号 2 所在站台之间往返运行。

用户鼠标点击站场图上列车所在车次窗图标并在出现的菜单(如图 4-16)中选择该操作项,所点击列车的车组号将自动输入到弹出的对话框中。

目的号 1:终端目的号;

目的号 2:终端目的号。

(8) 列车信息显示

选择此功能用来显示指定列车的各项详细信息。选择该功能后,将弹出一个多属性页的对话框,显示列车的基本信息/编组信息/计划信息/ATC 信息/车辆信息。

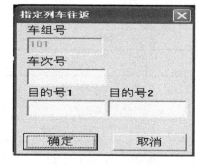

图 4-16　指定列车往返菜单

此处,以国内某轨道交通公司 ATS 系统为依据,仅供参考。国内不同线路,使用设备不相同,操作方法也不相同。

六、列车运行调整

ATS 子系统的列车运行调整有自动调整和人工调整两种。根据 ATS 自动控制功能实现的程度,人工调整可设置几种模式。例如,在系统没有自动控制功能情况下进行人工调整称为全人工模式;在系统具有自动排列进路功能,以及具有对列车时刻表和车次号进行管理功能的情况下,进行人工调整称为人工调度模式。

1. 自动列车运行调整

当列车到站时,ATS 系统根据列车计划偏离情况(早晚点时间)和运行时刻表,自动计算调整策略,通过修改列车在下一个站间的 ATO 运行等级,自动缩短或延长列车停站时间,以使列车实际的运行时刻尽可能地接近计划时刻。

停站时间的自动调整有范围限制,其最大停站时间和最小停站时间由系统参数配置。

当列车运行经过的站台有调度员人工设置停站时间时,ATS 系统不执行停站时间的自动调整功能,以人工设置的停站时间为准。

当列车运行经过的站台有调度员人工设置运行等级时,ATS 系统不执行运行等级的自动调整功能,以人工选择的运行等级为准。

对于非计划车,ATS 系统不调整列车的停站时间和运行等级,按照站台缺省停站时间和缺省运行等级控制其停站和下一个站间运行。

现选择某城市轨道某的 ATS 系统的自动调整系统,引导大家理解自动调整功能。

在执行自动列车运行调整功能时,ATS 系统设置了太早、很早、早点和太晚、很晚、晚点,及最大、最小停站时间的比较参数值(某城市地铁 ATS 系统上述各参数的现行取值如表 4-9 所示),系统计算列车实际到站时间与列车图定到站时间的差值,并将此差值与上述比较参数值进行比较,判断列车实际运行偏离使用列车运行图的程度。对不同偏离程度的列车,

ATS 系统采取不同的列车运行调整措施。列车自动调整策略如表 4-10 所示。

列车运行调整比较参数值　　　　　　　　　　　　　　　　　　　表 4-9

参　　数	取　　值	参　　数	取　　值
太早	90s	太晚	90s
很早	60s	很晚	60s
早点	10s	晚点	10s
最大停站时间	60s	最小停站时间	20s

列车自动调整策略　　　　　　　　　　　　　　　　　　　表 4-10

列车到达某站时间	调 整 方 法
早于"太早"时	不进行自动调整
在"太早"与"很早"之间时	降低一个运行等级
在"很早"与"早点"之间时	运行等级不变,停站时间等于图定停站时分加上早点时分,如结果大于最大停站时分,则取最大停站时分
在"早点"与"晚点"之间时	不进行自动调整
在"晚点"与"很晚"之间时	运行等级不变,停站时同等于图定停站时分减去晚点时分,如结果小于最小停站时分,则取最小时分
"很晚"与"太晚"之间时	升高一个运行等级,调停站时分
晚于"太晚"时	不进行自动调整

列车运行等级的设置如下：

(1) 运行等级 1：ATS 限速等于 ATP 限速，列车在 ATS 限速正负 2km/h 范围内调速。

(2) 运行等级 2：ATS 限速等于 ATP 限速，但经过惰行标志线圈后，在列车速度高于 30km/h 时，惰行进站停车；在列车速度低于 30km/h 时，提速至 30km/h 运行。

(3) 运行等级 3：除 ATP 限速为 20km/h 和 30km/h 外，ATS 限速等于 75% 的 ATP 限速。例如，在 ATP 限速为 65km/h 时，ATS 限速为 48km/h。

(4) 运行等级 4：ATS 限速等于 65% 的 ATP 限速。

2. 列车运行人工调整

凡列车早点早于太早或晚点晚于太晚或列车运行秩序较紊乱时，控制中心 ATS 可执行人工功能，由行车调度员根据列车运行的实际情况，在保证安全的前提条件下，根据规定的列车等级进行调整，尽可能在最短时间内使晚点列车恢复正点运行。

在列车早点早于太早或晚点晚于太晚时，可在不退出自动功能情况下执行人工功能进行列车运行调整。此时，人工功能优先于自动功能。列车运行秩序较紊乱时，应退出自动功能，进行人工列车运行调整，待列车运行基本恢复正常后，再进入列车运行调整的自动功能。

3. 操作

现选国内某地铁公司某线使用的 ATS 系统来说明相关操作。

(1) 使用 ATR(自动调整)对话框，执行以下操作：

①查看当前 ATR 操作模式和调整参数；

②对所有列车修改 ATR 操作模式；

③对指定一辆列车修改 ATR 操作模式；

④对所有列车或指定的一辆列车修改手动调整参数(停站时间，运行时间和不停站)。

点击"基本信号窗"中"ATR"按钮,出现自动列车调整对话框,如图4-17。

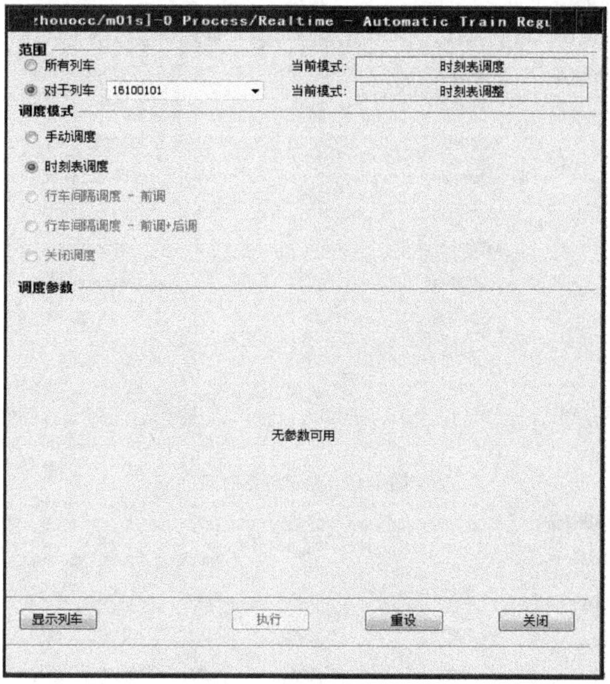

图4-17 ATR自动列车调整

(2)自动时刻表调整

对于所有列车或某列车,根据时刻表进行自动调整。时刻表调度就是许多地铁ATS系统的自动调整。

①使用范围:所有列车或单个列车。

②自动调节参数:针对运行图中,出现时间偏差的列车,在满足区间运行的最大、最小运行时间和站台最大、最小停站时间时,减小(增加)列车站间运行时间和列车停站时间。

③操作步骤:

a. 点击"调整";

b. 点击"所有列车";

c. 点击"时刻表调度";

d. 点击"执行"。

(3)人工调整

①手动参数修改

操作步骤:

a. 点击"调整";

b. 点击"对于列车",选择所有列车或某一车次;

c. 修改"手动调度参数";

d. 点击"执行"。

对于所有列车或特定列车,使用ATR对话框可以修改下列手动调整参数:

a. 停站时间,如图4-18;

b. 运行时间,如图4-19;

c. 不停站/停站，如图 4-20。

图 4-18　修改停站时间

图 4-19　修改行驶时间

图 4-20　修改不停站/停站

如果要修改指定列车的调整参数,可在系统所有可用列车的表格里选择列车进行修改。

对于停站和行驶时间,ATR对话框检查输入值是否在ATR提供的推荐允许范围内,无效输入会被拒绝。

②行车间隔调度

行车间隔调度:对于所有列车,当实际运行和计划运行的时间偏差在调整(系统参数可调整)范围之外时,通过行车间隔调度来调整,对所有列车进行"行车间隔调度－前调或行车间隔调度－前调＋后调"操作。

使用范围:所有列车。

调度参数:列车个数或间隔时间。

操作步骤:

a. 点击"调整";

b. 点击"行车间隔调度－前调或行车间隔调度－前调＋后调";

c. 输入"列车个数或间隔时间";

d. 点击"计算",计算出最佳间隔时间或列车个数;

e. 点击"执行"。

4. 站台操作

站台操作也是人工调整基本方法。现选某国内某地铁公司某线使用的ATS系统来完成相关操作。

(1) 扣车

选择此功能用于在某一指定站台设置中心扣车。

用户鼠标点击站场图上的站台图标并在出现的菜单(如图4-21)中选择该操作项,被点击站台的属性将被自动列入弹出的对话框中,如图4-21所示。

"范围"自动选定为"本站台",不能选择上行全线或下行全线扣车。

"功能"自动选定为"扣车"。

选择"执行"将发出该站台扣车命令,选择"取消"放弃操作并关闭对话框。

(2) 取消扣车

选择此功能用于对某一指定站台或全线站台取消之前设置的中心扣车。

用户鼠标点击站场图上的站台图标并在出现的菜单(如图4-22)中选择该操作项,被点击站台的属性将被自动列入弹出的对话框中,如图4-22所示。

图4-21 扣车设置菜单

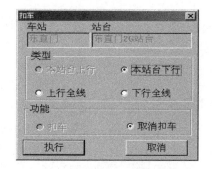

图4-22 取消扣车设置菜单

"类型"可以选择"本站台",或者"上行全线"(取消全部上行线站台的中心扣车),或者"下行全线"(取消全部下行线站台的中心扣车)。缺省选择为"本站台"。

"功能"自动选定为"取消扣车"。

选择"执行"将发出取消扣车命令,选择"取消"放弃操作并关闭对话框。

(3)提前发车

选择此功能用于对某一指定站台设置提前发车命令,允许该站台当前停站列车立即发车,不论是否还剩余停站时间。

用户鼠标点击站场图上的站台图标并在出现的菜单(如图4-23)中选择该操作项,被点击站台的属性将被自动列入弹出的对话框中,如图4-23所示。

"范围"自动选定为"本站台",不允许选择"上行全线"或"下行全线"。

选择"执行"将发出提前发车命令,选择"取消"放弃操作并关闭对话框。

如果站台当前设置了扣车,则提示不允许操作提前发车命令。

(4)设置跳停

选择此功能用于对某一指定站台设置跳停命令,命令后续列车不停站通过该站台。

用户鼠标点击站场图上的站台图标并在出现的菜单(如图4-24)中选择该操作项,被点击站台的属性将被自动列入弹出的对话框中,如图4-24所示。可以选择全部跳停和列车跳停。

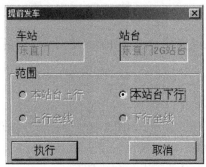

图4-23 提前发车菜单　　图4-24 跳停设置菜单

站台跳停:每列车都将跳过被跳停站台,直到取消原来的跳停命令;

指定列车跳停:需指定欲跳停列车的车组号(必须用鼠标在站场图界面上点击选择列车),当该车成功跳过被跳停站台后,跳停命令被自动取消。

在已经设置站台跳停的站台,将不允许再设置指定列车跳停命令。

在已经设置指定列车跳停的站台,如果再设置站台跳停,将自动删除指定列车跳停设置。

图4-25 取消跳停设置菜单

(5)取消跳停

选择此功能用于对某一指定站台取消之前设置的跳停命令。

用户鼠标点击站场图上的站台图标并在出现的菜单(如图4-25)中选择该操作项,被点击站台的属性将被自动列入弹出的对话框中,如图4-25所示。如果为指定列车取消跳停,还需要再输入或用鼠标选择一个列车,然后执行这一功能。

如果选择取消站台跳停,而该站台设置的是指定列车跳停,则所有的指定列车跳停命令将被取消。

如果选择取消指定列车跳停,则指定的列车跳停命令将被取消,但其他列车在该站台跳停的命令不受影响。

如果选择取消指定列车跳停,而站台设置的是站台跳停命令,则执行失败。

(6)运行时间控制

选择此功能用于对某一站台设置运行时间。当设置后,所有从这个站台发车的列车都将按设置的运行时间或是指定的运行时间进行下一区间的运行。

用户鼠标点击站场图上的站台图标并在出现的菜单(如图4-26)中选择该操作项,被点击站台的属性将被自动列入弹出的对话框中,如图4-26所示。

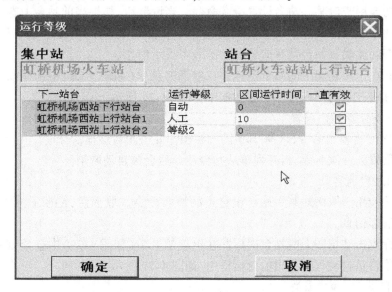

图4-26 运行时间控制菜单

"运行时间"可以为每一条单独的路径设置不同的运行时间。

"有效次数"可以选择指定该运行等级的设置是"一直有效"还是"一次有效"。当选择指定等级1~4的某个运行时间后,如果选择"一直有效",则所有到达该站台的列车都会按照设置的运行等级发车运行,如果选择"一次有效",则仅下一趟到达该站台的列车会按照指定的运行等级发车运行,该车从站台发车后,站台的运行等级控制自动变为"自动"(ATS自动控制)。

选择"执行"将发出运行等级命令,选择"取消"放弃操作并关闭对话框。

(7)停站时间控制

选择此功能用于对某一站台设置停站时间。当设置后,所有到达该站台的列车都将按照设定的停站时间进行控制。

用户鼠标点击站场图上的站台图标并在出现的菜单(如图4-27)中选择该操作项,被点击站台的属性将被自动列入弹出的对话框中,如图4-27所示。

"模式"框内的选择框显示当前该站台的停站时间设置命令,如果需要修改,可以重新选择"自动"(由ATS自动调整列车停站时间)和"全人工"。

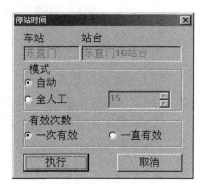

图4-27 停站时间控制菜单

如果选择"全人工",需要在旁边的输入框中输入设置的停站时间数值(单位为秒)。可以点击旁边的箭头图标对数值进行增减。

"有效次数"可以选择指定该停站时间的设置是"一直有效"还是"一次有效"。当选择"全人工"并指定停站时间数值后,如果选择"一直有效",则所有到达该站台的列车都会按照设置的停站时间在该站台停站,如果选择"一次有效",则仅下一趟到达该站台的列车会遵照指定的停站时间,该车从站台发车后,站台的停站时间控制自动变为"自动"(ATS自动调整)。

(8)设置站台清客

选择此功能用于对某一站台设置清客命令。当设置后,如果当前站台上有车,ATS立即驱动该站台的乘客向导屏显示清客提示信息。如果站台无车,ATS在后续列车接近站台以及站台停靠期间驱动该站台乘客向导屏显示清客提示信息。

用户鼠标点击站场图上的站台图标并在出现的菜单(如图4-28)中选择该操作项,被点击站台的名称将被自动列入弹出的对话框中,如图4-28所示。

"功能"自动选定为"设置"。

选择"执行"将发出命令,选择"取消"放弃操作并关闭对话框。

该清客设置为一次有效,当有列车从站台发车后会被自动取消。

(9)取消站台清客

选择此功能用于取消对某一站台设置过的清客命令。取消后,ATS不再驱动站台乘客向导屏显示清客信息。

用户鼠标点击站场图上的站台图标并在出现的菜单(如图4-29)中选择该操作项,被点击站台的名称将被自动列入弹出的对话框中,如图4-29所示。

"功能"自动选定为"取消"。

选择"执行"将发出命令,选择"取消"放弃操作并关闭对话框。

图4-28 设置站台清客菜单

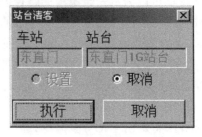
图4-29 取消站台清客菜单

七、运营服务的结束

1. 末班车运行要求

(1)末班车应严格按照《运营时刻表》组织开行,严禁提早发车;

(2)末班车在沿途各站应按时到发,严禁不停站通过;

(3)末班车过后,车站按照《车站运作手册》规定的程序关站。

2. 列车回场的规定

(1)已经结束运营服务的列车,行车调度员应严格按照《运营时刻表》的要求组织列车回场。

（2）列车在运营结束回车场前，行车调度员在 HMI 或通知车站在 LOW 上将有关回厂不需转动的道岔单独锁定在进路上位置，并把相关信号机的自排/追踪功能关闭，防止错误排列进路，同时检查车场内列车回车场的线路出清。

（3）运营时间需要组织列车返回车辆段时，不得影响正线的列车运营，由行车调度员利用运营间隙组织列车从入场线或出场线返回车辆段。

（4）列车入场前，司机在终点站必须严格执行清客程序，广播通知乘客全部下车后，关好车门，车站、司机共同确认把关，防止将乘客带进车辆段。

 任务实施

1. 下发任务单，明确任务内容，学生课前按要求完成预习任务；
2. 教师先进行讲解，学生分组学习；
3. 学生自行总结日常调度指挥工作的经验；
4. 教师和各组长担当本次任务的他人评价工作，评判同学们的任务完成情况。

任务七　调度工作的统计与分析

 任务描述

理解调度工作统计指标，掌握调度分析基本技能。

 任务单

1. 列车运行指标的计算；
2. 调度工作的统计；
3. 调度工作的分析。

 知识准备

运营结束后，还应计算列车运行的指标，统计相关数据，作为分析、考核调度工作的质量，不断提高调度工作水平，更好的服务城市轨道交通运输。

一、调度运营指标的统计原则

（1）为了有效地、科学地组织运营相关指标统计工作，保障统计资料的准确性、及时性，根据运营公司相关统计规定，制定规则。

（2）各级统计人员必须如实提供统计资料，切实保证各种统计报表及时上报和统计数字真实准确。

（3）运营指标的统计原则：
①及时、准确、服务、方便；
②实事求是，严禁虚报、瞒报或拒报。

二、列车运用指标统计

（1）列车是地铁运输的动力，按技术状态不同，可分为良好列车、不良列车；按运用方式不同，也可分为运用列车、非运用列车、运行列车。

(2)良好列车是技术状态良好随时能够运用的列车,有些列车尽管技术状态尚好,但使用到期须停驶检修,按时停驶后即为不良列车。

(3)不良列车是指列车技术状态不良或在临时修理排障,或在进行定期检修的列车。由于待修或在修时间不能运用,故按不良列车统计。

(4)统计方法是:

$$良好列车(列日) = 所有列车(列日) - 不良列车(列日) \qquad (4-1)$$

(5)运用列车是指担当正线乘客运输的列车,包括上线运行的列车及备用列车。

(6)列车走行公里是指所有运行列车走行公里之和,调试列车运行按实际公里数相加。施工列车及调车作业按工作时间,每工作 1h 按 10km 计算。

计算公式:

$$列车走行公里 = 运营公里 + 调试公里 + 施工及调车公里 \qquad (4-2)$$

(7)运营里程是指运营时间内参与正线乘客运输列车走行公里之和。

(8)大、架、定修时间:自上次修程运用时间到期、停止运用时起至本次修理完毕验收确认合格交付运用时止的全部时间为该次修理的时间。

(9)临修时间:指列车在整备或运用中发生故障需要修理,自发现故障时起,至实际修理完恢复运用时间止的全部时间,包括在运用过程中发生故障需返回车辆段(车场)排除故障的运行或等待时间。

(10)列车完好率是为了反映和观察列车质量或技术状态,设立的一个指标,它是技术状态良好的列车列日占所有列车列日的百分比。

计算公式:

$$列车完好率 = \frac{良好列车列日}{所有列车列日} \times 100\% \qquad (4-3)$$

三、运营图相关指标统计

(1)凡因车辆、设备故障或其他原因,致使列车未完成运营时刻表或运输方案所规定的车次,记为掉线。

(2)凡因车辆、设备故障或其他原因,致使列车中途清客或折返,无法完成该车次的完整运输计划记为停运列车。

(3)运营时刻表中规定开行的客运列车及其他列车统计为计划开行列车。

(4)计划开行列车中开行的列车统计为实际开行列车。

计算公式:

$$实际开行列车 = 计划开行列车数 - 掉线列车数 \qquad (4-4)$$

(5)在始发站超过运营时刻表所规定的时刻发出的列车记为始发晚点列车,在实际统计过程中以 3min 钟为标准,低于 3min 不做统计,3min(含)以上时统计。

(6)在终点站超过运营时刻表所规定的时刻到达的列车记为到达晚点列车,在实际统计过程中以 3min 为标准,低于 3min 不做统计,3min(含)以上时统计。

(7)列车在始发站晚点发出,但区间运行未增晚(以 3min 为准),记为假正点,假正点列车不统计为到达晚点。

(8)运营时刻表中规定在站停车,根据调度命令,而未在车站停车进行乘降作业的客运列车记为通过列车。

(9)行车调度员根据运营需要而使列车变更运行班次记为列车调表。

(10)临客、调试、救援、施工列车及计划以外的回空列车均按当日开行的列数记载,施工列车救援记载在行车调度员工作日志的记事栏中,不统计救援列数。

(11)施工列车按实际开行车次数统计,同一施工列车既按车次运行,又在某一区段封锁运行时,只按开行车次数统计,施工列车未按车次运行,只在封锁区间运行时,按两列统计。

(12)影响列车运营时刻表正点率指标原因的记载方法:

①车辆原因:列车因车辆故障造成晚点,本车记为车辆故障,后续列车因其影响晚点,记为车辆故障影响。

②信号原因:列车因信号故障造成晚点,记为信号故障,后续列车因其影响晚点,记为信号故障影响。

③客流原因:计划列车因人多造成晚点,本车记为人多,后续列车因其影响晚点,记为人多影响。

④供电原因:由于牵引供电故障迫停而造成的计划列车晚点,记为供电故障,后续列车因其影响晚点,记为供电故障影响。

⑤线路原因:在线路故障时刻内经过故障点的计划列车晚点,记为线路故障,后续列车因其影响晚点,记为线路故障影响。

⑥其他原因:列车因上述原因以外的原因晚点,本车记为其他,后续列车因其影响晚点,记为其他影响。(其他晚点均须记明具体原因)

(13)列车通过原因按第(12)条规定方法记载。

(14)临时加开的各种列车晚点、通过不作统计,所影响的晚点、通过按其原因,记为影响。

列车始发正点率就是按照运营时刻表或运输方案正点始发列车列数占实际开行列数的百分比。

(15)列车到达正点率就是按照运营时刻表或运输方案正点到达列车列数占实际开行列数的百分比。

(16)列车正点率就是列车始发正点率与到达正点率的平均值。

(17)列车到发、通过时刻的统计:列车出发以列车启动不再停车为准,列车到达以列车在站停车不再动车为准,列车通过以列车头部通过车站站台中部时刻为准。

(18)有关列车运行指标的计算:

$$列车开行兑现率 = \frac{实际开行列数}{计划开行列数} \times 100\% \qquad (4\text{-}5)$$

$$列车始发正点率 = \frac{实际开行列数 - 始发晚点列数}{实际开行列数} \times 100\% \qquad (4\text{-}6)$$

$$列车到达正点率 = \frac{实际开行列数 - 到达晚点列数}{实际开行列数} \times 100\% \qquad (4\text{-}7)$$

$$列车正点率 = \frac{实际开行列数 \times 2 - 始发到达晚点列数之和}{实际开行列数 \times 2} \times 100\% \qquad (4\text{-}8)$$

$$列车通过率 = \frac{通过列数}{实际开行列数} \times 100\% \qquad (4\text{-}9)$$

四、施工指标统计

计划施工数为列入当日《半月施工计划》及《计划外施工计划表》的施工项目数。

实际施工数量为计划施工数中实际实施的施工项目数。

$$\text{施工兑现率} = \frac{\text{实际施工数}}{\text{计划施工数}} \times 100\% \qquad (4\text{-}10)$$

五、其他指标

(1)技术速度为列车在区间平均每小时走行的公里。
计算公式：

$$\text{技术速度} = \frac{\text{列车走行公里}}{\text{列车纯运行时间}} \qquad (4\text{-}11)$$

(2)纯运行时间是指列车在区间内实际走行时间的总和。
(3)旅行速度为列车在区段内平均每小时走行的公里。
计算公式：

$$\text{旅行速度} = \frac{\text{列车走行公里}}{\text{列车旅行时间}} \qquad (4\text{-}12)$$

(4)旅行时间是指列车自始发站出发时起到终点站到达时止的全部时间,也就是列车在区段内的纯运行时间与列车在区段内各站停站时间的总和。
计算公式：

$$\text{旅行时间} = \text{纯运行时间} + \text{各站停站时间} \qquad (4\text{-}13)$$

(5)列车周转时间是指列车在线路运行一周所花费的时间,包含折返时间、停站时间及区间运行时间。

六、调度工作分析

1. 调度工作分析的作用及分类
(1)调度工作分析的作用

调度工作分析是通过对日常运输工作进行综合分析,在肯定成绩后,进行总结和推广先进工作经验,及时发现日常运输中存在的问题,查明原因,寻找规律性的因素,针对存在的问题提出各种解决措施,以便完善工作,为运行图的修改和上级领导的决策提供依据。因此,调度工作分析不仅仅是对日常运输工作进行事后分析,而且要通过分析研究,预见运输工作发展的趋势和可能出现的问题,减少运营损失。

调度工作分析必须及时、准确。只有准确的分析,才能客观的反映运输工作的实际情况,恰当的评价工作中的优缺点,以便针对存在的问题,制定可行的解决措施。另外,运输工作具有多变性,这就要求调度工作必须及时分析,及时拟定措施,及时采取措施。如果分析不及时,等到分析完问题,提出解决措施,实际情况已经发生变化,提出的措施没有针对性,因此也就失去作用。

(2)调度工作分析的类型

调度工作分析可以分为日常分析、定期分析和专题分析。

①日常分析

日常分析应每日进行,在班工作或日工作结束时,对日班计划的执行情况及日常运输中的先进经验和存在的问题进行简要的分析,对运输中存在的问题应查明情况及原因,以便采取措施。

②定期分析

在日常分析基础上,收集和积累有关资料、建立必要的台账和报表,如运营日报、故障报告等,对一定时期的运输生产和运营指标完成情况等进行比较全面的分析。包括旬分析和月分析。按时做出旬、月分析,总结经验、发现问题,提出改进意见。

③专题分析

运输工作在某一方面或某一指标有比较突出的变化,而且对运输生产产生较大影响时,分析人员深入现场调查研究,不定期对列车运行有关的某些重要问题进行分析,包括正线行车中断、节假日客流特征、影响行车的设备故障等。对某一方面或某一指标做出专题分析,并提出改进意见和措施,以改进运输工作。

2.调度工作分析的主要内容

作为运营管理指挥中心,城市轨道交通控制中心每天都需要对行车组织、客运组织及票务管理方面进行总结分析,以适应和改善日后的工作。一般情况下,控制中心的运营调度工作分析主要包括以下内容:

(1)运营日报

值班主任每日均须编写运营日报,报告前一天运营计划完成情况。运营日报的主要内容包括:

①当日完成运送客运量、列车开行情况、兑现率、正点率和月度累计指标。

②车辆调度员提供的运用列车数及投入使用列车数。

③列车加开、停运及中途退出服务情况。

④列车耗电量和温湿情况。

⑤列车服务情况,包括事故、故障和列车延误及处理。

⑥有关工程列车、试验列车运行方面的信息。

(2)故障和延误报告

故障和延误报告作为编写运营日报原始资料的一部分,行车调度员应在行车设备发生故障及造成列车延误时,及时编写故障和延误报告。故障和延误报告主要内容包括:

①发生故障的时间、地点、列车编组报告及概况(故障现象)等情况。

②发生故障导致列车延误、影响情况。

③采用的调整列车运行的措施。

④恢复正常运作的时间。

(3)行车事故概况

行车调度员根据每件行车事故及时填写"行车事故概况",并按规定的时间上报运营公司安全监察室和运营主管部门。

(4)统计分析工作制度

①列车统计分析。

运营结束后,控制中心值班主任负责列车统计分析,内容有:计划开行列数、实际开行列数、救援列次、清客列次、下线列次、晚点列数、正点率、列车运营里程。

行车调度员对发生晚点的列车记录晚点原因,晚点原因有车辆故障、线路故障、供电故障、通信故障、信号故障、客流过多、调度不当及其他方面。

②工程车统计分析。

③调试列车统计。

④检修施工作业及统计分析。首先对前一天的正线、辅助线的检修计划件数和完成情

况进行统计,其次对检修施工完成情况进行分析。分析的主要内容包括:日计划、临时计划兑现率,临时计划占全日比例,各单位施工计划完成情况分析,检修施工作业清点件数的统计。

⑤月度运营技术分析。

轨道交通企业通常在每月上旬对上月的运营情况进行技术分析。调度部门根据各室、部相关网络提供的资料,重点对月度运营指标完成情况、行车组织、客运组织、票务管理等情况、设备故障和当月典型事件、故障、事故等进行技术分析,找出问题,并提出完善建议。

任务实施

1. 下发任务单,明确任务内容,学生课前按要求完成预习任务;
2. 教师先进行讲解,学生分组学习;
3. 学生自行总结调度统计分析的经验;
4. 教师和各组长担当本次任务的他人评价工作,评判同学们的任务完成情况。

拓展知识

某地铁日常调度工作

1.运营前的准备工作

(1)确认线路上所有施工检修作业已经完成、注销、线路空闲、无侵限、触网供电、设备运行正常。

(2)根据运输计划,与运转值班员核对运行图,并听取当日运用车使用情况汇报。

(3)检查无线对讲系统,确认无干扰,通话质量良好。

(4)确认信号设备运行状态:

①CATS主机、通信机工作正常,工作站以调度员口令登录,并处于在线联机状态,清除告警窗内所有无效的告警。

②中央工作站、显示屏表示正确、一致,所有集中站控制权按调度指令处于正常状态,线路无异常占用。

③运营前30min,对全线信号、进路等设备(道岔、信号机)进行测试,确认运行方向、道岔位置及信号机状态、进路显示正确。各终端站折返模式在主用状态或处于正常循环模式,系统的调整方式处于自动调整。

(5)根据运输计划,在当日凌晨4:00后运营开始前,建立或核对当日运用的时刻表(计划运行图),并检查时刻表内容无误。

(6)以CATS系统时间为标准,与车站值班员、运转值班员校对时间。

(7)检查CCTV、广播、电话等行车调度设备正常。

2.列车出入场(库)

(1)列车出场

①计划列车出场:为ATS系统所确认的计划列车,行车调度员应使列车在转换轨处进入系统,并确认ATS系统到点开放信号,使计划列车按图定时间发车。

②非计划列车出场:行车调度员应在转换轨处应人工设置车次号,并人工排列出库进路,令司机确认信号后按收到的速度码发车。

(2)列车入场

①计划列车入场:列车为 ATS 系统所确认的计划列车,可由 ATS 系统自动控制列车,行车调度员应令运转预先办理入场进路,并确认计划列车目的地号,监督列车回库。

②非计划列车入场:行车调度员应令运转预先办理入场进路,并人工排列回库进路,令司机确认信号后按收到的速度码回库。

3. 运营中的调度监督

(1)以 CATS 工作站为基础,监督列车运行情况,及时处理各类突发性事件;

(2)加强设备运行监控,设备发生异常情况,当值调度必须与现场确认设备状况,了解现场情况,有效处置,合理组织列车运行,并完成设备故障汇总表填写;

(3)在进行列车运行调整时,必须坚持贯彻"安全、有序、立体"的调度原则,在确保安全的基础上积极组织,并在最短时间内恢复列车按图行车;

(4)在进行调整时,按列车的性质、用途进行调整,在正常条件下,其等级为:专运列车、客运列车、调试列车、回库空车、其他列车;

(5)由于车辆、设备故障、事故及客流原因,造成列车拥堵时,为调整列车运行,并可采取始发站可以提前或改晚开行、调整运行等级、调整停站时间、运休、加开、备用列车替开及变更交路、载客通过等办法恢复列车按图行车;

(6)遇有大客流等情况,行车调度员应尽量组织备用车、空车投入运行,及时疏散乘客;

(7)当正线运用车少于运行图所需列车数时,应及时调整列车间隔,使列车间隔保持均衡;

(8)遇有各类突发事件,应在当班主任调度指挥下,按照本班组内部分工,参照总调度所突发事件应急处理预案的各项规定,各司其职,尽快恢复运营正常;

(9)调度员接到事件信息后,立即判明事件起因和影响范围,采取有效措施,在 2min 内以电话通知监控中心(COCC)、设备单位和客运分公司,当故障原因没有明确前,该设备所有相关单位和部门都必须同步通知,要求相关人员到现场确认抢修。并及时采取有效措施,进行运行方式的合理调整;

(10)调度员对当日临时施工及抢修计划进行审核,由主任调度审批后组织相关单位实施;

(11)每日由主任调度须择时组织召开班组业务学习会,就近期运营中发生的事件进行分析,讨论相应的预案,提高班组处理突发事件的整体能力。

4. 运营结束后的收尾工作

(1)按运行图要求,保证各类列车运营终止后回库或停放至指定位置;

(2)当日计划、实际运行图绘制完毕,如因绘图仪故障无法绘图,仍应发出绘图命令,并通知 ATS 组打印当日各折返站的到发报告;

(3)根据各项报告,整理统计当日运行情况,汇总到日报表;

(4)在次日 3:00 后删除使用的时刻表。

项目小结

轨道交通系统犹如一个大联动机,与运输有关的设备、人员紧密联系,协同合作。行车调度员是这个系统的指挥官,他能否熟悉现场设备和能否熟练使用设备,对整个系统的运行起着非常重要的作用。

本项目的实施过程中，不但要求学生具有较好的理论知识，而且要求学生具有较强的动手能力。通过本项目的学习，使学生能够根据各种情况组织列车运行。对列车晚点的情况，能够运用正确方法恢复列车正点。

习题

一、简答题

1. 调度指挥机构包括哪些？
2. 简述列车调度指挥原则。
3. 城市轨道调度指挥模式有哪些？
4. 调度指挥日常工作制度具体是哪些？
5. 车次号生成方式有哪些？
6. 简述列车自动调整依据与范围。
7. 简述列车自动调整调整原理。
8. 监控列车的运行的内容包括哪些？
9. 调整列车运行可以用到的有什么方法？
10. 调度命令及种类有哪些？
11. 列车实绩运行图的绘制总则有哪些？
12. 列车运行指挥日常工作内容包括哪些？
13. 运营期间的行车组织包括哪些？
14. 调试列车的行车组织包括哪些？
15. 列车运行调整的目标和原则是什么？
16. 简述列车运行调整方法。
17. 简述调整列车间隔时间的方法。
18. 怎样进行调度工作分析？

二、实训题

1. 列车运行调整

已知：计划列车运行图如图 4-30 所示。B－C 区间列车运行速度没有富余量，C－D 区间列车运行速度有富余量，列车运行间隔时间最小为 2min3s。

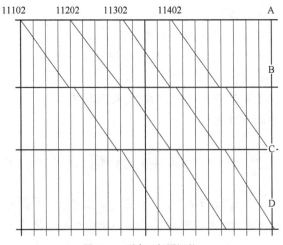

图 4-30　列车运行图调整

要求:某日 11202 次在 A - B 区间运行延缓,到达 B 晚点 1min,其他列车运行情况正常。请确定列车运行调整方案,并在图 4-31 上绘制出来。

2. 地铁公司统计规定,列车到发早或晚超过 3min,为晚点。某日计划开行列车 100 列,当日掉线 5 列,到晚 5 列,发晚 5 列,临时加开客运列车 5 列。请问当日列车兑现率为多少?正点率为多少?

3. 已知运营线长度为 30km,中途停站时间 10min,单程行驶时间 40min,求列车的技术速度?

4. 某城市地铁 1 号线 2011 年 1 月 10 日车辆总走行公里为 283km,车辆运用数为 21 辆,当日列车全部开行 128 列,出发晚点 5 列,到达晚点 5 列,求车辆日均走行公里(即每一运用车辆每日平均走行公里数)和列车正点率?

5. 已知:甲乙区段基本列车运行图如图 4-31 所示,列车晚点以 3min 为标准,出发时间早或晚于以上 3min,统计为晚点。

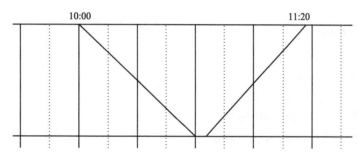

图 4-31 列车图定运行线

要求:根据下列条件统计列车出发及运行正晚点。

(1)11101 次甲站 10:01 出发,则甲站统计(　　　)。乙站 10:44 到达,则甲乙统计(　　　)。

11202 乙站 10:49 出发,则乙站统计(　　　)。甲站 11:24 到达,则乙甲统计(　　　)。

(2)11101 次甲站 10:04 出发,则甲站统计(　　　)。乙站 10:44 到达,则甲乙统计(　　　)。

11202 乙站 10:47 出发,则乙站统计(　　　)。甲站 11:25 到达,则乙甲统计(　　　)。

项目五　特殊情况调度指挥

 项目描述

通过本项目学习,学生能够掌握特殊情况的应急处理和行车组织方法,能够掌握特殊情况调度指挥的基本技能,为保证运输生产安全、高效、正点和稳定有序奠定基础。

 教学目标

【知识目标】

1. 掌握 ATC 系统降级控制处理;
2. 掌握车站联锁设备故障处理;
3. 掌握列车在区间迫停处理;
4. 掌握列车运行突发情况应急处理;
5. 掌握特殊列车开行。

【技能目标】

1. 能够正确组织 ATC 系统降级处理;
2. 能够正确处理车站联锁设备故障;
3. 能够正确及时处理区间迫停列车;
4. 能够组织特殊列车开行;
5. 能够正确组织列车运行突发情况应急处理。

【素质目标】

1. 养成遵章守纪的职业习惯;
2. 养成团结协作的职业态度。

任务一　列车自动控制系统(ATC)降级控制处理

 任务描述

系统认识基于通信的 ATC 系统的控制结构,全面研究系统局部故障下的降级控制模式,掌握 ATC 系统故障应急处理规定。

 任务单

1. ATS 故障处理;

2. ATP 设备故障时行车组织；
3. ATO 设备故障时行车组织。

 知识准备

移动闭塞是先进、安全、可靠的信号系统。其轨旁设备简单、软件功能强大、控制方式灵活、高精度列车定位等优点，满足了城市轨道交通运营"小编组、高密度、大运量"的要求。ATC(列车自动控制)信号系统在设计上采取高质量硬件设备、双通道、双机热备、安全型计算机等各种冗余手段。根据运营组织的需要，在设计信号系统时，通常考虑在系统故障及特殊情况下，信号系统能支持必要的降级/后退运行模式。即当上级设备发生故障时，能自动地后退转换至下一级行车控制模式，并维持较低一级的运营。

一、基于通信的 ATC 系统和降级控制模式

1. 基于通信的 ATC 系统的控制结构

从目前的移动闭塞实现的技术来看，移动闭塞系统车与通信的主要方式有：感应环、波导、无线或无线扩频、漏缆等方式。其 ATC 系统完成的功能及基本原理大致相同。通常 ATC 各子系统按位置分布，可分为中央设备子系统、联锁区域设备子系统和车载设备子系统；按照功能可分为 ATO 子系统、联锁子系统、ATP 子系统和 ATS 子系统。系统正常情况时列车的运行处于中央集中自动监控状态。根据联锁表、计划运行图及列车位置，系统自动生成、判断、输出进路控制命令，传送到联锁设备，设置列车进路；根据计划运行图自动控制列车的走行时分和停站时分，自动输出停站时间终止后的停车点取消命令，传送到 ATP 设备，允许列车发车。列车在 ATP 的安全保护下，按照 ATS 指令由 ATO 实现列车的自动驾驶。列车运行状况通过车站联锁设备反馈至中央，构成一个闭环的列车运行控制系统。

2. 系统局部故障时 ATC 降级控制模式

按照 ATC 系统的功能，降级控制模式可分为：ATS 系统故障时降级模式、轨旁设备故障时降级模式和车载设备故障时降级模式三类。

二、中心 ATS 故障应急处理

中心 ATS 故障现象：所有 MMI 上均不能操作命令，或反应缓慢，画面不能更新。
当故障发生后，行车调度员和有关人员应做出以下处理：
(1)行车调度员与各集中站相互通报与确认故障，及时通报维修部门进行处理。
(2)行车调度员使用全呼方式通知所有联锁站强行站控，并通知司机人工启动到站广播。

行车调度员发出"强行站控"的调度命令："全站强行站控，负责监控联锁区内列车的运行，使用×××(安全相关命令)操作×××(区段/信号机/道岔)，注意安全。行车调度员×××(工作号)"。

车站行车值班员根据调度命令进行"强行站控"操作，车站实行站控。
(3)行车调度员要求各集中站确认是否处在站控状态，监督与控制好本集中站管辖范围内进路排列与列车运行情况，发现异常情况及时汇报行车调度员处理。
①进路控制。

联锁站值班员确认 LOW 工作站上的 RTU 降级模式是否激活,当"RTU 降级模式激活"时,保持原状态。若"RTU 降级模式未激活"时,联锁站应在确认列车进站停稳后人工在 LOW 上取消运营停车点。当某站联锁区 RTU 降级模式未激活时,则在 LOW 工作站上设置列车进路。

进路控制可采用将时刻表下载到车站 ATS 分机的方式来保持类似中央自动进路控制功能,也可采用从现场获取列车目的地号的方式来自动排列进路。各个联锁设备集中站的 RTU(ATS 远程单元)根据列车发出的目的地号实现其控制区域内车站级控制,由车站联锁设备根据下载的列车时刻表和列车运行位置,经"车—地"通信设备将列车的目的地号发送到联锁设备集中站的 RTU;并根据获取的列车目的地号信息及列车位置继续保持原进路和信号机的自动控制;而原自动控制的进路和信号机则变为由车站现地联锁工作站的人工控制。

当 ATS 的自动排进路或联锁系统(SICAS)的追踪进路不能自动排列时,应由人工介入,在 MMI 上或在 LOW 工作站上人工排列进路。

②运营停点管理。

系统按车载设备发出的区间走行时分缺省值和轨旁 ATP/ATO 计算机发出的停站时分缺省值控制列车的运行。可在 LCP(现地控制盘)上进行"扣车/终止扣车",或在车站现地工作站(LOW)上人工进行"取消停车点"操作,人为改变列车的停站时间。

(4)行车调度员通知司机在显示屏上输入当时车次号,倒换向运行时,输入新的目的地码和车次号,直至行车调度员通知停止输入为止。

(5)报点站向行车调度员报告各次列车的到开点,至行车调度员收回控制权时止。

①原则上中心 ATS 故障初期(30min 内)行车调度员无须铺画列车运行图,各站无须报点,但各站应记录各次列车的到发时刻并及时填记《行车值班员工作日志》,故障发生 30min 后,各集中站须向行车调度员报点。

②人工报点时列车到、发、通过时刻的确认。

a. 到达时刻,以列车在规定位置停稳时为准;

b. 出发时刻,以列车由车站前进启动不再停车时为准(由车辆段、车场出发以在出段/场信号机前规定的停车位置启动不再停车为准);

c. 通过时刻,以列车尾部经过站台中心线的时刻为准。

③列车在车站停站时间超过正常时间 1min 及以上时,车站和司机应向行车调度员报告原因。

(6)行车调度员以报点站为单位铺画列车运行图,至 ATS 设备恢复正常,收回控制权时止。

(7)车站按时刻表发车。

当车站在 LOW 工作站上无法取消运营停车点时,应立即报告行车调度员,行车调度员命令司机用 RM 模式驾驶列车出站,直至转换为 ATO 模式;当车站取消运营停车点而列车目标速度仍为零,且超过 30s 时,车站值班员应报告行车调度员,行车调度员指示司机开车,ATO 驾驶恢复正常时,应向行车调度员报告。

(8)当运行线 ATS 设备发生故障时,行车调度员使用 CLOW 监督全线列车运行状态。

三、ATS 其他常见故障应急处理

ATS 其他常见故障应急处理见表 5-1。

ATS 其他常见故障应急处理 表 5-1

序号	故障现象	OCC	车站	司机	备注
1	某台 MMI 不能操作某些命令	在其他 MMI 上确认各联锁区控制权分布情况，按需要进行车调整			不影响行车
2	车次号发生上下跳跃或出现 F 开头的错误车次	(1)立即在 MMI 上对发生车次错误的列车进行临时处理，如果列车因进路未排不能进站或运营停车点取消，尽量不耽搁列车运行，然后在 MMI 上改正错误的车次号； (2)如果列车车次错误还没有导致上述结果时，行车调度员立即在 MMI 上改正错误的车次号			参考《行车组织规则》
3	全部 MMI 上显示某一联锁区全灰	(1)通知该联锁站强行站控； (2)通知司机人工启动到站广播； (3)行车调度员对出现故障区段所有列车的车次号进行人工设置，确保本故障联锁区以外区域，所有列车按照相应的车次号运行； (4)本故障联锁区恢复正常后，行车调度员需要修改该联锁区列车的车次号，确保车次号正确，此时本故障联锁区内所有列车进路可以自动排列，运营停点自动取消，车站不需要再人工操作；行车调度员可以向车站收回该联锁区控制权	该联锁站强行站控，负责联锁区内所有列车进路的排列和运营停车点的取消工作；两终端站需要在 LOW 上操作列车换向命令	注意在联锁区段人工启动到站广播；SM 模式进站	注意：列车进路需要提前排列好，运营停车点须在列车停稳后才能取消；联锁系统正常时，延误不超过 3min

四、ATP 设备故障时行车组织

1. 列车紧急停车

(1)列车在进站时发生紧急制动,若司机已经知道发生紧急制动原因时,在确认前方进路安全的情况下,先转换 RM 模式驾驶对标,再向行车调度员报告。

(2)列车在区间运行发生紧急制动,应立即向行车调度员报告,按行车调度员指令执行。

ATP 功能与联锁功能是密不可分的关系,ATP 系统功能必须基于联锁子系统功能正常的基础之上,没有联锁功能就没有轨旁 ATP 功能,否则是不能确保列车运行安全间隔的。

轨旁 ATP 子系统故障时,将无法对列车的移动授权进行计算,因而不能保证列车的运行安全。如果轨旁 ATP/ATO 计算机完全故障,则在故障区域内的列车不能继续使用移动闭塞系统,不能按 ATO 和 ATP 模式运行。如果移动闭塞系统的车—地双向通信设备如感应环线、裂缝波导或无线轨旁等发生故障,进入故障区域的列车车载 ATP/ATO 则收不到任何轨旁信息,列车运行同样也不能采取 ATO 或 ATP 模式,同时轨旁也得不到故障区段内列车主动发出的位置识别信息。故障区内的所有列车首先应制动(或紧急制动)停车;临近轨旁

ATP/ATO 计算机对故障区边界进行防护。

车载 ATP 故障完全不能实现"车—地"信息通信时,列车得不到目标速度,按"故障-安全"原则,列车会进行紧急制动,确保列车运行安全。

2. 轨旁 ATP 设备发生故障

轨旁 ATP 故障,则其控制范围内的列车不能接收到地面控制信息,列车不能按移动闭塞发行车。当列车出清的故障站间区间后,对后续列车按自动站间闭塞组织列车运行。

轨旁 ATP 设备发生故障时,行车调度员应:

(1)故障区内的所有列车紧急停车,行车调度员接到司机报告列车停车事件,并要求司机检查列车技术状态;

(2)相邻轨旁 ATP 计算机对故障区边界进行防护,中止接近故障区的后续列车运行;

(3)行车调度员确认前方进路空闲,道岔位置正确且锁闭好,行车调度员命令司机将驾驶模式转换为 RM,驾驶列车驶出故障区;

(4)出清故障区后,列车进行 ATP 的定位信息同步,以及与中央的列车识别号身份验证,列车自动转为 SM 驾驶模式(ATP 监督下的人工驾驶模式),司机可以手动恢复为 ATO 自动驾驶模式;

(5)行车调度员确认列车出清故障区间,发布调度命令,故障区间采用"自动站间闭塞(或进路闭塞法)"组织后续列车运行;

(6)故障区内的站台停车精度及开/关车门,屏蔽门由司机控制并确保安全;

(7)在故障恢复前,在故障区段列车按站间自动闭塞(或进路闭塞法)行车,以 RM 模式运行。

3. ATP 车载设备故障

当 ATP 车载设备故障时,行车调度员应:

(1)当行车调度员接到列车司机报告车载 ATP 系统故障时,应及时通知车辆段调度中心 DCC、值班员、维修信号人员,并询问维修信号人员是否能恢复车载 ATP 系统运行,在《调度日志》中做详细记录;

(2)行车调度员确认前方进路安全,命令司机以 URM 模式(限速 40km/h)驾驶列车至前方车站;

(3)故障列车待车站前方区间空闲后,行车调度员发布调度命令"由于 XX 次列车降级作业,XX 次列车采用自动闭塞法(或进路闭塞法)组织行车,列车采用非限制人工驾驶模式 URM 运行";

(4)行车调度员通知故障列车司机,列车发车以站务员的手信号为准,乘降作业及车门关闭由司机与站务员共同完成;由车站值班员上驾驶室添乘,沿途协助司机瞭望,行车调度员命令司机以 URM 模式继续驾驶列车至前方终点站退出服务;

(5)URM 监ده员须协助司机瞭望,监控速度表,列车按规定速度运行,不准超速,在有屏蔽门的车站,须协助司机开关屏蔽门。如遇到超速时,提醒司机控制速度,必要时立即按压紧急停车按钮。

车站值班员(或值班站长)进驾驶室添乘监控的程序:

①接受行车调度员的命令;

②携带行车调度员无线对讲机;

③向司机报告:URM 监控(并报命令号);

④司机在听到车站值班员(或值班站长)的报告时,确认其身份和命令号后,记下其员工号,允许其进驾驶室监控,并开车。

(6)行车调度员指示车站对故障列车运行报点,铺画运行图,以掌握列车运行情况。

(7)行车调度员应随时监控ATP车载设备故障的列车运行情况,严格控制确保列车与列车之间的最小间隔在一个区段进路及以上,遇到两列车进入同一个区段进路时,应采取紧急措施扣停后面的列车。

(8)通过采取降级作业的办法使列车尽量维持运行到终点站,当故障列车运行至终点站后,短时间内不能恢复,应尽可能安排备用列车上线替换故障列车运行。

4.后续列车安全保障

特别需要提出的是:后续列车安全保障。由于移动闭塞系统采用专门的车—地双向通信设备作为列车的准确定位手段,列车的运行需要前车主动发送实时、准确的位置信息以确定自己的授权运行目标点,故通信故障列车的车载ATP设备故障势必对后续列车的正常运行产生较大影响。因此,必须采取安全和切实有效的措施,以确保后续列车运行安全和尽快消除运营堵塞。

系统应将故障列车在故障前最后一次与轨旁设备通信时的位置(称为"故障点")作为后续列车的授权运行终点。"故障点"不应随故障列车前行而移动。在列车车载设备故障后,"车—地"通信中断,系统丢失列车位置的相关信息,不能再对列车的位置进行控制,后行列车就失去了目标点,无法确保后持列车与前列车之间的安全间隔,所以必须将其设置为"故障点",确保后行列车的安全运行。

后续第一列正常列车在距"故障点"一定的保护区段长度位置采用制动停车,行车调度员确认后应及时采取一种安全的操作方式取消"故障点"。司机将列车转换为限制人工驾驶模式启动列车前行,并负责列车的运行安全。如果该列车的车载ATP设备是正常的,在"故障点"取消后,其后续的正常列车可以按正常的移动闭塞追踪方式自动运行。

国内轨道交通信号设备生产厂家不同,有的系统能够自动设置,有的系统不能。对于不能设置"故障点"的设备,在遇到这种情况,行车调度员一定要引起特别注意。

五、车载ATO设备故障降级控制

如果车载ATO设备发生故障,则无法实现列车运行的自动控制,不能达到自动驾驶条件下实现的根据ATS指令进行自动走行控制、站台精确停车、自动开关车门、列车自动折返以及自动调整运行等功能,不易达到规定的设计间隔和旅行速度。

故障时应急处理方法:

(1)司机将驾驶模式转换为SM模式,然后按转换后的驾驶模式运行;

(2)行车调度员应尽早安排,在备用列车替换运营以前,故障列车仍按SM模式继续载客运行。

任务实施

1.下发任务单,明确任务内容,学生课前按要求完成预习任务;

2.教师先进行讲解,学生分组学习;

3.学生自行总结ATC降级处理的经验;

4.教师和各组长担当本次任务的他人评价工作,评判同学们的任务完成情况。

任务二 车站联锁设备故障处理

任务描述

系统回顾车站联锁设备,全面研究联锁设备局部或全面故障时行车调度员处理,掌握车站联锁故障处理规定。

任务单

1. LOW 故障时行车调度员处理;
2. 信号机故障时行车调度员处理;
3. 轨道电路故障时行车调度员处理;
4. 道岔故障时行车调度员处理;
5. 联锁区域故障时调度处理。

知识准备

一、LOW 故障时行车调度员处理

1. LOW 死机(不能进行任何操作)

(1)发现 LOW 死机,及时将情况报告行车调度员、值班站长,并通知驻站维修人员;

(2)通过 C-LOW 监控联锁设备是否正常;

(3)通知信号调度员派人处理;

(4)行车调度员同意后,批准信号维修人员重启 LOW 主机;

(5)重启恢复正常后报告行车调度员。

2. LOW 显示全灰

(1)现 LOW 显示全灰,及时将情况报告行车调度员、值班站长;

(2)通过 C-LOW 监控联锁设备是否正常;

(3)通知通号车间调度派人处理;

(4)若判断为 SICAS 计算机正常,则请示行车调度员,经行车调度员同意后,批准信号维修人员重启 LOW 主机;

(5)若判断为 SICAS 计算机故障,则按《SICAS 故障处理程序》处理。

3. RTU 模式下对某一基本进路及变更进路不能自动排列

(1)发现"RTU 模式下对某一基本进路及变更进路不能自动排列"的故障报警时,确认报警状态;

(2)确认后,将情况报告行车调度员、值班站长;

(3)通知通号车间调度处理;

(4)授权车站站控,人工排列进路;

(5)在 LOW 上人工排列进路;

(6)故障恢复后,及时报告行车调度员。

4. 运营停车点超过规定运营停车时间仍未取消

(1)运营停车点超过规定运营停车时间仍未取消,及时将情况报告行车调度员;

(2)命令车站使用"取消站停"命令取消运营停车点；

(3)使用"取消站停"命令取消运营停车点，无法取消时立即报告行车调度员；

(4)若"取消站停"命令无效，通知司机以 RM 模式开车；

(5)通知信号调度员派人处理；

(6)故障恢复后，及时报告行车调度员。

二、信号机故障时行车调度员处理

1. LOW 显示信号机灰色

故障产生原因：信号机信息传输障碍。

(1)行车调度员把控制权交给车站，同时通知维修调度员，修调度员通知信号相关维修人员进行处理；

(2)行车调度员指令车站排列进路，如果是终端信号机灰色，需开放引导信号；

(3)车站人工确认侧防安全；

(4)通知司机 RM 模式行车。

2. LOW 显示信号机编号闪

故障产生原因是"红灯主灯丝断，或绿灯、黄灯灭灯"。

(1)行车调度员把控制权交给车站，同时通知维修调度员，维修调度员通知信号相关维修人员进行处理；

(2)若是红灯主灯丝断，则不影响行车；

(3)若是绿灯灭灯，则行车调度员指令车站排列进路，现场能正常开放通过弯股的黄灯信号，列车若要通过直股，需车站开放引导并人工确认进路安全，行车调度员通知司机 RM 模式行车；

(4)若是黄灯灭灯，则行车调度员指令车站排列进路，车站人工确认进路安全，行车调度员通知司机 RM 模式行车。

3. LOW 显示信号机编号、机柱闪

故障产生原因是"红灯灭灯"。

(1)行车调度员把控制权交给车站，同时通知维修调度员，维修调度员通知信号相关维修人员进行处理；

(2)若为始端信号机红灯灭灯，此时进路可建立，信号机显示绿红(闪)红(闪)，车站排列进路后需人工确认进路安全，行车调度员通知司机 RM 模式行车；

(3)若为终端信号机红灯灭灯，此时进路可建立，若始端信号机正常，则可开放引导信号，车站排列进路后需人工确认进路安全，行车调度员通知司机 RM 模式行车。

三、轨道电路故障时行车调度员处理

正线轨道电路故障处理方法：

1. LOW 工作站显示全区粉红光带

(1)接报后，通知通号车间轮值调度员，并报告主任调度员；

(2)授权车站站控，执行"全区逻空"命令操作；

(3)确认在 LOW 工作站已排列列车进路；

(4)指示司机通过该联锁区段控制速度，并加强瞭望。

2. LOW 工作站显示全区红光带

(1)接到报告后,扣停后续列车;

(2)通知通号车间轮值调度员;

(3)确认列车位置;

(4)如为 SICAS 故障按《SICAS 故障处理程序》处理。

3. LOW 工作站显示轨道区段红光带故障

(1)接到报告后,扣停后续列车;

(2)通知通号车间轮值调度员;

(3)如是区间红光带,确认无列车占用后,组织第一趟列车低速通过该区段,要求司机加强进路监控;如非钢轨断裂,安排后续列车低速通过该区段。

(4)如为站内区段红光带,安排车站派人到现场进行确认,确认无异物,安排列车低速通过;如是岔区红光带指示车站人工排列进路,钩锁道岔后,安排列车低速通过。

(5)需要时安排车站开放引导信号接车。

(6)确认引导信号开放,通知司机。

4. LOW 工作站显示轨道区段粉红光带故障

(1)接报后,通知通号车间轮值调度员,并报告主任调度员;

(2)授权车站站控,执行"轨区逻空或岔区逻空"命令操作;

(3)监控车站在 LOW 工作站上人工排列列车进路;

(4)指示司机通过该轨道区段控制速度,并加强瞭望。

5. 进路的监控区段(含道岔区段)出现不能正常解锁故障

(1)接报告后,确认该区段无车占用;

(2)授权车站,进行站控;

(2)指示车站使用"轨区强解"或"岔区强解"命令,将该区段解锁。

四、道岔故障时行车调度员处理

1. LOW 显示道岔长闪

故障产生原因是"道岔挤岔"

(1)行车调度员判断有无列车变更进路,如有则办理变更进路;

(2)行车调度员把控制权交给车站;

(3)行车值班人员在车站对道岔执行"挤岔恢复"命令;

(4)若故障没有排除,则行车值班人员执行"转换道岔"命令,对道岔进行左或右位转动操作,反复2次后,故障仍不能恢复时,行车调度员指令车站,人工办理故障道岔进路,同时通知维修调度员,维修调度员通知信号相关维修人员进行处理;

(5)车站对进路中的其他正常道岔进行单锁,故障道岔加钩锁器,若需转换故障道岔,则先手摇道岔到位,再加钩锁器;

(6)行车调度员与车站人工办理故障道岔进路人员保持联系,若现场道岔位置与进路方向一致,且密贴良好,可立即组织行车。

2. LOW 显示道岔短闪

故障产生原因是"道岔断表示"。

(1)行车调度员判断有无列车变更进路,如有则办理变更进路;

(2)行车调度员把控制权交给车站;

(3)行车值班人员执行"转换道岔"命令,对道岔进行左/右位转动操作,反复2次后,若故障仍不能恢复,行车调度员指令车站,人工办理故障道岔进路,同时通知维修调度员,维修调度员通知信号相关维修人员进行处理;

(4)车站对进路中的其他正常道岔进行单锁,故障道岔加钩锁器,若需转换故障道岔,则先手摇道岔到位,再加钩锁器;

(5)行车调度员与车站人工办理故障道岔进路人员保持联系,若现场道岔位置与进路方向一致,且密贴良好,可立即组织行车。

3. LOW 显示道岔区段灰色

故障产生原因是"道岔信息传输障碍"。

(1)行车调度员判断有无列车变更进路,如有则办理变更进路,同时通知维修调度员,维修调度员通知信号相关维修人员进行处理;

(2)行车调度员把控制权交给车站;

(3)行车调度员指令车站,人工办理故障道岔进路;

(4)车站对进路中的其他正常道岔进行单锁,故障道岔加钩锁器,若需转换故障道岔,则先手摇道岔到位,再加钩锁器;

(5)行车调度员与车站人工办理故障道岔进路人员保持联系,若现场道岔位置与进路方向一致,且密贴良好,可立即组织行车。

4. LOW 显示道岔标号闪烁

故障产生原因是"道岔逻辑判断故障"。

(1)行车调度员把控制权交给车站;

(2)车站行车值班人员用"岔区逻空"命令对道岔区段进行恢复;

(3)若故障仍不能恢复,且进路无法排出,则车站行车值班人员对该组道岔进行单锁,通知维修调度员,维修调度员通知信号相关维修人员进行处理。

五、联锁区域故障时调度处理

1. 故障现象

全部 MMI 上显示某一联锁区全灰,且 MMI 和 CLOW 不能监控。

2. 行车组织规定

(1)一个或多个集中站联锁故障时,故障及相关区域采用电话闭塞法组织行车。

(2)在执行电话闭塞法组织行车,列车若在本站内折返时,按调车方式办理折返作业。

(3)集中站联锁故障后,行车调度员应尽快、准确掌握故障区域内列车位置。当难以掌握时,行车调度员应及时启用线路模拟板辅助。

(4)故障区域外的信号设备受联锁故障影响不能排列进路时,行车调度员应单独锁定受影响区域内的相关道岔,指令司机在受影响区域内以 NRM 模式按规定速度运行。

(5)集中站联锁故障后至改用电话行车法组织行车前列车安排原则如下:

①前方没有道岔的列车停在区间时,行车调度员应组织该列车进入前方站待令,动车凭证为行车调度员口头指令,行车调度员发布指令前应确认前方进路空闲;

②前方有道岔的列车停在区间时,行车调度员应令其原地待令或视情况组织列车退回。

(6)行车调度员发令改用电话闭塞法组织行车前,应满足以下三个条件:

①准备改用电话闭塞法组织行车的区域内所有列车停妥；
②行车调度员已令准备改用电话闭塞法组织行车的区域内所有列车待令；
③没有列车进入准备改用电话闭塞法组织行车的区域。

(7)行车调度员发布改用电话闭塞法的命令后,相关车站应立即派人进入轨行区进行人工准备进路,改用电话闭塞法组织行车期间,人工准备进路人员进入以及出清轨行区由准备进路人员所属车站自行负责,行车调度员可不掌握。

(8)集中站联锁故障期间,没有特殊情况不得组织列车在故障区域内反向运行和小交叉路运行,尽量不组织列车退行。

3.控制中心行车调度员的处理

(1)发现 MMI 及大屏幕联锁区显示全"灰色",立即联系该联锁站,了解故障情况,并报告主任调度员。

(2)了解全线列车的分布位置,通知司机及车站做好乘客服务工作的广播。

(3)在进路准备好后,指示区段内列车 RM 动车到达前方站。

故障刚发生时迫停区间的列车,在确认停车位置到前方站出站信号机之间线路无列车占用且无道岔时,司机凭行车调度员命令,RM 模式限速 25km/h 进站后待令；在确认停车位置到前方站出站信号机之间线路无列车占用但有道岔时,行车调度员须在道岔人工钩锁后口头命令司机 RM 模式限速 25km/h 进站后待令,司机应加强瞭望和广播安抚乘客。

(4)确认故障区段空闲,向有关车站发布站间电话闭塞行车的书面命令以及布置相关行车计划。

行车调度员及时向有关车站发布口头命令:"从 X 时 X 分起,在上行线 X 站至 X 站间采用电话闭塞法组织行车,在下行线 X 站至 X 站间采用电话闭塞法组织行车";由行车调度员口头通知司机或车站转告司机调度命令的内容。

(5)向线上司机发布站间电话闭塞行车口头命令。

(6)确认区段空闲后,行车调度员指示车站人员下线路人工准备进路,进路准备完毕,线路出清后报告行车调度员。

行车调度员通知车站将故障联锁站道岔开通列车运行线的位置并用钩锁器锁定,两端站的折返道岔在确认位置正确后,使用钩锁器但只挂不锁;各集中站列车运行进路的准备、检查确认和加锁的具体规定,按相关规定执行。

(7)按集中站报点铺画列车实际运行图。

有关站值班站长/行值接到调度命令后,采用就地级控制、组织行车,在每个需要接发列车的站台头端墙屏蔽门端门外方分别派站务人员负责接发列车。

各站应记录各次列车的到发时刻并及时填记《行车值班员工作日志》,各集中站须向行车调度员报点,行车调度员铺画运行图,掌握和控制列车运行间隔。

(8)故障修复后,发布恢复正常行车,取消前发实行站间电话行车法行车的命令,调整线上列车运行。

 任务实施

1.下发任务单,明确任务内容,学生课前按要求完成预习任务；
2.教师先进行讲解,学生分组学习；
3.学生自行总结车站联锁设备故障处理的经验；

4.教师和各组长担当本次任务的他人评价工作,评判同学们的任务完成情况。

任务三 列车在区间被迫停车处理

任务描述

系统研究列车区间停车处理方法,系统掌握列车救援、后退的应急处理措施。

任务单

1.掌握列车在区间被迫停车处理规定;
2.掌握列车退行处理方法;
3.掌握救援列车开行。

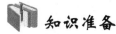
知识准备

除列车按列车运行图或调度命令的要求在区间有计划的停车外,其他因自然灾害、设备故障、事故等原因,造成列车在区间停车,称为列车在区间被迫停车。被迫停车可能造成列车脱轨、颠覆、甚至列车尾追;双线区间还可能妨碍邻线,中断行车。所以,造成被迫停车时,司机应迅速判明情况,及时报告两端车站及行车调度员,并采取积极措施,防止事故扩大,以最短时间,尽快恢复行车。

发生车辆故障时,控制中心调度人员应与车辆检修调度员、列车司机及车站值班员等紧密联系,协调动作,在确保安全的前提下,最大限度地维持列车运行。

一、列车在区间迫停处理

1.处理规定

(1)列车在隧道内停车时,如果停车超过2min,行车调度员口头通知环控调度员送风。

(2)列车故障情况下行车组织由OCC全权负责,故障的判断和处理由司机全面负责,行车调度员有责任提出辅助处理意见,但司机离开驾驶室处理故障前须报告行车调度员,行车调度员接到司机的车辆故障报告后,应及时通知车场检修调度员。

(3)司机对列车的故障处理,原则上为3min,司机确认无法处理或3min后还无法动车时,通过行车调度员向DCC检修调度员提出技术支援的要求,同时继续处理故障。

(4)列车的故障处理时间原则上为6min,如仍不能动车时,由值班主任确定处理办法,当决定救援时,司机做好救援的防护连挂工作。

(5)正线发生列车故障、救援或需要出动备用车、换车等行车需要时,行车调度员通知相关换乘室/亭的司机,然后由值班主任或行车调度员向DCC通报,并由车辆段调度员向车辆段派班员、信号楼值班员通报。派班员或车辆段调度员、信号楼值班员按照《车辆段运作手册》相关条款组织列车出车辆段,并向司机传达清楚。

(6)请求救援列车需要疏散乘客时,行车调度员通知司机和有关车站值班站长要做好乘客疏散及救援工作。司机除引导乘客下车外,还必须做好列车的防护及协助救援工作。

2.列车在区间迫停的处理方法

列车故障可能发生在列车上的任何一个部分,在发生列车故障后,需对列车故障进行判断,然后根据故障情况,分别采取下列不同的处理措施:

(1)列车继续前行

列车被迫停车后,司机在最短时间内判明是否能维持运行。如可维持运行,不致危及行车安全时,应继续运行至有条件处理的处所,并及时向控制中心行车调度员报告,防止阻塞正线,影响后续列车运行。列车继续向前方车站运行,同时要求司机随时报告列车的技术状况,观察故障是否越来越严重。

列车被迫停在区间时,司机报行车调度员,行车调度员确认停车位置至前方站出站信号机间线路空闲、道岔位置正确且锁闭后,命令司机以适当驾驶模式限速运行到前方站;列车到达前方站(或在车站发生故障)不能修复时,清客退出服务,该空车按情况选择合适驾驶模式限速运行到合适存车点退出运营,行车调度员应严密监控该故障列车的运行情况。

(2)列车后退回有配线车站

如果不宜继续长时间运行,且刚出有配线车站,可以安排列车后退,回到发车站,进入车站配线,退出运营。

(3)派列车救援

在列车不能动车时,必须采取列车救援方法,力求用最短时间恢复正线畅通。列车因接触轨长时间无电而不能自力运行,可视情况请示领导使用工程车担当救援。

当车辆故障列车不能自力运行,司机请求救援时,行车调度员须按下列规定办理:

①及时、准确了解现场情况;

②及时将后续列车扣在车站,并调整全线列车运行;

③适时将情况通告全线车站;

④根据线路情况,可使部分列车中途折返。

二、列车退行

1. 列车退行规定

在非正常情况下,列车部分或全部车厢越过站台需退回站台内办理乘降作业,或列车从区间返回车站退行,可以推进或牵引运行。在列车因事故或其他原因在站间不能正常行车的情况下,为避免列车在区间清客,行车调度员可授权列车司机进行列车退行至最近站台。

(1)列车因故在区间停车需要退回车站时,司机必须报告行车调度员。

(2)行车调度员在确认退行列车停车位置到需退行车站站线及其后方区间没有列车占用,并在后方站设置扣车后,或者后方区间虽已有列车进入但已命令停车且停车位置到前方站台仍有信号机防护时,同时必须将退行路径上的有关道岔锁定(进路锁定或单独锁定)后,方可同意列车退行。

(3)如退行列车已全部出清站台计轴区,得到行车调度员同意后,原则上须换端方可退行(即牵引退行,列车驾驶模式为ATP切除);否则可以不换端方以ATP切除模式退行,退行前行车调度员应及时通知有关车站采取防护措施。

(4)列车退行进入车站时,车站接车人员应于头端墙处显示引导手信号,列车在头端墙处必须一度停车,确认引导手信号正确后方可进站。使用引导信号的时机为以下几种情况:列车出发整列离开站台区,因故需退回车站时,车站在确认列车后退进路无其他列车占用,先通知相关联锁站关闭该进路的起始信号机的追踪自排后,通知司机后退,并在头端墙显示引导手信号。

(5)退行列车到达车站后,司机应及时向行车调度员报告,根据行车调度员的指令处理。

2. 列车退行作业

行车调度员应：

（1）确定列车退行后，扣停后续列车，对于已经进入区间列车通知就地停车。

（2）通知列车退行目的地车站的值班站长有关退行的安排，同时准备退行进路或要求车站准备退行进路，检查列车退行路段是否安全。

（3）确认退行路径安全后，指示副司机前往尾端的驾驶室，进行无线通信设备测试，确保通信功能正常。

（4）授权列车司机以规定驾驶模式行驶至目的地，提醒列车司机沿途必须留意道岔的位置及站间的状况，确保清楚退行的安排。

（4）当完成退行，指示列车司机进一步的行动（例如列车清客），当事故处理完毕后，安排恢复正常行车。

3. 列车推进运行

在列车尾部驾驶室操纵列车运行或救援列车推送被救援列车运行为推进运行。

当列车头端驾驶出现故障的情况下，可在列车尾端驾驶推进运行；对故障列车实施救援时，也可推进运行。列车运行时须遵守以下规定：

（1）列车推进运行，必须得到行车调度员的命令准许。推进运行时，必须有乘务员或列车引导员在列车前端驾驶室引导，无人引导时，禁止推进运行。

（2）当难以辨认信号时，禁止列车推进运行。

（3）在30‰及其以上的下坡道推进时，禁止在该坡道停车作业，注意列车运行安全。

（4）列车推进运行的限速要求按《行车组织规则》的规定执行。

三、救援列车开行

1. 救援列车开行方案

城市轨道交通故障列车救援方案由救援列车来源、故障列车存车地点、运行进路等因素决定。

（1）救援列车来源

①后续车担任救援列车

优先选用后续车担任救援列车。在可以采用后续车救援时，原则上不采用其他救援方式。后续车担任救援列车主要有以下原因：

在列车发生故障到决定救援时间（一般6~7min）内，故障列车前方的列车已向前运行了2个区间或以上，后方列车已运行到后续车站并排队等待。采用后续列车推进救援，可以减少列车运行的距离和时间。

用牵引方式救援时，救援列车司机需进行3次的换端作业和重新启动列车，延长了救援时间；用推进方式救援时，只需故障列车司机进行1次换端作业即可完成，有利于缩短救援时间。

采用后续列车推进救援，仅仅影响到一条线（上行线或下行线之一）的行车；而采用前方列车牵引救援时，在牵引进入停车线时可能需要占用邻线，影响邻线行车。

②前行车担任救援列车

列车在终点站折返的过程中发生故障，列车压折返道岔，此时需要组织前行列车救援。发生此类故障时，行车调度员须提前预想、果断扣停前行列车，组织救援列车反向运行救援。

"逆向救援"是指利用前行列车反向推进故障列车进行救援的方法。根据故障列车的不同位置可以分为以下两种情况：

a. 如图5-1a)所示,当下行0213次列车故障需要救援时,由前行0913次列车逆向运行对故障列车实施救援,能够很快将故障列车推入K站存车线,如果由后续0613次列车实施救援,如果正向推进将距离其他辅助线较远,如果逆向牵引至K站存车线则要换端耽误时间,并且存在救援后恢复运行较困难等问题。

b. 如图5-1b)所示,下行0813次列车刚完成折返时突发故障需要救援,此时1012次列车无法对故障列车进行救援,行车调度员只能命令前行0713次列车清客后实施"逆向救援",将0813次列车推入存车线后再恢复运行。

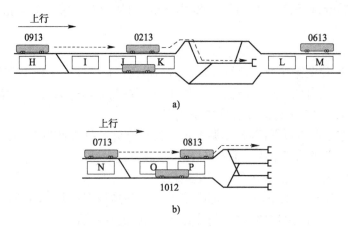

图5-1 在辅助线附近实施"逆向救援"示意图

③邻线列车担任救援列车

在某些特定的地点,后续车无法救援,可组织邻线列车通过辅助线进行救援。在首尾班车开行的时间段列车需救援时,为了不影响首尾班车的开行,可考虑灵活组织邻线列车救援。

④工程车救援

运营期间列车故障,原则上不组织工程车救援。当出现接触网断电,列车无法救援的情况,方可组织工程车进行救援。

⑤双车救援

双车救援主要适用于接触轨供电的线路和存在断电区不足一列列车救援的时候。

⑥利用后端动车避免救援

城市轨道交通列车两端设有驾驶室,有时行车调度员可以要求故障列车司机在故障处理中尝试后端动车以避免救援。利用后端动车的一种情况如图5-1所示,当列车在辅助线附近突发故障需要救援时,行车调度员除安排救援外可以要求司机尝试列车后端驾驶室是否能够动车,如果后端能够动车,就命令司机清客后直接将故障列车逆向牵引至辅助线退出运营,这相对于由其他列车实施救援具有节省时间和减少清客等明显优点。

利用后端动车的另一种情况如图5-2所示,当1312次列车在F站附近突发故障要求救援时,行车调度员也可以要求司机尝试后端驾驶室是否能够动车,如果后端能够动车则命令司机经过F站渡线至下行线后顺向运行至D站后,再推进回车场。利用后端动车的主要优点是可以避免除故障列车外其他列车的清客,最大限度地减少对正线其他列车运营的影响,但也存在由于没有引导员列车只能牵引不能推进,如果后端不能动车则会增加总体救援时间等问题。

不组织或暂缓救援。在特定的区域,如出、入厂线、某些可绕行地点,列车出现故障不能动车时,应优先采用变更进路组织列车运行,暂不组织救援。待专业人员处理后,如仍不能动车,则选择对正线影响较小的方式组织列车救援。

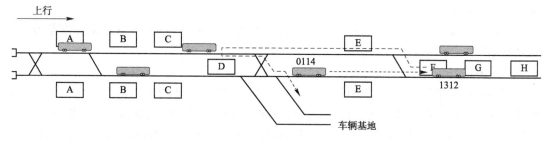

图 5-2　利用渡线变"逆向牵引"示意图

(2)故障列车存放地点

①回车辆段存放

回车辆段是救援的首选方式。为了避免故障列车停留在辅助线影响行车调整以及运营结束后二次救援对施工造成的影响,调度员应尽可能地将故障列车推送/牵引回车辆段,及时将隐患清出正线范围。

②车站配线存放

部分地点无法组织救援列车回车辆段;或者推进速度远低于旅行速度,推进距离过长,将严重影响后续列车运行时,可考虑将故障列车与救援列车一起推送至最近辅助线退出服务。

在故障列车被推送到停车线或折返线后,安排车辆技术人员到车上进行故障处理。经车辆技术人员排除故障后,列车将继续投入运营服务。修复的列车将运行到就近车站载客运营,或者根据行车组织的需要作为备用车。

(3)进路方向

进路方向有逆向或顺向两种。逆向牵引故障列车对运营秩序的影响很大,如果救援列车能够顺向牵引,就最好选择顺向牵引。例如,前行列车救援后,为了避免在救援过程中逆向牵引故障列车对运营秩序的影响,行车调度员可以利用渡线变逆向牵引为顺向牵引。如图 5-2 所示,当 1312 次列车在 F 站附近出现故障要求救援时,行车调度员命令 0114 次列车清客后前往救援,由于故障地点在车辆基地附近,因此两车连挂后,不是向前推进而应逆向牵引回车车辆段,同时为了避免对其他上行列车的干扰,0114 次在牵引故障列车到 F 站清客后,经 F 站渡线至下行线,再牵引回车车辆段,这样就变逆向牵引为顺向牵引,使上行线能够很快开通,同时对下行线列车运行的影响也在可控的范围内,从而将救援工作对列车运行的总体影响降到最低。

选择列车救援方案要遵守"快速、安全和高效"的原则。

2.救援列车的请求与派遣

(1)救援列车的请求

列车在区间被迫停车,不能继续运行时,司机要立即向控制中心行车调度员报告。在征得控制中心行车调度员同意后,司机应及时判明故障部位,并确定是否自己处理。如果列车的故障在规定时间内未能排除,且不能动车时,司机要立即使用无线电话向控制中心行车调度员申请救援,保持制动并做好防护。

申请救援的内容:列车车次、申请救援原因、迫停时间、地点(以百米标为准)、是否妨碍邻线,及其他需要说明的事项。

(2)救援处理

行车调度员得到救援申请后,应编制救援计划向控制中心值班主任申请,由值班主任批准确定处理办法。

①行车调度员接到司机的救援请求后,封锁故障列车所在区间,及时采取扣车措施,将后续列车依次扣停。

②了解情况、制订方案。

接到救援请求后,行车调度员首先要了解现场,掌握第一手资料,然后才能做出正确的安排。如询问司机在驾驶室内看到的指示灯情况、车门异常的迹象、是否发现或接到报告有人跌出车外、有无任何要求协助。然后发布封锁故障列车所在区间的命令,同时尽快编制救援列车开行方案。救援方案应由行车调度员提出,值班调度主任批准实施,从节省时间角度考虑,一般情况下优先使用在线列车进行救援作业。

③方案传达。

确定救援方案后,行车调度员应及时将方案通知相关司机和车站,要求涉及人员尽快做好救援前的准备工作,如使用在线列车救援应在救援前对列车清客作业,如需开行工程车救援,还应通知车辆段/停车场车辆调度员。

④列车故障救援,行车调度员应及时组织备用车上线运行,减少救援对运营的影响。

(3)救援列车的派遣

行车调度员确定救援方案后,使用无线调度电话向有关车站、司机发布开行救援列车的调度命令,及时组织备用车上线。也可以采用正线上运行的列车就近安排,担当救援任务。

调度命令内容包括清客地点(救援列车担当救援任务时须清客)、救援任务(连挂地点、运行径路、被救援列车清客地)救援列车车次及注意事项等。

3.救援列车作业要求及操作要点

(1)要点

为防止列车救援过程中发生意外造成事故扩大,或对正常区段运营秩序造成重大影响,开行救援列车过程中应遵守以下要点:

①列车救援中,行车调度员应本着"定方案、保正线、把两端"的原则兼顾救援列车开行与正线运行秩序;

②已申请救援的列车严禁动车,司机根据规定做好救援前的防护工作等待救援;

③救援连挂过程中,统一听从被救援列车司机指挥,凭被救援司机指令进行连挂,严禁臆测行车;

④行车调度员未发布开通区间的命令前,严禁除救援列车外的其他列车进入该区间;

⑤利用在线列车作为救援列车时,必须将列车清客完毕后方可前往封锁区间进行救援。

(2)救援故障列车前准备工作

①列车制动准备。

已申请救援的列车严禁动车,司机应做好防护及救援准备工作。

②救援列车清客安排。

原则上救援列车空车前往救援。救援列车必须在就近站台进行清客作业,救援列车司机接到救援命令,在车站进行清客广播,安排车站、公安配合清客。故障列车停在站台或部分已进入站台时,应先清客,再进行救援;如故障列车处于区间,在情况允许的前提下可以救援至就近站台后进行清客作业,否则应立即组织区间清客。

被迫停在区间的列车启动后,行车调度员应及时通知环控调度员取消区间阻塞模式和通过 CCTV 大屏监视列车到达车站的状况。

③建立无线通信。

救援列车、故障列车与行车调度员间建立无线通信,进行通话测试。在任何情况下救援列车司机及故障列车司机必须保持联络,如遇通信不畅时,不得盲目行车;如遇突发事情,应立即停车了解实况,直至完成救援作业。

当行车调度员接到被救援列车在车站清客完毕的报告后,使用无线调度电话发布调度命令通知救援列车运行目的地(车辆段、停车场或临时停车线)。

④选择驾驶模式。

如果使用正向牵引方式,完成清客作业后,司机应前往另一端的驾驶室,根据行车调度员的命令,使用 RM 驾驶模式前往故障列车现场,并在故障列车前安全距离外停车,根据救援负责人(被救援列车司机)指挥与故障列车进行连挂。

如果使用推进运行方式,完成清客作业后,司机应根据行车调度员的命令,使用 SM 驾驶模式前往故障列车现场;接近故障列车时必须得到行车调度员授权,使用 RM 驾驶模式停在故障列车前安全距离处,根据救援负责人(被救援列车司机)指挥与故障列车进行连挂。

(3)救援列车与故障列车进行连挂作业

救援过程中,列车连挂由车站行车值班员现场指挥,行车调度员须通过 ATS 系统监视列车当前状况。

①救援列车司机必须确定故障列车已将故障切除,方可进行连挂作业。故障列车司机必须确定故障部分已切除,并通报有关情况给救援列车司机。

②救援列车连挂故障列车。调车时,故障列车的司机担当调车指挥人,指挥救援列车连挂故障列车,调车指挥人应正确及时地显示调车手信号,救援列车司机应认真确认手信号,并鸣笛回示。

救援列车牵引故障列车运行时调车进路的确认由救援列车司机负责;救援列车推送故障列车运行时,调车进路的确认由故障列车司机负责。

③完成挂接后,救援列车、故障列车司机必须将"列车连挂"开关扳到"通"位,并经相互确定后,进行制动系统测试。确定制动系统正常及故障列车的制动系统已缓解后,通报行车调度员。

④得到行车调度员授权后,救援列车司机可使用规定驾驶模式,按指定速度将故障列车驶离正线。

4.救援列车开行

(1)行车方法

发生列车故障停车时,行车调度员必须对有关区间线路发出封锁区间的命令,向封锁区间发出救援列车时,不办理行车闭塞手续,以行车调度员的命令作为进入区间线路的行车凭证。救援列车在非封锁区间行车按原行车闭塞法行车。

(2)救援列车开行

①行车调度员接到司机(车长)的救援请求或行车调度员决定实施救援后,向有关车站发布开行救援列车的命令。

故障列车在区间时,需发布站间线路封锁的命令,行车调度员组织就近列车担任救援。

故障工程车在区间时,需要发布封锁站间线路的命令,行车调度员组织就近工程车担任救援。

②已申请救援的列车不准动车,司机(车长)应打开被救援列车两端的标志灯作为防护信号。并注意与救援列车的连接。

③列车救援优先使用列车担任,救援列车应距被救援列车 15m 外停车,听从救援负责人(被救援列车司机)的指挥,在接近被连挂车辆 1m 处停车,然后再进行连挂。在连挂之前还可继续排除故障,但不能启动列车,如故障排除则报告行车调度员取消救援。

④向封锁区间发出救援列车,不办理行车闭塞手续,以行车调度员命令为进入封锁线路的许可。

⑤在未接到开通封锁线路的调度命令前,不得将救援列车以外的其他列车开往该线路。

⑥若使用工程车救援列车时,应采用双机重联的方式,并执行相关限速要求及规定。

⑦采用电话闭塞法行车时,开行救援列车的规定:

a. 向故障列车占用的闭塞区段列车线路发出救援列车时,凭行车调度员命令行车。

b. 救援列车连挂后,推进或牵引通过车站时,中途站不办理行车闭塞手续,以行车调度员命令作为进入闭塞区段线路的许可;进入救援终点站时,须在进入存车线前一度停车。行车调度员向救援列车司机发布允许列车通过车站的命令前,须与前方站共同确认区段线路空闲后,方可发布。

c. 故障列车位于转换轨,无后续列车救援推送回车车辆段时,行车调度员发布命令,车辆段以调车方式将故障列车牵引回车辆段。

⑧原则上不组织载客列车担任救援列车。

5. 列车在区间被迫后救援,行车调度员应

(1)当接到请求救援要求时,发布调度命令,封锁故障列车所在区间,同时要求故障列车司机对列车进行制动,并设置好防护;

(2)扣停后续列车;

(3)确定列车救援方案,指示救援列车在适当车站进行清客;

(4)发布开行救援列车调度命令;

(5)列车将进入封锁区间前,发布列车进入封锁区间的调度命令;

(6)通过 ATS 系统监视列车连挂过程,指示列车按规定运行;

(7)列车出清封锁区间后,立即发布开通区间的调度命令;

(8)故障列车在车站清客;

(9)将故障列车送到退出地点;

(10)对线上列车进行运行调整,恢复列车正常运行秩序。

【例 5-1】 3125 次在甲站至乙站间下行线 10km + 200m 处故障被迫停车,请求救援,利用在线运行的 3127 次担任救援,将故障列车送回车辆段。各站及故障列车、救援列车、车辆段所在位置如图 5-3 所示。

(1)行车调度员接到 3125 次司机的救援请求后,发布封锁区间的调度命令,调度命令格式如表 5-2。

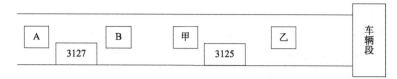

图5-3 各站及故障列车、救援列车、车辆段所在位置

开行救援列车的命令　　　　　　　　　　表5-2

受令处所	甲站、乙站	日期	命令号码	调度员姓名	发令时间
		2015.6.5	201	王鸣	14:25
命令内容	自接令时起,甲站至乙站间下行正线线路封锁				

(2)应向甲站、乙站、B站及车辆段发布开行救援列车的命令,调度命令格式如表5-3。

开行救援列车的命令　　　　　　　　　　表5-3

受令处所	A-乙站、车辆段信号楼,A站交3127次司机	日期	命令号码	调度员姓名	发令时间
		2015.6.5	202	王鸣	14:30
命令内容	1.因3125次在甲站至乙站间下行线10km+200m处故障请求救援,准许B站至乙站间下行线加开601次列车到甲站至乙站间下行线10km+200m处担任救援工作,连挂3125次后,推送至车辆段。 2.601次由3127次担任,在B站清客后担任救援。 3.注意防护信号和安全。 4.601次运行到甲站下行站台待命				

(3)待3127次运行至A站清客完毕后,以规定驾驶模式运行至甲站,等待接受进入事故封锁线路进行救援的命令,命令格式如表5-4。

准许列车进入封锁命令　　　　　　　　　　表5-4

受令处所	甲站、乙站、甲站交601次司机	日期	命令号码	调度员姓名	发令时间
		2015.6.5	203	王鸣	14:35
命令内容	准许601次进入封锁线路进行救援工作				

(4)甲站与乙站不需办理行车闭塞手续,在确认发车进路准备妥当后,将封锁命令交与司机作为进入封锁线路的行车凭证。

(5)601次须在距被救援列车3125次规定距离外停车,然后按照救援指挥人或3125次司机的指挥进行连挂作业。

(6)确认601次救援列车与3125次故障列车连挂妥当后,以规定驾驶模式将故障列车推送至车辆段。

(7)事故处理完毕后,行车调度员下达甲站至乙站间下行正线线路开通的命令,恢复正常行车。开通命令格式如表5-5。

线路开通命令　　　　　　　　　　表5-5

受令处所	甲站、乙站	日期	命令号码	调度员姓名	发令时间
		2015.6.5	204	王鸣	14:45
命令内容	确认甲站至乙站间下行正线线路空闲,自接令时起,甲站至乙站间下行正线线路开通				

167

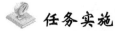 **任务实施**

1. 下发任务单,明确任务内容,学生课前按要求完成预习任务;
2. 教师先进行讲解,学生分组学习;
3. 学生自行总结列车被迫停车处理的经验;
4. 教师和各组长担当本次任务的他人评价工作,评判同学们的任务完成情况。

任务四　突发情况调度指挥

 任务描述

理解突发情况行车组织一般要求,掌握线路故障时应急处理、临时交路应急处理、正线发生脱轨、挤岔事故时应急处理、发生列车轧人事故应急处理、发生火灾事故应急处理、公交接驳和屏蔽门故障处理。

 任务单

1. 熟悉突发情况行车组织一般要求;
2. 线路故障时应急处理;
3. 临时交路应急处理;
4. 发生脱轨、挤岔事故时应急处理;
5. 发生列车轧人事故应急处理;
6. 公交接驳应急处理;
7. 屏蔽门故障应急处理;
8. 发生火灾事故应急处理。

 知识准备

"安全第一,乘客至上"是城市轨道交通调度指挥的唯一宗旨。列车运行是一个动态的、变化的过程,运营中的各种情况都具有随机性、复杂性。客流的增减、列车的晚点、运营秩序的紊乱、突发事件及设备故障等都对轨道交通系统列车运行造成影响。

一、突发情况行车组织一般要求

(1)行车调度员在突发情况的行车组织工作中,须牢固树立"安全第一"的思想;坚持高度集中、统一指挥的原则,迅速、准确地查明情况;并采取有效措施控制事态、减少损失、防止次生灾害的发生,并及时向值班领导汇报。本着抢险与运营并重的原则,在积极处理特殊情况的同时,最大限度地维持运营,并通告相关车站,加强对乘客的宣传、疏导工作。

(2)在行车工作中出现突发事件时,行车调度员应尽快了解现场情况,严格按照《轨道交通运营突发事件通报办法》,及时报告部门及公司相关领导。现场情况一时无法判明时,也应将所能了解的情况先行报告,待详情了解后,再行续报。

(3)事故报告应包括以下方面的内容:

①事件发生的时间(时、分)、地点(区间、百公尺标、线别);

②事件的概况,对运营的影响程度;

③否有设备损坏、人员伤亡；
④其他须说明的事项。

二、线路故障时应急处理

线路是列车运行的平台，任何发生在线路上的故障，都将直接导致列车运行受阻。线路故障主要分为发生在轨道上的故障和发生在道岔上的故障。

1. 正线轨道应急处理

（1）按技术安全部的通知或工务人员的请求，采取限速运行措施；

（2）当走行轨发生断裂无法使用时，正常交路无法实现，区间或车站必然引起堵塞，可利用有道岔车站组织列车折返，列车运行采用临时交路，维持区段运行。

2. 正线道岔故障

道岔故障后，按"先通后复"的原则组织行车，视故障情况及行车需要及时组织抢修。在故障道岔不能通车且预计故障时间达到要求时，OCC应及时启动临时交路。

正线道岔故障，行车调度员应：

（1）接报后调整列车运行，并向全线广播运营受阻；

（2）扣停相关列车待令；

（3）通知信号调度员派人进行处理；

（4）如为机械故障，通知工建车间调度员派人进行处理；非机械故障时，布置车站人工排列进路接发列车；

（5）指令车站做好人工准备进路的准备，条件允许时，应令人工准备进路人员在故障道岔旁安全位置做好人工准备进路的准备；

（6）确认通号抢修人员在规定的时间内不能修复，立即令车站进行人工准备进路，据此组织行车（条件允许时，立即下放HMI控制权给车站，授权车站负责指挥行车）；

（7）车站人员进行人工准备进路时，视情况可安排其在准备进路妥当后到安全地点待避，视列车调整情况，择机安排其利用行车间隔或登乘列车返回车站；

（8）如故障影响列车运行交路或车站需停止服务时将情况通报有关人员。

3. 折返线轨道或道岔故障应急处理

终点折返站一般至少拥有两条以上的折返进路。如果由于轨道或道岔故障引起其中一条进路不能实现，为使列车能够维持全线运行，列车应利用其他进路折返。

三、临时交路应急处理

当发生因列车故障救援、挤岔、脱轨、环线故障等原因引起线路堵塞的情况时，各部门、各工种应本着"安全第一"的原则，根据实际情况，列车运行将不得不考虑采用临时交路，分段运行。结合列车运行间隔，采取机动灵活的措施，确保列车运行和乘客运输的畅通。

1. 长交路中断的应急交路

因线路设备、客流特点、车站分布及行车密度等因素的影响，特别是客流高峰时段，故障事件时都采用单一短交路，显然是不合理的。所以，应视情况合理选择不同的短交路。

（1）一条线路中断时应急交路

如图5-3在BC上行区段有故障事件发生，造成上行区段运营线路中断，采用嵌套式短交路、衔接式短交路和半嵌套式短交路3种方案，进行分析比较。

①嵌套式短交路

嵌套式短交路示意图见图5-4。

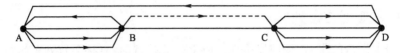

图5-4 嵌套式短交路

嵌套式短交路的列车在 AB、CD 区段双线单向运营,折返站分别为 A、B 站和 C、D 站;BC 区段利用下行线进行单线双向运营,列车由 AB、CD 区段提供,折返站为 A 站和 D 站。

②衔接式短交路

衔接式短交路示意图见图5-5。

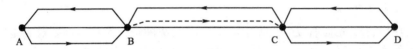

图5-5 衔接式短交路

衔接式短交路列车在 AB,CD 区段的运营方式与嵌套式短交路相同;BC 区段利用下行线进行单线双向运营,BC 区段运营列车固定车体、固定线路和固定时间,折返站分别为 B、C 站。

③半嵌套式短交路

半嵌套式短交路见图5-6、图5-7。

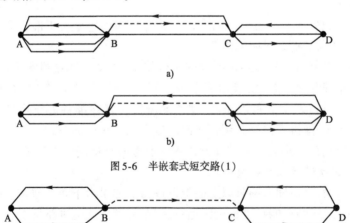

图5-6 半嵌套式短交路(1)

图5-7 半嵌套式短交路(2)

半嵌套式短交路的列车在 ABCD 区段的运营方式与嵌套式短交路相同;BC 区段利用下行线进行单线双向运营,列车由 AB 区段或 CD 区段提供,折返站分别为 A、C 站或 B、D 站。

(2)两条线路中断时应急交路

当两线路完全中断,可以采取两个不相交的短交路。

2.长短嵌套交路中断的应急交路

(1)一线路中断时应急交路

①短交路外线路中断

首先保证短交路列车运行,其次对与故障地段的列车交路采取采用嵌套式短交路、衔接式短交路和半嵌套式短交路之中的一种,车底合理配置在两个交路上。

②短交路内线路中断

采取采用嵌套式短交路、衔接式短交路和半嵌套式短交路之中的一种,但应该提高单线双方向区段列车运行的速度和密度。

(2)两条线路中断

保证短交路的运行秩序,对中断区段采取两个不相交的短交路,中断部分可以采取公交接驳方式,保证乘客的直达。

3.实施临时交路,行车调度员应

(1)行车调度员通过无线设备和电话与相关车站及列车司机联系,了解事故情况并同时询问各相关系统设备的运行状况;

(2)行车调度员中断 ATS 对列车运行的指挥,暂时停止全线列车的运行,并用无线设备通知所有的司机,用电话通知所有车站,用广播通知所有在车站和列车内的乘客;

(3)行车调度员使用人工排列进路方式,通过无线设备和车站值班员的配合,将停在区间中的列车引导进站,将乘客疏散到站台上;

(4)车站值班员根据控制中心调度员的命令,暂时关闭车站的入口,防止造成车站的过度拥挤,同时用广播向站内乘客说明情况,开放出站闸机;

(5)行车调度员在确定不能在短时间内恢复运行时,决定采取临时交路运行,通知全线;

(6)行车调度员将临时运营计划下达到各个车站,通知列车司机和乘客;

(7)在线路中间的临时折返站,行车调度员将临时折返进路设置权下放到临时折返站,由车站值班员排列列车折返进路;

(8)行车调度员负责指挥列车在临时交路的运行,并随时向乘客传递列车运行的信息;

(9)列车在列车司机的监视下以 ATO 模式运行,并在 ATP 的监视下保证安全,实施临时交路。

四、正线发生脱轨、挤岔事故时应急处理

1.处理原则

当发生脱轨、挤岔事故时,指挥调度中心各岗位员工应遵循以下原则:

(1)各岗位应本着"安全第一、乘客至上"的原则,尽快恢复正常的运营生产。

(2)正线发生脱轨、挤岔事故时由行车调度员全权负责。

(3)各相关工种应沟通协调,保持信息畅通。

2.正线脱轨事故时行车组织预案

(1)列车在正线线路脱轨,应根据具体情况,灵活掌握线路使用,采用绕行或维持区段运营等方法,最大限度地满足行车安全和客运服务的要求。

(2)若上、下行线同时不能进行列车服务达到应急公交接驳运条件,则向公交公司通报,请求实施公交驳运;通知相关车站做好公交驳运时的乘客引导工作。

3.正线脱轨时,行车调度员应

(1)确定列车脱轨地点、车次和脱轨车辆号,脱轨轮对及受影响区段(道岔)号码,封锁有关线路区段。

(2)扣停开往受影响区域的列车,对已进入区间的列车影响事故起复时,组织其退回始发车站。

(3)了解事故列车载客量和人员伤亡情况,报告值班主任。

(4)通知电力调度员做好关闭脱轨区段的牵引电流和挂接地线的准备。

(5)通知司机和车站值班站长进行乘客疏散,通报各相关车站和车辆段(车场)调度员,确认乘客疏散完毕。

(6)配合现场事故处理主任,做好脱轨列车的救援起复工作。

(7)组织好救援期间的列车降级运营。

(8)起复后,根据公司救援总指挥的指示执行。

(9)确认接地线拆除和线路出清后,通知电力调度员送电,做好恢复正常运营的准备工作。

(10)必要时组织一列车清客或工程车前往救援,连挂脱轨列车限速15km/h运行进入就近的存车线(折返线),待运营结束后再安排事故列车回车辆段(车场)检修。

(11)组织备用列车接替下一轮服务。

4. 正线挤岔事故

(1)挤岔时,列车一般不得后退,在专业人员的确认和监护下,列车可缓慢开出岔区或固定好道岔后再行后退。

(2)正线发生挤岔事故时,行车调度员应:

①确定列车车次和被挤道岔号码、受影响区段。

②扣停开往受影响区段的列车。通报各站和车辆段(车场)调度员。

③通知司机挤岔后列车不准移动。

④确定挤岔车辆号和具体轮对、列车首尾位置和是否侵入邻线,如影响邻线及时扣停接近列车。

⑤确定列车载客量及人员伤亡情况。

⑥如影响牵引电流,通知电力调度员关闭挤岔区段的牵引电流。

⑦指示司机安排乘客疏散及车站派人协助,扣停邻线运行列车。

⑧组织不受影响区段列车运营。

⑨需救援时,安排救援列车开往较有利位置进行救援。

⑩必要时,封锁线路交维修调度员进行抢修。

若挤岔后脱轨,则按"正线岔区脱轨"办法处理。

五、发生列车轧人事故应急处理

1. 处理原则

当发生列车轧人事故时,指挥调度中心各岗位员工应遵循以下原则:

(1)各岗位应本着"安全第一、乘客至上"的原则,尽快恢复正常的运营生产。

(2)各相关工种应沟通协调,保持信息畅通。

2. 车站列车发生轧人事故,控制中心行车调度员应

(1)确认发生事故的列车车次和事故发生的地点和人员伤亡情况。

(2)向有关车站发布封锁线路命令,布置司机和车站进行抢救。

(3)根据影响情况组织线上列车扣停。

(4)将事故情况通报全线各站。

(5)根据现场请求,实施接触轨停电。

(6)接司机和车站处理完毕线路出清报告后,向相关站发布取消封锁线路命令。

(7)根据现场请求,实施接触轨送电。口头指示司机动车,同时通知车站恢复运营。

(8)组织、调整列车运行秩序。并记录事故处理过程。

3. 区间列车发生轧人事故,控制中心行车调度员应
(1)确认发生事故的列车车次和事故发生的地点和人员伤亡情况。
(2)向有关车站发布封锁线路命令,布置司机和车站进行抢救。
(3)根据影响情况组织线上列车扣停。
(4)将事故情况通报全线各站。
(5)根据现场请求,实施接触轨停电。
(6)接司机处理完毕线路出清报告后,向相关站发布取消封锁线路命令。
(7)根据现场请求,实施接触轨送电。
(8)组织轧人列车在就近站清客并退出运营。
(9)组织、调整列车运行秩序,并记录事故处理过程。

六、发生火灾事故应急处理

1. 处理原则

当发生火灾事故时,指挥调度中心各岗位员工应遵循以下原则:
(1)各岗位应本着"安全第一、乘客至上"的原则,尽快恢复正常的运营生产。
(2)各相关工种应沟通协调,保持信息畅通。

2. 车站站厅发生火灾时,行车调度员应
(1)确定火点、火情及伤亡情况。
(2)指令失火车站紧急疏散乘客,通报各站。
(3)视情况组织列车在火灾车站只上客不下客或限速不停站通过火灾车站。
(4)必要时,为救援人员从邻站进入火灾站站台提供运输帮助。
(5)向各站通报火情。
(6)火灾扑灭后,恢复正常运营。

3. 车站设备房发生火灾时,行车调度员应
(1)确定火点、火情及伤亡情况。
(2)影响接触轨供电时组织相应的列车运行方式。
(3)向各站通报火情。
(4)火灾扑灭后恢复正常运营。

4. 列车在车站发生火灾时,行车调度员应
(1)确定火点、火情及伤亡情况。
(2)指令失火列车所在车站紧急疏散乘客,调整列车运行。
(3)需要时(如喷水灭火)通知电力调度员停止该区域的供电。
(4)通报各站,做好相应措施。
(5)指令车站值班站长将该列车扣停在站内灭火,同时扣停影响灭火的其他列车;
(6)与火灾事故车站的值班站长保持联系,及时掌握现场灭火情况;
(7)视情况组织有限度的列车服务,如小交路运行、反方向运行等;
(8)火灾扑灭后,调整列车运行。

5. 列车在区间发生火灾时,行车调度员应
(1)确定火点、火情及伤亡情况;

(2)要求司机尽力驾驶列车到达前方站;

(3)通报各站,扣停有关列车,调整列车运行;

(4)如列车能够行驶到达前方车站,则执行"列车在车站发生火灾"的灭火处理步骤;

(5)通知电力调度员停止该区域的供电;

(6)如列车不能够行驶到达前方车站,则组织区间疏导,并通知相邻两站值班站长派人引导乘客进站;

(7)将后续列车扣停在后方车站,组织不受影响的车站降级运营;

(8)安排备用列车上线接替火灾列车;

(9)火灾扑灭后,调整列车运行。

七、屏蔽门故障应急处理

1. 屏蔽门/安全门故障的处理原则

(1)"先通车后恢复"的原则,在保证安全的前提下,确保列车正点运行;

(2)原则上屏蔽门/安全门故障时状态的确认和应急处理由车站负责;

(3)当运营中屏蔽门/安全门发生故障时,司机、车站要及时广播,引导乘客上下车;

(4)滑动门故障修复后,须对相应侧的屏蔽门/安全门进行一次开关门试验;

(5)屏蔽门/安全门故障的处理:有关屏蔽门/安全门系统设备的操作和故障处理的具体规定按《车务应急处理程序》及《乘务应急处理程序》执行。

2. 发生屏蔽门与车门联动功能故障时处理

(1)列车到站(停车标±300mm)停稳后,发生屏蔽门与车门联动功能故障,司机必须按照"开门时先开屏蔽门后开车门,关门时先关屏蔽门后关车门"的顺序,在 PSL 上手动操作屏蔽门打开或关闭,将情况报告行车调度员。

(2)若列车运行到前方站停稳后,仍发生屏蔽门与车门联动功能故障,可视为车辆原因引起故障,行车调度员应通知车站派站务人员添乘该列车,负责操作屏蔽门的开关操作,协助司机瞭望进路,监督列车司机按规定速度运行。

(3)若后续列车到达该站时同样发生屏蔽门与车门联动功能故障,则视为车站原因联动故障,由车站站务人员负责本车站屏蔽门的开关操作,包括在 PSL 上打"屏蔽门互锁解除"开关,保障列车能够以正常模式进出站。

(4)如故障处理过程中需保持屏蔽门常开可能会对乘客造成危险,车站应做好防护。行车调度员可根据站台客流量、站台秩序及车站控制能力要求司机降低列车进出站速度。

3. 屏蔽门其他故障

其他有关屏蔽门/安全门系统故障处理严格按《车务应急处理程序》《行车组织规则》《行车调度规程》等相关规定执行。

4. 屏蔽门故障时,行车调度员应

(1)行车调度员与车站相互通报与确认故障,及时通报维修部门进行处理;

(2)严格执行"先通后复"原则,要求车站按规定程序处理;

(3)与车站确认站台安全后通知司机 RM 动车;

(4)故障未消除前,向后续列车司机通报故障情况。

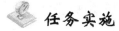 **任务实施**

1. 下发任务单,明确任务内容,学生课前按要求完成预习任务;
2. 教师先进行讲解,学生分组学习;
3. 学生自行总结列车运行突发情况应急处理的经验;
4. 教师和各组长担当本次任务的他人评价工作,评判同学们的任务完成情况。

任务五　特殊列车开行

 任务描述

理解反方向行车影响,掌握反方向列车开行规定;理解区间封锁,列车封锁区间运行;认识工程车,掌握工程车开行规定。

 任务单

1. 反方向行车;
2. 封锁区间列车运行;
3. 工程车开行。

 知识准备

一、反方向列车运行

1. 反方向运行特点

各城市轨道交通系统《行车组织规则》中对双线区段线路均规定了上行和下行列车运行方向,正常情况下上行方向列车在上行线运行,下行方向的列车在下行线运行。根据需要当上行方向列车在下行线运行或下行方向列车在上行线运行时,则称为列车反方向运行。

由于开行救援列车或行车调度员进行运行调整等的需要,可组织列车反方向运行。双线区间,为了解决两端站向区间发车的权力,《行规》规定:"在双线区段,列车应按右侧双线单方向运行,仅限于整理列车运行时,方可使列车反方向运行,仅在正方向区间的线路封锁施工、发生自然灾害或因事故中断行车等特殊情况下,经控制中心主任(副主任)准许,方可反方向运行。"

而双线改为单线行车,是指在双线区间遇有特殊情况时,封锁(停用)一线而仅用一线行车的状况。列车改变线别运行,构成双线区间列车反方向运行或双线改为单线行车的主要原因有:

(1)列车调整运行;
(2)线路封锁施工;
(3)线路及"信、联、闭"设备故障;
(4)发生不可抗拒的自然灾害侵袭;
(5)发生行车事故;
(6)其他特殊情况。

双线反方向行车或改按单线行车时,闭塞信号和联锁设备等行车安全控制系统不能正常使用,无法从设备上保证行车安全。同时,由于行车有关人员办理习惯的影响,极易发生差错,所以一定要严格掌握周密组织,稍有不慎,就容易发生重大事故。

列车改变线别运行过程中,尤其要注重做好调度命令的下达、抄收及传递工作,认真执行接发列车作业标准,以确保双线反方向或双线改单线后的接发列车作业安全。

2. 列车反方向运行规定

(1)除降级运营时组织单线双方向运行或开行救援列车外,列车不准反方向运行。

(2)列车反方向运行的指定。

①使客运列车反方向运行,行车调度员应向中心领导请示。

②使施工列车、救援列车、调试列车、回空列车反方向运行,由行车调度员准许。

(3)列车反方向运行时,应按下列规定办理。

①CBTC 模式下列车反方向运行按正常列车办理,行车凭证为目标点和速度码,在反方向运行前,行车调度员应以口头指示形式将列车运行的经路传达给相关车站和司机;

②非 CBTC 模式下列车反方向运行按电话闭塞法组织行车或采取区间封锁方式运行;

③组织反方向运行时,行车调度员应密切监控列车运行,适时扣停对向列车,确保列车运行安全;

④列车反方向运行时,车站及列车司机应做好乘客广播工作,维持好列车及站台乘客秩序;

⑤工程车需在明确行车计划和进路排列好的情况下方可反方向运行。

3. 封锁区间反向行车作业程序

(1)发布调度命令,封锁反向运行区段末端相邻一个站间区间;

(2)对反区间列车实现扣车;

(3)确认列车与前行车列车之间,有两个及其以上的站间区间空闲,确认接车站进路准备妥当,并锁闭好;

(4)根据情况,准备列车发车进路;

(5)填写行车凭证调度命令,并交付司机;

(6)司机按规定的速度运行;

(7)列车到达,交付行车凭证;

(8)取消封锁,开通区间,恢复列车运行。

4. 电话闭塞法的情况下反向运行规定

列车反方向运行须得到调度命令后方可办理,其作业程序按电话闭塞办理。

二、列车封锁区间运行

按照自动闭塞法、移动闭塞和电话闭塞法的规定,列车进入区间或闭塞分区前,对该区间或闭塞分区的状态有两个基本要求:一是该区间必须空闲,自动闭塞区间必须至少有一个闭塞分区(客运列车至少有两个闭塞分区)空闲;二是该区间内的线路、桥梁、隧道及涵洞等行车设备必须处在完好状态。二者缺少一条,就要中断正常行车,并按规定封锁该区间。

1. 区间封锁、开通的手续

(1)封锁区间

发生行车事故时由司机(施工时由施工领导人)将事由报告行车调度员,不可能直接报告时,则报告最近车站的车站值班员,再转报行车调度员。行车调度员接到报告后,向该区间两端站车站值班员发布封锁区间的调度命令,方可组织事故抢救、抢修。需要施工封锁时,行车调度员接到请求后,按施工计划调整行车计划,向区间两端站车站值班员和施工领导人发布封锁区间施工的调度命令,方可配合施工。

(2)开通区间

开通区间时,仍由上述现场有关人员将区间情况报告行车调度员,不可能时经就近车站值班员转报行车调度员。行车调度员查明区间确已空闲,达到确能连续通行列车条件,向区间两端站车站值班员(施工封锁时包括施工领导人)发布开通区间,恢复行车的调度命令。必要时还应发布限速运行的调度命令。

2.列车封锁区间运行

(1)由于施工、调试或试验项目需要,使列车在同一区段多次往返运行时,应采用封锁区间的方式组织列车运行;

(2)封锁区间运行时,列车凭调度命令进入封锁区间运行;

(3)封锁区间内的所有道岔应保持开通于列车运行方向,且不允许扳动。

三、工程车开行

1.工程车及开行依据

工程列车是指进入正线运行的用于配合施工作业的列车。一般在《行车组织规则》中对工程列车的车次号范围做专门的规定。凡上正线运行的工程列车,必须被赋予相应的车次号。

工程列车可以是单独一台内燃机车或其他专用作业车,也可以是由几种作业车辆的编组而成的列车。城市轨道交通运营企业运用的工程车辆主要有普通轨道车、钢轨打磨车、轨道起重车、接触网放线车、接触网架线车、平板车和平板吊车等。其中,采用接触轨系统的运营企业就不需要用到接触网相关的作业车型。

(1)轨道车

轨道车是一种用于铁道设备维修、大修、基建作业中使用的内燃机车。在施工作业过程中可用来牵引装载物料或设备的平车,日常情况下可在段场内(特殊情况下也可在正线)用于牵引或推送无动力的列车,如图 5-8、图 5-9 所示。

图 5-8 轨道车　　　　　　　　图 5-9 轨道车

(2)钢轨打磨车

钢轨打磨车是用于打磨轨道轨头表面不均匀部位用的专业轨道维修车辆,它通常由一辆动力车和若干辆打磨作业车组成,多个磨头可同时作业,可通过列车控制系统对不同的钢轨缺陷，采取多种模式对轨道病害实施快速打磨，如图5-10、图5-11所示。

图5-10 钢轨打磨车

图5-11 钢轨打磨车

(3) 轨道起重车

轨道起重车由自带动力的车体、驾驶室、液压伸缩吊臂及支腿组成，可用于线路施工、维修时的起重、装卸、牵引作业和接触网立杆架线作业，并可与其他车辆联挂组成抢修专列，如图5-12所示。

(4) 接触网放线车

接触网放线车用于接触网导线和承力索的架设，也可用于电气化改造或接触网大修作业时接触网导线和承力索的架设，如图5-13所示。

图5-12 轨道起重车

图5-13 接触网放线车

(5) 接触网架线车

接触网架线车用于电气化接触网的架线、维修、更换等工作，亦可用作牵引车，满足接触网各种施工需要，如图5-14所示。

(6) 平车

平车是铁道上大量使用的通用车型，无车顶和车厢档板，自重较小、装运吨位可相应提高，且无车厢挡板的制约，装卸较方便，必要时可装运超宽、超长的货物。主要用于装运大型机械、钢轨等施工物料和设备，如图5-15所示。

2. 工程列车开行依据

工程列车的开行必须按照《行车组织规则》及相关的规定执行。

(1) 按《施工行车通告》或日补充计划或临时补修计划的规定和要求执行，发布工程列车开行的调度命令；

(2) 临时的特殊情况按行车调度员命令执行。

图 5-14 接触网架线车

图 5-15 平车

3. 工程车开行相关规定

(1)工程车开行。

①工程车可以牵引运行,也可推进运行,各站按正常列车办理。

②工程车中车辆编挂条件按规定办理,由车长负责检查,工程车开行时,挂有高度超过距轨面 3800mm 的货物时,接触网必须停电。

③工程车编挂有平板车时,因施工或装卸货物的需要,可以在中途站甩下作业,但要做好安全防护及防溜安全措施,返回时要挂走。平板车在区间原则上不准甩下作业。

④工程车在正线运行时,凭地面信号行车。一个联锁区内同一线路只准有一列工程车运行,当前行工程车进入施工区域时,后行的工程车可按《行车设备维修施工管理规定》。在区间或非联锁站作业后折返时,凭调度命令行车。

⑤工程车在车站始发或停车后再开时,司机要确认地面信号或按行车调度员的命令行车。

⑥车站原则上不用接发列车,工程车在运行中司机、车长通过无线电话加强与车站联系,掌握运行计划,确认运行进路。

⑦工程车到达指定的施工作业区域后,行车调度员应及时发布书面命令封锁该作业区,并检查有关防护措施。待施工结束后,再开通有关线路,安排工程车回车车辆段。

(2)在工程车出车车辆段前,工程车司机要与行车调度员试验无线电的性能;工程车在运行中,司机和车长要加强与行车调度员联系(如联系不上时通过车站转达),掌握列车运行计划,确认进路。

(3)工程车在进站、出站、运行至曲线前,站内或区间动车前,均须鸣笛示警。

(4)行车调度员组织工程车正线运行时,应尽量避免分段行车;当前方施工作业未按时结束或因特殊情况须组织工程车分段运行时,行车调度员经车站通知工程车司机允许运行的起、止站,司机必须复诵。

(5)工程车在封锁区域内作业,原则上进路的道岔不能动,若因作业确需转动道岔时,应按调车办理。由施工负责人向车长提出,车长与车站联系动车计划(打磨车由维修一部指定车长的工作),车站值班员方可操作道岔转动,并单独锁定该道岔后,方可通知车长动车。

4. 工程车出、入车场规定

(1)工程列车出车场前,司机要与行车调度员进行无线电台性能试验,确保行车通信良好。

(2)工程车在出场前,司机必须先确认调度命令,在车场发车时,根据发车股道调车信号显示的白色灯光及车长的发车指示开车(单机凭调车信号机的白色灯光和车场信号楼值班员的口头通知开车),运行至出场信号机前一度停车,按出场信号机的显示运行。

(3)工程车在入场时,在入场信号机前一度停车,使用无线电台与信号楼值班员联系好入场进路,按入场信号机的显示运行。

(4)车场内行车及调车作业必须严格遵守各项限制速度,任何机车、车辆在车场内线路运行最高速度不得超过25km/h。在试车线接近车挡时,必须严格控制速度。

(5)工程车在车场内通过平交道口及库门前,应一度停车,瞭望平交道口是否有障碍物或行人、库门完全打开,确认安全后方可通过平交道口或进出库门。

(6)工程车原则上在轨道车库内运用线和平板车线,办理接发车作业,特殊情况下需在其他股道接发车作业时,应经车场值班主任同意,并确保不影响列车作业和行车安全。

(7)车长应确认下列条件具备后方可显示发车信号指示工程车开车。
①车辆装载加固良好、平板车端侧板关闭良好、尾部标志灯已挂好;
②机车车辆防溜、防护已撤除;
③风管连接良好,已试风确认制动系统作用良好;
④跟车人员已上车,处于安全位置,并关好车门;
⑤行车凭证已交付,进路准备妥当,出车场信号已开放,并得到车场信号楼值班员的发车准许。

(8)车场信号楼值班员及接轨站值班员在组织工程车进出场时,应尽量避免工程车在出、入场线停车。特殊情况下在出、入场线停车时,司机应立即向行车调度员报告。

(9)工程车在出、入场运行中,不得后退。特殊情况需退行时,司机应向行车调度员报告,并根据不同的情况按下述办法办理:
①当前方因故障导致线路阻塞等情况无法继续运行时,在列车未越过出场信号机或第一轮对未压上出场信号机轨道电路绝缘节时,司机得到车场信号楼值班员的同意后,方可后退,此时按车场内调车作业办理,司机必须换端操纵;
②在列车已越过出场信号机或第一轮对已压上出场信号机轨道电路绝缘节时,司机必须得到OCC行车调度员的同意,并接到调度命令后,方可退行,此时由车场信号楼值班员与塘坑站办理手续,按列车进场办理,司机必须换端操纵。

5.工程车的运行速度限制

各城市轨道交通公司关于工程车的运行速度限制各不相同,大都是根据各自的具体情况而确定,并在《行车组织规则》中做出规定。如地铁公司工程车运行速度规定,见表5-6。

工程车运行速度　　　　　表5-6

序号	项目	机型	速度(km/h)		说明
			推进	牵引	
1	正线运行	GKOC	35	45	通过车站或侧向过岔30km/h
2	车车辆段内运行		25		各种机型

某轻轨公司工程车运行速度规定:工程车在下线运行速度为60km/h。工程车在进站、出站、运行至曲线路段前,站内或区间直通车前均须鸣笛示警。如不停站台,则经过站台的列车速度不超过25km/h。

6.工程车进入工程区的原则

原则上工程车的工程区域内不再安排其他路轨施工,如因紧急情况,有施工单位需要在工程区域内施工,直接向该工程区域内负责人申请施工即可。工程区域负责人与施工负责人联系,根据具体情况安排工程区域内的施工。即工程区域负责人负责工程区域内各单位的协调人联系,确认具备条件后再通过该施工区域。

正线发生各类设备故障或事故时,工程车、救援列车进出封锁区间的组织规定:

(1)维修调度员负责向行车调度员提出使用工程车的计划(上人、设备地点和数量),由行车调度员向车车辆段调度员发布调车指令;

(2)车辆段调度员按行车调度员的要求组织在10min内把工程车开行到车车辆段内指定地点;

(3)抢修工作执行部门在工程车到达后10min内完成装载设备、物品等工作,并安排跟车人员上车;

(4)行车调度员负责组织工程车或救援列车从车车辆段至封锁区间前一站的运行,在封锁区间前一站把工程车或救援列车交给维修调度员。并命令该站,向工程车或救援列车交付封锁命令;

(5)维修调度员负责通知现场指挥指派一名联络员登乘工程车或救援列车驾驶室,将进入区间的计划交给车长,由车长引导进入封锁区间,并按计划指挥动车;

(6)如封锁区间内有道岔、辅助线时,由车长与车站联系调车进路计划,车站排好进路后通知车长,由车长指挥动车;

(7)工程车或救援列车使用完毕,由联络员引导回到原交接站,由维修调度员向行车调度员交出。

7. 工程列车的开行流程

工程列车的开行组织流程如下:

(1)运营结束后,调试列车开行完毕,行车调度员申办接触轨停电;

(2)行车调度员根据工程列车的开行计划,向车辆段信号楼、与车辆段接轨的集中站做工程列车发车的预告;

(3)信号楼值班员按照列车开行计划,与接轨站值班员电话办理列车出段的闭塞手续;

(4)车站值班员办理自转换轨至正线的进路,信号楼值班员办理段场内的工程列车出段进路;

(5)列车出段;

(6)工程列车进入正线后在规定的限速下,按照有关信号显示运行至施工区域;

(7)行车调度员指挥列车运行,并向施工区域负责人通知列车运行的情况;

(8)施工作业完成,施工负责人办理施工作业注销手续,工程列车申请回段;

(9)行车调度员通知车车辆段及有关车站办理列车回段作业;

(10)列车回段;

(11)运营开始前,行车调度员与车辆段及有关车站确认工程列车回段的情况。

8. 行车调度员的职责

(1)行车调度员负责工程列车进路监控,与工程列车司机、车长的联络及与各站布置、落实工程列车开行的有关事宜。工程列车段场内的行车组织由段(场)信号楼负责。进入正线后,工程列车由司机负责,并按照行车调度员的指挥行车。

(2)行车调度员负责与相关车站办理施工清点登记、审批和销点工作;工程列车自车辆段或停车场发车之前,行车调度员必须按施工作业计划的内容和要求,给工程列车赋予车次号。工程列车开车前发布好相关的书面调度命令。

（3）行车调度员在同意工程列车开车前，必须在《线路施工作业登记表》上确认工程列车运行的前方进路无施工作业，并在控制中心 OCC 联锁工作站上确认工程列车运行的前方进路已准备好。

（4）行车调度员要求工程列车司机在出车前，应仔细检查轨道平板车和内燃机车的连挂情况，连挂达不到规定要求时，工程列车不允许开行。

（5）在工程列车出车辆段前，行车调度员要与工程列车司机试验无线电的性能；工程列车在运行中行车调度员要加强与司机和车长的联系，掌握工程列车运行计划，确认进路。

（6）行车调度员组织工程列车正线运行时，应尽量避免分段行车；当前方施工作业未按时结束或因特殊情况须组织工程列车分段运行时，应提前一个站扣停工程列车，并使用调度电话，通知工程列车司机允许运行的起、止站，受令人必须要原话复诵。

（7）遇到以下情况时行车调度员应提前通知车站接发工程列车：
①向司机发布书面调度命令；
②当行车调度员使用无线电联系不到司机时，须通过车站拦停工程列车询问情况；
③临时需要拦停工程列车；

任务实施

1. 下发任务单，明确任务内容，学生课前按要求完成预习任务；
2. 教师先进行讲解，学生分组学习；
3. 学生自行总结特殊列车开行的经验；
4. 教师和各组长担当本次任务的他人评价工作，评判同学们的任务完成情况。

拓展知识

1. ATS 设备故障

以下内容为基于卡斯柯信号系统某地铁公司《调规》的规定，可作为教学参考之用。

（1）本地 ATS 设备故障

当一个集中站的一套 ATS 设备出现故障时，可由另一备用 ATS 设备接替管理，不影响使用。当一个集中站的双套 ATS 设备出现故障时，OCC 失去该集中站车站的站场显示，并显示"CATS 服务器与 LATS 服务器连接断开"，该集中站联锁功能仍正常，可自动转为紧急站控模式，该站时刻表功能不可用。故障发生后具体处理措施为：

①行车调度员与故障集中站相互通报与确认故障，故障集中站进路由行车值班员设置为自动通过进路、自动折返进路或者由行车值班员人工排列有关进路；

②OCC 及时通报维修部门进行处理；

③在 CBTC 模式下，在本集中站范围内，已采用 ATO 模式驾驶的列车仍然可以继续运行到下一站台，出站时 ATO 模式将无法使用，行车调度员与司机相互通报与确认故障，要求司机采用 MCS 模式；

④原则上行车调度员无需铺画列车运行图，各站无需报点，但故障区域及相邻车站应记录各次列车的到发时刻并及时填记《行车值班员工作日志》。

（2）中心 ATS 设备故障

当一套 ATS 设备出现故障时，可由另一备用 ATS 设备接替管理，不影响使用。当中心双套 ATS 设备出现故障时，OCC 失去所有车站的站场显示；在所有集中站显示"LATS 与中

心连接断开",所有集中站可自动转为站控模式,车站时刻表功能可用,进路可自动办理。故障发生后具体处理措施为:

①行车调度员与各集中站相互通报与确认故障,要求各集中站确认是否处在站控状态、监督与控制好本集中站管辖范围内进路排列与列车运行情况,发现异常情况及时汇报行车调度员处理;

②OCC及时通报维修部门进行处理;

③在CBTC模式下,在全线范围内,已采用ATO模式驾驶的列车仍然可以继续运行到下一站台,出站时ATO模式将无法使用,行车调度员与司机相互通报与确认故障,要求司机采用MCS模式;

④原则上中心ATS故障初期(30min内)行车调度员无需铺画列车运行图,各站无需报点,但各站应记录各次列车的到发时刻并及时填记《行车值班员工作日志》,故障发生30min后,各集中站须向行车调度员报点,行车调度员铺画运行图以掌握和控制列车运行间隔。

2. 特殊列车运行处理规定

(1)列车清客

遇下列情况时,应及时清客:

①由于车辆故障原因,司机请求清客时;

②由于运行车调度员整需要,使列车在中间站进入区间折返时;

③由于其他特殊原因需要中途清客时。

(2)列车清客,行车调度员须按下列规定办理

①及时向相关车站通报情况;

②清客工作原则上应在5min内完成,不能完成时,在经司机判断能保证安全情况下,可令司机开车,运行至终点站,再次清客。若司机判断不能保证安全运行及进行救援作业时担当救援和被救援的列车,应组织全部乘客下车后,方准开车。

③清客工作完成后,可使列车运行回段或进入折返线和存车线,尽快开通线路。

(3)列车停站改通过的规定

①在行车工作中,如因车辆及设备故障、客流突变等原因造成运行晚点或特殊原因需要时,准许列车在站停车改通过(简称"通过")。

②采取"通过"措施时,应遵循下列原则:

a. 确定采取"通过"措施后,行车调度员应提前通知列车司机及相关车站,各车站和司机要做好乘客广播。

b. 不影响后续列车正点运行或折返后能够正点始发的晚点列车,原则上不得"通过"。

c. 原则上头班车、末班车不得"通过"。

d. 原则上不准两列及其以上列车在同一车站连续"通过"。

(4)列车退行

①列车因故在区间停车需要退行回车站时,司机必须报告行车调度员;

②行车调度员在确认退行列车停车位置至需退行车站站线及其后方区间没有列车占用,并在后方站设置扣车后,或者后方区间虽已有列车进入但已命令停车且停车位置到前方站台仍有信号机防护时,同时必须将退行路径上的有关道岔锁定(进路锁定或单独锁定)后,方可同意列车退行;

③如退行列车已全部出清站台计轴区,得到行车调度员同意后原则上须换端方可退行

(即牵引退行,列车驾驶模式为NRM),否则可不换端以NRM模式退行,退行时行车调度员应及时通知有关车站;

④列车退行时,行车调度员应及时通知有关车站,车站做好乘客广播,维持站台秩序;

⑤列车退行进入车站时,列车在进站站台端外必须一度停车,按规定速度进站,站台人员负责乘客安全;

⑥退行列车到达车站后,司机应及时向行车调度员报告,根据行车调度员指令处理。

(5) 列车调试

列车调试按下列规定办理:

①列车调试应安排在非运营时间内进行;

②有调试列车开行时,须通报全线车站;

③对于须在同一区段多次往返运行时,可采用封锁区间的方式运行。

(6) 施工列车的开行

施工列车开行按下列规定办理:

①施工列车开行前,行车调度员应向工程车司机、及各站(段、场)布置落实施工列车开行的相关事宜,并发布好相关的调度命令;

②遇施工列车封锁区间运行时,施工列车开行的调度命令须向相关车站(包括段、场信号楼)发布;

③行车调度员可视情况组织施工列车反方向或封锁区间方式运行;

④施工列车请求救援时,值班主任应请示值班领导,按其指示执行。

(7) 列车反方向运行

①除单线双方向运行或开行救援列车外,载客列车原则上不组织反方向运行;

②工程列车需在明确行车计划和进路排列好的情况下方可反方向运行;

③CBTC模式下,如进路能正常排列,反向运行CBTC列车不载客运营时可采用AMC或MCS模式驾驶,CBTC列车载客运营时采用MCS模式驾驶,此时司机必须在车站人工停车对标(车载信号为通过),并手动开关车门与屏蔽门;非CBTC模式下,列车反方向运行,驾驶模式原则上为NRM,行车凭证为调度命令。

(8) 封锁区间运行

①由于施工、调试或试验项目需要,使列车在同一区段多次往返运行时,应采用封锁区间的方式组织列车运行;

②封锁区间运行时,列车凭调度命令进入封锁区间运行;

③封锁区间内的所有道岔应保持开通于列车运行方向,且不允许扳动。

3. 特殊情况处理规定

(1) 列车故障处理。

①列车在隧道内停车时,如果停车超过2min,行车调度员口头通知环控调度员,由环控调度员组织隧道送风;

②列车故障情况下行车组织由OCC负责,故障的判断、报告和处理由司机负责,行车调度员应及时将司机报告的故障信息和800M无线便携台号码通报检修调度员,司机离开驾驶室处理故障前须报告行车调度员并携带800M无线便携台;

③司机对列车故障的初步处理,原则上为3min,司机确认无法处理或3min后还无法动车时,可向检调通报故障信息并提出技术支援要求,检修调度员给出必要的技术支持;

④正线列车的故障处理总时间原则上控制在7min内。在站台区域发生故障5min时,行车调度员可通知故障列车司机和车站清客,车站值班站长接到列车清客命令时应立即赶往现场进行互控,清客完毕后,由车站值班站长协助确认车门、屏蔽门已关好,司机尝试使用"车辆应急运行模式"动车(动车前报行车调度员)。列车在区间7min内或列车在站台使用完"车辆应急运行模式"后仍无法动车时,值班主任有权中断故障处理并启动救援方案;

⑤正线发生列车故障、救援或需要备用车出车车辆段等行车需要时,由值班主任或行车调度员向车辆段调度员通报,并由车辆段调度员向列车队长通报;

⑥故障列车需要疏散乘客时,行车调度员发出口头命令要求司机和有关车站值班站长(行值)执行乘客疏散及救援工作。司机除引导乘客下车外,还必须做好列车的防护及协助救援工作。

(2)当得到运行线路发生故障的报告时,行车调度员应依据以下规定办理:

①按技术安全部的通知或工务人员的请求,采取限速运行措施;

②当走行轨发生断裂无法使用时,可利用有道岔车站组织列车折返,维持区段运行;

③停于无法运营区段的列车,可组织其清客回段、场或在站待命,若维持运营的区段运力不足时,可组织其运行至该区段加大运力,继续运行。

(3)遇道岔故障时,行车调度员应依据以下规定办理:

①尝试反复扳动道岔,如果仍无法恢复,及时报告维修调度员,并通知车站和有关部门及时下区间道岔涂油;

②道岔故障后,行车调度员应及时组织列车变更运行,最大程度维持运营;

③当正线与段、场相连接的道岔故障,而正线上运力不足时,应先保证正线列车运行,再处理道岔故障;

④由于道岔故障,致使列车无法正常回段、场时,可将列车停放于有存车能力的车站或存车线,亦可使列车加开临时客运列车。

(4)当调度员接到某一区段接触轨突然停电的报告后,应按以下原则办理:

①采取扣车措施,阻止列车进入接触轨停电区段;

②与电力调度员联系,了解情况;

③命令停电区段所有列车检查车辆情况,具备送电条件时,通知电力调度进行试送电,试送电成功,列车继续运行,若试送电不成功,须立即报告值班领导并令停于该区段的列车司机再次检查车辆情况;

④若区间长时间不能送电时,须设法通知司机做好防溜措施,并利用车内广播向乘客进行宣传,确保乘客安全。

(5)故障抢修须进行接触轨停、送电时,应按以下规定办理:

①因各种原因须接触轨停电时,须以牵引变电站所处的车站作为分界点,进行接触轨停电作业;

②若须上、下行接触轨同时停电,现场负责人或车站行车值班员应一并提出请求;

③行车调度员接到抢修故障需停电的报告时,应立即请示运营公司主管安全副总经理,如情况紧急,可先停电后再进行汇报。接触轨停电后应及时通知行车值班员;

④当接到要求送电的请求时,应令行车值班员进行广播,通知接触轨送电,待得到行车值班员汇报后,再通知电力调度员接触轨送电;

⑤司机检查车辆时的停、送电事宜,以司机或车站值班员的请求为准;抢修人员进

行抢修作业时的停、送电事宜,以行车值班员的请求为准,在段(场)以段(场)调度的请求为准。

(6)由于各种原因,造成列车在区间长时间迫停,当接到运营公司总经理或分管此项工作副总经理在区间疏导乘客的指示时,应按以下规定办理:

①采取扣车措施并封锁区间,阻止后续列车进入该区段;

②通知电力调度员将相关区段上、下行接触轨停电;

③得到电力调度员接触轨停电的通报后,向有关车站发布区间疏导乘客命令;

④疏导命令中应指明疏导方向及注意事项,原则上应向就近车站方向疏导,必要时可向两端站双方向疏导;

⑤接触轨送电前,须由车站行车值班员确认现场情况,反复广播,待得到车站行车值班员可以送电的报告后方可通知电力调度员接触轨送电。

(7)凡因各种原因造成轨道交通大范围停电时,行车调度员应按以下规定办理:

①全线列车停止运行,并设法将列车扣在站内,发布命令,全线停止售票,并封闭相关车站;

②采取一切措施,查明各次列车所处位置;

③向电力调度员了解故障情况及影响范围,并汇报运营公司技术安全部,若区间停有列车应将情况一并汇报;

④若较长时间不能恢复,得到区间疏导乘客的指示时,应按相应要求办理;

⑤故障排除,恢复接触轨送电前,应令行车值班员反复广播,确认区间情况,得到行车值班员可以送电的报告后,方可通知电力调度员送电。

(8)行车调度员接到运行线路上有火情的报告时,应按以下规定办理:

①发生在车站时:

a.令行车值班员判明情况,迅速组织车站工作人员扑救;

b.危及乘客安全时,应立即发布命令,封闭车站,将乘客向站外疏导;

c.若车站有车时,应组织列车迅速驶离车站,并将后方站(上、下行)设置扣车,阻止列车进入车站;

d.需接触轨停电时,应立即通知电力调度员将接触轨停电。

②发生在区间时:

a.立即采取扣车措施,将后续列车扣在站内;

b.若区间有车应迅速组织列车远离事故地段(继续运行或退回站内);

c.须接触轨停电时应立即通知电力调度员将接触轨停电。

③列车上发生火情时:

a.当列车上发生较小或可控制的火情时,应令机就地扑救;

b.当列车上发生判断不明或不可控制的火情时,应组织列车尽快运行至前方站或退回后方站清客,并组织人力扑救。

(9)遇发生爆炸事件时,行车调度员应按以下规定办理:

①设法阻止后续列车进入相关区段;

②通知电力调度员将该区段接触轨停电;

③封闭相关车站并疏导乘客;

④组织具备条件的区段维持运行。

(10)遇发生地震、毒气袭击等情况时,应按以下规定办理:
①发布命令,全线车站封闭,并将车站乘客向站外疏散;
②对于迫停于区间而无法运行的列车,须采取疏导措施;
③若区间列车遭毒气袭击,应运行至车站,进行乘客疏散工作;
④通知电力调度员将全线接触轨停电;
⑤利用有效手段,了解人员伤亡、设备损坏情况。

4. 救援列车的开行

(1)救援列车的来源与清客要求:使用列车担任救援列车时,原则上使用后续就近列车(载客时需清客后)空车前往救援(当列车在个别岔区故障,只能利用前方的列车担当救援除外),如不能空车前往救援时,连挂动车后须组织故障列车和救援列车在最近的车站清客。

(2)救援列车的准备与运行安排。
①前方列车发生故障5min后,行车调度员可对准备担当救援任务的载客列车发布清客命令(指在站台时)或通知备用车司机立即整备好备用车;
②CBTC模式下组织救援列车以正常驾驶模式进入区间停车,一旦确定救援,行车调度员需确认本列车停车位置到故障列车间道岔位置正确且锁闭,命令救援列车自行转RM模式(如有信号机时需授权越过此信号机的红灯)运行;
③在联锁后备模式下组织救援列车以正常驾驶模式进入故障列车后方信号机前;一旦确定救援,行车调度员需确认本列车停车位置到故障列车间道岔位置正确且锁闭,命令救援列车越过此信号机的红灯,以正常驾驶模式限速25km/h运行;
④救援列车应在距故障列车15m处停车,听候故障列车司机的指挥连挂。

(3)运营期间,使用后方列车担任救援列车时原则上不封锁线路,使用前方列车担任救援列车时须封锁线路,救援期间均必须从信号设备上采取措施控制后续列车进入该救援区间。

(4)向封锁线路发出救援列车时,不办理行车闭塞手续,以行车调度员的命令作为进入该封锁线路的许可,但是仍需确认前方进路与道岔状况。在未接到开通封锁线路的调度命令前,救援列车以外的其他列车不得进入该线路。

(5)一旦确定救援时,由行车调度员向司机及有关车站发布开行救援列车的命令,并向DCC有关人员通报救援信息。

(6)已申请救援的列车不准动车,做好与救援列车的连挂准备工作,由环控调度员负责打开隧道照明,故障列车司机在连挂之前可继续排除故障,但不能起动列车,如故障排除则报告行车调度员取消救援。

(7)救援列车与故障列车连挂后,原则上安排到前方适当存车位置停放。

(8)救援列车推进故障列车运行时,司机需在救援列车前端驾驶室(运行方向)驾驶,故障列车前端驾驶室需有乘务人员或列车引导人员进行引导,(NRM模式)限速25km/h运行;救援列车牵引故障列车运行时,司机需在救援列车前端驾驶室(运行方向)驾驶,载客情况下(NRM模式)限速25km/h,空车情况下(NRM模式)限速40km/h。救援列车与故障列车连挂后的推进或者牵引运行均按地面信号行车。

(9)救援列车与故障列车摘钩后,受存车线路长度所限,需要退行才能开通后方区间时,行车调度员确认后方区间或者后方相应防护进路内无列车占用时,可允许救援列车司机不换端以 NRM 模式退行至防护信号机外,退行路径上的相关道岔必须处在锁定状态(进路锁定或者单独锁定)。

(10)禁止使用工程车救援载客列车;使用工程车救援空列车时,原则上救援列车牵引运行时限速 40km/h 运行,推进运行时限速 25km/h 运行。

项目小结

轨道交通系统运行借助于列车自动控制系统(ATC),联锁系统、道岔、线路、车辆等设备。当部分设备故障时,行车调度员能否针对出现的各种行车设备故障进行应急处理,能否对列车运行各种意外做正确应对,确定正确行车组织,对整个系统运行起着非常重要的作用。

本项目的实施过程中,不但要求学生具有较好的理论知识,而且要求学生具有较强的动手能力。通过本项目的学习,使学生能够针对发生意外情况采取正确的应急处理措施,组织列车正常行车。

 习题

一、简答题

1. ATS 设备故障时(无显示)处理措施包括哪些?
2. 轨旁 ATP 计算机完全故障,后续控制程序包括哪些?
3. 轨旁联锁计算机故障时处理包括哪些?
4. 车载 ATP 设备故障降级处理包括哪些?
5. 列车被迫停车后的处理方法包括哪些?
6. 列车退行规定包括哪些?
7. 正线列车故障救援组织方法包括哪些?
8. 救援列车的开行规定包括哪些?
9. 应急调度处理的基本原则包括哪些?
10. 临时交路应急处理包括哪些?
11. 正线列车脱轨应急处理包括哪些?
12. 屏蔽门/安全门故障的处理原则包括哪些?
13. 发生屏蔽门与车门联动功能故障时处理包括哪些?
14. 区间封锁、开通的手续包括哪些?
15. 列车封锁区间运行规定包括哪些?
16. 简述工程车概念和种类。工程车开行的规定包括哪些?

二、实训题

1. 列车区间迫停救援处理

(1)已知

①某地铁 4 号线,如图 5-16 所示。

②列车运行位置如图 5-16 所示,列车 01302 在 D-E 间故障不能起动。

(2)要求

①如果你是行车调度员,请确定列车救援方案。

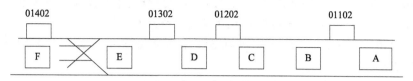

图 5-16 地铁线路上列车运行情况

②如果你是行车调度员,请你简述救援作业过程,并编写调度命令。

2. 列车迫停车站救援处理

(1) 已知

①根据所附线路图及线路情况进行处置,如图 5-17。

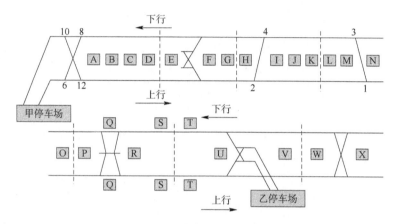

图 5-17 线路图及线路情况

②非高峰运营时段,T 站上行站台 10102 次(大交路列车)发生"自动停车并正常缓解,但无牵引力"(附线路简图),后续列车 10202 次列车在 S 站上行行站台,10302 次列车在 R 站下行站台。

(2) 要求

①请写出列车救援组织方案。

②请说出接报故障后的处置要点相关信息要点。

3. ATC 故障处理

(1) 已知

某地铁 2 号线有 20 个车站,分别命名为 B1~B20,其中 B1、B6、B7、B12、B13、B20 等车站设有折返线。

①信号设备使用无线 ATC 系统,有 ATP、ATS、ATO 子系统,车站使用 SICAS 系统,每个车站有 LOW 设备。

②车站控制分为中心控制和车站控制。

③列车驾驶模式为 ATO、SM、RM、URM 等四种。

④正线有轨道电路。

⑤行车闭塞法有移动、电话、站间闭塞等方式。

⑥列车在车站的停站时间为 20s 到 60s,折返线停留时间为 20s 到 60s。

(2) 要求

①在 10:00 时行车调度员发生 ATS 失去表示,试问行车调度员应如何处理?

②在10:50时列车12106次在B17到B18区间运行时,车载设备ATP发生故障,行车调度员应如何处理?应如何将列车组织到B20站进行维修?

③列车11102准备由B10站出发,开往B11车站时,B11车站联锁故障,LOW灰显,B11行车调度员应如何处理?

④LOW工作站显示轨道区段红光带故障,行车调度员应如何处理?

项目六　其他调度工作组织

 项目描述

本项目引导学生了解电力调度员、环控调度员和维修调度员的岗位职责,掌握电力调度员、环控调度员和维修调度员的基本职业技能,为保证运输生产安全、高效、正点和稳定有序奠定基础。

 教学目标

【知识目标】
1. 了解电力调度员职责;
2. 掌握电力调度运行管理;
3. 掌握电力调度操作管理;
4. 了解环控调度员职责;
5. 掌握环控调度运行管理;
6. 掌握环控调度操作管理;
7. 了解维修调度员职责;
8. 掌握维修调度运行管理。

【技能目标】
1. 能够管理电力调度运行;
2. 能够进行电力调度操作;
3. 能够管理环控调度运行;
4. 能够进行环控调度操作;
5. 能够管理维修施工。

【素质目标】
1. 养成遵章守纪的职业习惯;
2. 养成团结协作的职业态度。

任务一　电力调度工作组织

 任务描述

理解电力调度员职责,掌握电力调度运行管理,熟练操作电力调度设备。

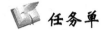 **任务单**

1. 掌握电力调度运行管理；
2. 熟练操作电力调度设备。

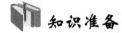 **知识准备**

一、电力调度员的职责

(1)在值班主任的领导下，负责所辖范围内的供电生产工作，按值班主任的要求协助处理突发事件；

(2)认真贯彻执行有关规章、制度、命令和上级指示；

(3)执行供电协议有关条文；

(4)执行供电系统的运行方式，制定事故情况下的供电运行模式；

(5)对电力调度员管辖范围内的设备进行操作管理；

(6)按照《施工行车通告》的要求审核所辖设备检修计划并批准这些设备的检修计划；

(7)根据《施工行车通告》和日补充计划、临时补修计划的要求，组织设备的检修和施工，并负责审核工作票、填写操作票；

(8)指挥供电系统内的事故处理，参加事故分析，制定系统安全运行的措施；

(9)负责对供电系统的电压调整、继电保护、安全自动装置设备进行运行管理。执行继电保护及自动装置的运行、更改方案；

(10)收集整理本系统的运行资料并进行分析工作，总结交流调度运行工作经验，不断提高系统调度运行和管理水平。

二、电力调度员运行管理

1. 主变压器运行管理

(1)主变电站110kV侧采用线路变压器组接线、35kV为单母线分段接线。正常运行时，35kV母联开关为断开状态，两台主变压器分列运行，共同负担全站的全部负荷用电。当一台主变压器发生或一路电源线路发生故障时，则35kV母线分段断路器由自动装置自动投入。另一台主变压器负担该所供电区域高峰小时牵引负荷和动力照明负荷需要。

(2)主变压器设置的保护。110kV线路设失压保护，110/35kV主变压器设轻瓦斯保护、重瓦斯保护、有载重瓦斯保护、零序电压保护、间隙零序电流保护、差动保护，110/35kV主变压器35kV侧设零序电流保护、过电流保护，35kV母联设零序电流保护、电流速断、过电流保护，主变电站35kV馈线线路设导引线纵联差动保护、电流速断、过电流保护、零序电流保护。

(3)正常情况下主变压器能够连续带负荷运行，事故运行方式下，主变压器可过载20%运行2h。

(4)当变压器出现下列情况时，电力调度员应立即停止该变压器运行：

①变压器内部响声很大，很不均匀、有爆裂声；

②漏油致使油位低于油面计上的限度，并继续下降；

③油枕喷油或爆管喷油；

④正常条件下，油温过高，并不断上升；

⑤油色过深,油内出现碳质;
⑥套管严重裂纹和放电现象;
⑦差动保护和瓦斯保护动作;
⑧绕组温度和铁芯温度保护动作。

(5)变压器瓦斯保护动作后,电力调度员通知值班人员立即收集瓦斯继电器内积聚的气体,进行点燃试验,根据气体的颜色及可燃性,判断是否属变压器内部故障,分析故障性质。当气体无色无味,不能燃烧时,可能为变压器油内排出空气;当气体为淡黄色有强烈臭味并可燃时,可能是纸及纸板故障;当气体为灰色或黑色易燃时,则为绝缘油故障。

(6)新装或大修后变压器投入运行前应进行以下检查:

①摇测绝缘电阻,若绝缘电阻下降到前次测量结果的1/3、1/5,或吸收比 $R60/R15<1$ 应查明原因并加以消除。

②对变压器外部进行检查呼吸器、散热器、热虹装置以及储油柜与本体之间的阀门均应打开。套管、储油柜油位正常,分接开关位置符合有关规定,压力释放阀不漏油、外壳接地良好、导体连接紧固。

③对冷却系统进行检查及试验。

④对有载调压装置进行试验操作。

⑤仪表应齐全、继电保护接线应正确、定值无误。

⑥对变压器进行全冲击合闸3~5次,若无异常即可投入。

2. 整流变压器的管理

(1)正常条件下整流变压器应在通风良好情况下运行。

(2)整流变压器带负荷运行符合以下规定:

①100% 额定负荷——连续;

②150% 额定负荷——2h;

③300% 额定负荷——1min。

(3)整流变压器有下列情况应停电处理:

①变压器内部响声很大,很不均匀;

②变压器绕组温度和铁芯温度不正常,且不断上升;

③由于温度保护动作跳闸;

④套管上有严重破损和放电;

⑤接头严重发热。

3. 牵引部分的管理

(1)正常情况下两台整流机组并联运行对直流母排供电,故障情况下可以单台运行。

(2)整流机组设置以下保护:整流机组设置电流速断、过电流保护、整流器二极管保护、整流变压器温度保护、过负荷保护、零序电流保护。

(3)DC1500V 直流馈线断路器设置以下保护:直流馈线设大电流脱扣保护、电流速断、$\Delta I + di/dt$ 保护、ΔU 保护、过负荷保护、双边联跳保护,每座牵引变电所直流设备设一套框架泄露保护。

(4)接触网的标准电压为 DC1500V,电压波动范围 DC1000V~DC1800V。

4. 降压部分的管理

35/0.4kV 配电变压器设置电流速断保护、过电流保护、过负荷保护、温度保护、零序电流保护。0.4kV进线开关设短延时短路保护、过电流保护、接地保护。0.4kV母联开关设短延时短路保护、过电流保护。0.4kV三类负荷总开关设瞬时短路保护、过电流保护。0.4kV馈线开关设瞬时短路保护、过电流保护。

5. GIS设备的管理

(1)SF6气体压力应正常。

(2)各压力表指示应正常。

(3)各部位应无漏气、无异常、异味。

(4)环氧式绝缘子外露部分应无损伤、裂纹和积污闪络痕迹。

(5)引出线瓷套应无损伤、裂纹和积污闪络痕迹。

(6)各类配管应无损伤、变形、锈蚀。

6. 继电保护和自动装置的管理

(1)对电力调度员管辖范围内的继电保护和自动装置的一切操作(投入、撤除、试验或改变整定值等)均需电力调度员的批准。

(2)供电设备主保护停用时,必须有后备保护代替。

(3)属供电局调度管辖的110kV线路继电保护装置,由供电局确定配置原则和选择整定值。

(4)继电保护更改原则。

①定值由小变大,应先调整定值,再改变运行方式。

②定值由大变小,应先改变运行方式,再调整定值。

(5)凡新投入或原运行中的保护定值的更改由供电中心专业工程师签发整定值通知单报电力调度员执行,临时性的紧急更改整定值,可按继电保护负责人口头通知执行,但事后应补发正式整定通知单。电力调度员接到整定通知单后即向变电所发布更改定值命令,并在调度命令和继电保护定值记录本上记录,执行过程中如发现疑问或不符合现场情况,应与物资设施部技术人员联系,弄清楚后方可执行。

(6)继电保护装置动作和断路器跳闸事故时,电力调度员应根据断路器保护、自动装置动作情况以及列车运行情况等进行综合分析,判断故障原因,及时通知有关人员进行处理。如属误动作应尽可能保持原有状态,并通知供电中心检查处理。

(7)如供电系统出现特殊运行方式,可能会引起继电保护范围、方式变化,电力调度员应报告供电中心专业工程师,由其决定是否修改整定值。

三、操作管理

1. 系统操作管理

(1)当主变电站内的一台主变压器故障时,切除该故障变压器及主变电站供电区域内的三级负荷,合上该主变电站35kV母联断路器,由另一台主变压器承担该主变电站供电区域内的一、二级负荷供电,可根据当时的负荷情况恢复车站三类负荷的供电。

(2)当主变电站的一路110kV进线电缆故障时,切除该故障电缆,同时合上35kV母线分段开关断路器。由主变电站的一路110kV进线电缆带一台主变压器运行,一台主变压器承担该主变电站供电区域内的一、二级负荷供电,可根据当时的负荷情况恢复车站三类负荷的供电。

(3)降压变电所或牵引降压混合变电所一条35kV进线电缆故障时,切除该故障电缆,合上该降压变电所或牵引降压混合变电所的 35kV 母联分段开关断路器,恢复供电。

(4)降压变电所或牵引降压混合变电所内一台 35/0.4kV 的变压器故障时,切除该变压器及该变电所供电区域内的三级负荷,合上 0.4kV 母联断路器,由该变电所内另一台 35/0.4kV 变压器承担该变电所供电区域内的一、二级负荷供电。

(5)牵引降压混合变电所内的两套整流机组故障时,切除该所内的两套整流机组,由相邻的牵引降压混合变电所通过该所的直流母排进行越区供电。

2. 断路器操作管理

(1)电力调度员操作前应确认断路器性能良好。

(2)断路器合闸前,电力调度员应确认继电保护已按规定投入,断路器合/分闸后,应确认三相均应接通或断开。合闸后自动装置已按规定设置,变电所的值班人员,在倒闸操作后必须到断路器现场确认断路器位置。

(3)装有电动操作的断路器,必须使用电动操作,当电动操作拒动时,可以采用机械按钮或紧急手柄进行分闸操作。

(4)电动操作断路器的操作电源,在断路器检修时必须断开。

(5)停电操作顺序:先分断路器,后分隔离开关,先断负荷侧,后断电源侧,送电时与此顺序相反。

3. 隔离开关操作管理

(1)隔离开关在合上或拉开前,必须检查和它相对应的断路器是否已在断开位置,设备停电时,先切开断路器,再拉线路隔离开关,最后拉母线隔离开关。复位时,先合母线隔离开关,再合线路隔离开关,最后合断路器,严防带负荷拉隔离开关。

(2)运行值班人员在隔离开关操作前及操作后,都应检查各相刀片的实际开闭位置。

(3)合上隔离开关必须迅速、准确地一次开闭到底,中途不得停留和发生冲击。

(4)除允许使用隔离开关进行下列操作外,严禁用隔离开关切断或合上带负荷的线路及设备。

①拉合电压互感器和避雷器;

②拉合空载母线;

③拉合不超过 10km 长的空载线路。

4. 母线操作管理

(1)用断路器向母线充电时,应使断路器继电保护处于良好状态。在特殊情况下用隔离开关向母线充电时,必须检查确认母线绝缘正常。

(2)用断路器向母线充电前,应将空母线上只能用隔离开关充电的附属设备,如压互、避雷器等先行投入。

5. 高压供电网线路操作管理

(1)当接触网线路检修后或送电前,除有特殊规定者外,一般不予以摇测绝缘。

(2)停用中的电缆超过一个星期但不满一个月时,在重新投入运行前应用摇表测量绝缘电阻。如有疑问,须进行直流高压试验,检查绝缘是否良好,当停电超过一个月但不满一年时,必须进行直流高压试验。

(3)对环网线路送电时,一般先合上送电端断路器,再合上受电端断路器,停电时顺序相反。

(4)线路送电时,断路器必须具备完善的继电保护。

6. 变压器操作管理

(1) 变压器并列操作条件：

①接线组别相同；

②变比相同；

③短路电压相等。

(2) 变压器的倒换操作，应检查并入的变压器确实带上负荷后，才允许操作要停用的变压器。

(3) 变压器投运时，一般先对电源侧充电后再合上负荷侧断路器，停电时，应先切开负荷侧断路器，后切开电源侧断路器。

(4) 新投产或大修后的变压器投入运行时，对可能造成相位变动者应先进行核相。

(5) 车站动力变压器不允许并联运行。

(6) 更改变压器(非有载调压)的运行分接头必须停电进行，并在测量三相直流电阻合格后方可将变压器投入。

7. 电压调整管理

(1) 供电系统110kV进线电压波动必须在正负绝对值之和小于额定电压值的10%范围内。非正常情况下，电压允许偏差为±10%，若超出上述范围内电压变化时，电力调度员必须及时通知供电局调度采取措施。

(2) 供电系统电压调整方法：

①供电局110kV电压调整；

②主变电所主变压器35kV有载调压；

③牵引所、降压所变压器无载调压；

④电力调度员优先采用有载调压进行电压调整。

(3) 无载分接变压器：当分接头变换时，应先停电后操作。

(4) 有载调压变压器要求如下：

①有载分接开关投入前，应检查油枕油位正常，无渗漏油，控制箱防潮良好，用手动操作一个(升降)循环，挡位指示与计数器应正确动作，极限位置的闭锁应可靠，手动与电动控制的联锁亦应可靠；

②有载分接开关的电动控制应正确无误，电压可靠，各接线端子接触良好，驱动电机转动正常，转向正确。

③有载分接开关的电动控制回路应设置电流闭锁装置，其电流整定值为主变压器额定电流1.2倍，电流继电器返回系数应大于或等于0.9，当采用自动调压时，主控盘上必须有动作计数器。

④新装或大修后有载分接开关，应在变压器空载运行时，在电动操作按钮及手动操作按钮间试操作一个循环。

⑤电力调度员根据电压变化情况及时调整，每次操作应认真检查电压、电流变化情况，并做好记录。

⑥值班人员进行分接开关操作时，在操作前后注意检查瓦斯保护是否动作，若瓦斯保护动作时应停止操作，分析原因，进行处理。

⑦有载分接开关操作可用自动和非自动进行，当非自动操作完毕后，必须打回自动位，以防止电压波幅过大。每次手动调节抽头后必须暂停至少5min，而且检查没有报警等异常

情况后才可以进行下一次的调节,严禁连续地调节抽头。

(5)牵引所、降压所变压器无载调压由供电中心提出计划报电力调度员批准后停电执行。

 任务实施

1. 下发任务单,明确任务内容,学生课前按要求完成预习任务;
2. 教师先进行讲解,学生分组学习;
3. 学生自行总结相关的经验;
4. 教师和各组长担当本次任务的他人评价工作,评判同学们的任务完成情况。

任务二 环控调度工作组织

 任务描述

理解环控调度员的任务和职责,掌握环控调度管理,组织环控设备运行。

 任务单

1. 熟悉环控调度管理;
2. 组织环控设备运行。

 知识准备

一、环控调度员的工作职责

(1)环控调度员通过 BAS、FAS 系统中央级工作站监控车站机电设备,主要为各车站通风、空调、隧道通风设备和装置、气体灭火系统等系统设备以及扶梯、照明、给排水等设施;

(2)环控调度员负责监控全线车站环控系统按设定时间运行,确保车站环境温度及空气质量达标;

(3)环控调度员负责监视全线车站的火灾报警情况,确保火灾报警是否及时被确认;

(4)环控调度员负责监视全线车站环控设备、防灾报警设备、BAS、FAS 系统、气体灭火系统以及电扶梯、照明、给排水设施的运行状态,发现故障及时通报维修调度员,由维修调度员通知相关维修部门进行维修;

(5)环控调度员负责指挥 BAS、FAS 系统、气体灭火系统及机电设施的故障处理及维修施工;

(6)环控调度员负责在火灾、大客流、列车阻塞等紧急情况下的环控系统的指挥及监控工作,确保相关设备在紧急情况下能够正常运行,协助抢修救灾工作;

(7)环控调度员负责在中央级失控时指挥车站设备值班员进行车站级控制;

(8)负责在地铁发生火灾时向市公安局 110 指挥中心报告火灾情况请求消防队支援;

(9)环控调度员负责随时了解和掌握所管辖设备的运行情况,负责定期、定时收集设备运行数据及信息,记录及跟踪设备故障。环控调度员要及时了解关键设备的运行情况:主要是指影响车站舒适度的关键设备(冷水机组、冷却塔、水泵、组合空调机等)以及影响消防安全的设备(隧道风机、站台站厅排烟风机),需设备保障部门及时将设备故障及修复情况报环控调度员,对于一般设备由设备保障部门定期上报设备完好情况;同时在收集数据方面,针对一些尚未传输到中央级的但作为调度必须要了解的关键重要数据进行收集,如站台站厅公共区的温湿度、冷水机组进出水温度等,其余一些数据如运行电流、电压等参数由设备保障部门进行记录收集。

二、环控调度管理

1. 日常管理制度

(1)文件传阅制度;

(2)交接班制度;

(3)定期培训、学习制度;

(4)每月安全例会制度。

2. 设备检查制度

(1)调度设备功能检查

①每日运营开始前1h检测BAS、FAS系统运行情况,检查操作功能是否正常;

②每日运营开始前1h,检查机电设备施工作业情况,测试有施工作业的设备是否恢复;

③其他设备设施发现故障后,均应做好相应记录,并及时通知维修调度员处理;

④每周进行一次调度电话/无线电试验;

⑤调度设备功能检查情况应在工作日志上记录,发现故障立即组织相关人员及时处理。

(2)设备运行状态检查工作

①每天环控大系统启动后,逐台检查设备运行状态;

②每天定期检查大系统运行状态;

③每天定期检查扶梯运行状态;

④每天定期检查区间水泵运行状态。

3. 记录、报告填写制度

(1)工作日志、事故(事件)处理经过编写制度;

(2)环控调度员故障记录表;

(3)火灾报警信号确认记录;

(4)通过BAS系统记录。

4. 数据分析

(1)环控调度员汇总设备运行情况,编制设备运行月报。(注:根据BAS系统工作站报表生成功能);

(2)环控调度员每月根据温度(站外、站内、天气预报)等数据、绘制温度趋势图;

(3)环控调度员每周定期从维修调度员处统计、跟踪一周未处理故障情况。

5. FAS火灾报警确认制度

(1)FAS系统发出火灾报警信息后,环控调度员必须在1min内与车站值班员或车控室取得联系;

(2)从FAS发出报警信息后,环控调度员必须在4min内确认火灾报警原因;

(3)在火灾报警信号没有被确认前,环控调度员必须保持高度的警觉;

(4)在火灾报警信号没有被确认前,任何人都不能对报警信号进行复位;

(5)任何火灾报警信息,环控调度员必须进行记录,记录内容主要包括:发生报警的时间、车站、报警地点、报警设备编号、现场确认情况、报警原因分析、火警复位时间、确认者。

  6.环控调度员演练制度

  (1)为提高调度指挥水平,做好事故预想,至少每月进行一次内部演练;

  (2)为巩固环控调度员及车站值班员的设备操作能力,提高应急处理能力,至少每月进行一次联合火灾模式操作演练;

  (3)为提高火灾事故应急处理水平,OCC应联合车站每年进行一次桌面或模拟火灾事故演练。

三、设备运行组织

  1.环控系统

  (1)环控系统设计参数、运行参数

  ①地铁地下车站环境运行参数,站台公共区≤29℃,站厅公共区≤30℃。

  ②地铁隧道内阻塞情况列车周围空气平均温度≤40℃。

  ③地铁室内人员的新风要求:空调季节12.6m^3/h·人,非空调季节30m^3/h·人。

  ④空气质量要求:地铁室内含尘<0.5mg/m^3。

  (2)地铁环控系统运行工况

  地铁环控系统运行按空调季节和非空调季节进行编制,原则上每年5月1日至10月31日为空调季节,其他时间为非空调季节。

  ①空调季节车站环控大系统、制冷系统启动向车站供冷。

  ②非空调季节车站大系统水系统原则上停机检修,当遇到特殊天气或大型节假日时,环控调度员提前一天通知机电人员按时启动水系统向车站供冷。

  (3)环控大系统(大系统)

  ①地铁车站大系统由组合空调机、回排风机及一系列的风阀组成。

  正常情况下车站大系统由BAS系统根据采集到的实时值(例如室外温度、湿度等)计算大系统的目标模式,并将计算结果直接写入前台软件的数据库,自动控制大系统运行。

  遇节假日等非正常情况,地铁需要提早、延长或减少服务时间时,由环控调度员根据临时运营时间灵活制定开/关机时间,提前一天以调令形式要求车站在ENCS系统上手动给定模式。

  日常运营中遇非正常情况,需要临时变更大系统运行模式时,由环控调度员根据实际情况决定是否中止正常运行模式,并要求车站在ENCS系统上人工变更大系统运行模式。

  ②大系统的故障运行。

  车站环控大系统出现故障时,环控调度员第一时间应通过调度现有的设备满足车站的通风要求,力求将对乘客服务的影响降到最低。

  ③大系统的检修运行。

  为避免影响客运服务及运营时间的消防安全,大系统运营时间一般不安排检修作业(故障处理除外)。大系统在运营时间检修必须按照检修计划执行。在检修计划范围内,维修人员停大系统设备进行检查时,环控调度员在保证车站通风良好和温湿度达标以及在维修人员做好足够防护和制订方案的前提下,可以安排维修人员对局部设备进行检查。

  (4)环控小系统(小系统)

  ①地铁车站小系统由空调新风机、小型组合空调机、回排风机及一系列的风阀组成;

②小系统设备一般运营时间内不间断运行,运行模式由 BAS 系统根据设定的判断条件自动执行;

③当小系统设备出现故障时,组织维修人员尽快恢复,保证设备房的温湿度;

④小系统设备需要检修时,如果不影响列车运行及供电,可以在任何时候进行。

(5)车站水系统

①地铁车站水系统采用分散式供冷。

②正常情况下车站水系统由环控专业人员根据规定的正常运行时间定时启动和关闭。

③遇节假日等非正常情况,地铁需要提早、延长或减少服务时间时,由环控调度员根据临时运营时间灵活制定开/关机时间。提前一天通知环控专业人员变更水系统开/关机时间。

④日常运营中遇非正常情况,需要临时变更水系统运行模式时,由环控调度员要求车站或环控专业人员在 BAS 工作站上或现场人工变更运行模式。

⑤水系统的故障运行。

车站环控水系统出现故障时,环控调度员第一时间应通过调度现有的设备满足车站的空调要求,力求将对乘客的影响降到最低。

⑥水系统的检修运行。

为避免影响客运服务,水系统空调季节运营时间一般不安排检修作业(故障处理除外)。在检修计划范围内,维修人员必须停水系统设备进行检查时,环控调度员应尽量采取保证车站温湿度达标的模式运行。

(6)隧道通风系统

①隧道通风系统的组成。

隧道通风系统由每个地下站站内的四台隧道风机和在局部区间设置的事故风机和射流风机以及一系列的组合风阀组成。

②隧道通风系统的运行。

正常情况下隧道通风系统由 BAS 系统根据设定的时间表,定时启动和关闭,环控调度员通过中央背投屏监控隧道通风设备按设定时间和设定模式运行。

正常运行期间,隧道通风处于活塞风状态,由 BAS 根据室外气温运行于自然开式或自然闭式通风模式。(判断的条件是外界焓值大于车站公共区焓值时自然闭式,反之自然开式)

每天早晨5:30 和晚上23:00 执行早晚通风模式,对隧道及车站进行通风换气,排除积聚在区间隧道内多余的热量及水分。

③隧道通风系统的阻塞运行。

列车因意外情况停在区间隧道内时,为确保列车上的乘客有足够的新鲜空气,同时排除列车空调散发的大量热量,必须在列车停车超过4min 后启动隧道通风设备,对隧道进行通风换气。

正常情况列车在区间隧道内停车超过2min,信号 ATS 系统自动发送阻塞信号到 BAS 系统,BAS 系统接到阻塞信号半分钟后自动执行列车阻塞模式,奥体中心折返线和鼓楼等地下存车线除外。

当 ATS 或 BAS 出现故障不能自动执行时,环控调度员根据行车调度员的通知在 BAS 工作站上手动执行相应区间的阻塞模式。

阻塞情况下的气流组织原理(图6-1)。

图 6-1 列车发生阻塞停在隧道内时隧道通风系统气流组织原理

④施工作业时隧道通风系统的运行。

运营结束后区间隧道内进行各类的施工作业时,由于工程车废气、新风不足或高温等原因,需要启动隧道风机对隧道进行通风换气。

区间隧道作业需要进行隧道通风,必须由施工维修单位在施工作业计划内提出,并由车站值班员在施工作业请点时向环控调度员请点,环控调度员核对施工作业令要求启动隧道风机予以配合。

环控调度员在启动隧道风机前需向施工人员了解情况,然后才能根据施工要求启动隧道风机。

⑤隧道风机的故障运行。

隧道风机也是事故风机,属于保障行车安全的重要设施,任何时候都必须保障隧道风机的通风排烟功能。一旦隧道通风系统出现故障,环控调度员第一时间应通过调度现有的设备满足隧道及车站的排烟能力。

⑥隧道风机的操作及保护。

人工启动隧道风机时,隧道风机运行时间每次不得少于 10min;送排风不能直接转换,需先停机后转换;送、排风转换间隔时间不得小于 2min,并且 1h 内启动不能超过 3 次。

⑦施工作业需要启动隧道风机时优先使用模式操作。

只有在没有设定自动运行模式的条件下,才能使用点对点的操作。

为了应付紧急情况需要车站值班员启动隧道通风系统,车站及 OCC 环控调度员必须配备隧道通风系统模式操作卡,该模式操作卡由机电自动化中心提供。

2. BAS 系统

(1)BAS 系统监控范围:城市轨道交通车站及区间隧道的空调及通风设备设施,所有车站的给排水、照明、自动扶梯等车站设备;

(2)BAS 系统在 OCC 设有两台工作站,一主一备,均具备中央监控功能;

(3)BAS 系统在车站车控室与 FAS 系统有接口,能够直接接受 FAS 系统救灾指令,将相关系统工况转为防排烟模式;

(4)BAS 系统在 OCC 与 ATS 系统有接口,能够直接接受列车区间阻塞信号,将隧道通风系统转为阻塞模式;

(5)BAS 系统在 OCC 与主时钟有接口,能够自动将系统时间与主时钟进行同步;

(6)BAS 系统故障的处理。

①BAS 系统中央与车站的通信中断(脱网)。

立即将故障情况通报全线车站,命令车站值班员接管控制权,同时组织相关人员进行维修;车站值班员应主动担负起设备状态的监控工作并将设备故障情况及时向环控调度员汇报。

②车站 BAS 系统故障,所有设备不能监控。

环控调度员应立即命令车站设备操作员将所有环控设备转为环控状态,同时组织相关人员进行维修。

车站值班员应熟悉模式操作卡片,紧急情况立即可以手动操作模式。

车站值班员应主动担负起设备状态的监控工作并将设备故障情况及时向环控调度员汇报。

③BAS设备故障只影响局部或单个设备不能监控。

当不能监视设备状态时,应命令车站设备操作员运营期间每隔一小时报告设备运行情况。

当不能控制设备时,应命令车站设备操作员接管该设备的控制权,遇紧急情况时立即命令车站值班员进行就地操作。

3. FAS系统

(1) FAS系统中央与车站通信中断。

①命令车站值班员每一小时不少于一次对车站重要区域和重要设备房进行巡查,通过无线调度电话随时与环控调度员联系;

②组织相关人员进行维修;

③车站值班员应主动担负起设备状态的监控工作并将设备故障情况及时向环控调度员汇报。

(2) 车站FAS系统故障,不能监视本站。

①命令车站值班员定时对车站重要区域和重要设备房进行巡查,通过无线调度电话随时与环控调度员联系;

②组织相关人员进行抢修;

③车站值班员应主动担负起设备状态的监控工作并将设备故障情况及时向环控调度员汇报;

④一旦遇到火灾发生时,应立即手动执行相应的火灾模式,并确认相关设备是否联动。

(3) FAS设备故障只影响局部或单个设备不能监控。

①局部区域不能监视时,命令车站设备操作员运营期间每隔一小时巡检该区域一次;

②组织相关人员维修;

③一旦遇到火灾发生时,应立即手动执行相应的火灾模式,并确认相关设备是否联动。

(4) FAS设备故障一旦影响车站不能监控火灾报警情况,均属于严重故障,必须及时组织人员进行抢修。

4. 其他消防设备

对于气体灭火系统、水消防设备、事故风机等设备由设备保障部门定期检修、定期维护,保证系统及设备的完好,有故障应及时处理,设备运行状态的改变必须征得环控调度员的同意。

5. 车站照明

车站照明设备由BAS进行监控,在运营开始前自动打开,运营结束后自动关闭。环控调度员根据运营时间的变更,及时调整开关灯时间表。

6. 车站电梯及扶梯

环控调度员通过BAS系统监视车站电梯及扶梯的运行,意外停机的电梯及扶梯须在规定时间内检查确认并恢复运行。

7. 车站及区间给排水系统

BAS 系统能够监视车站及区间排水泵的运行状态,集水池的水位报警。环控调度员负责实时监视区间高水位报警。

四、火灾事故调度

1. 火灾事故调度的一般原则

(1)环控调度员在接到报警后,应沉着冷静,根据火灾现场报告信息尽快分析判断。对于含糊不清的信息,应询问清楚。

(2)环控调度员将情况立即报告给值班主任,由值班主任制订应急方案,并向各调度下达命令。各调度应在值班主任的指挥下,协同进行相应的调度作业。

(3)环控调度员应根据应急方案,向有关车站设备值班员下达人员疏散、送排风、事故风机运行、灭火作业等相关命令。

(4)环控调度员应随时与在火灾现场的人员保持联系,及时掌握现场动态和救灾活动并及时通报值班主任。

2. 车站站台、站厅火灾的处理

(1)站厅或站台发生火灾时环控大系统要立即执行站厅火灾模式或站台火灾模式。

(2)站厅或站台发生火灾时车站所有小系统设备执行全停模式,防止串烟。

(3)当 FAS、BAS 系统能够自动执行火灾模式时,应采用联动执行方式执行火灾模式。

(4)当确认火灾发生后 2min 内 BAS 系统未能自动执行火灾模式时,环控调度员应在工作站上或通知车站手动执行火灾模式。

3. 车站设备用房发生火灾的处理

(1)设备区分不同的防火排烟分区,当发生火灾时小系统要执行对应的防火排烟分区的火灾模式。

(2)设备区发生火灾如果不影响环控大系统运行时,大系统正常运行。

(3)当设备区发生火灾的区域或部位影响到环控大系统运行时,根据受影响情况关闭部分大系统。

(4)当设备区火灾严重影响车站供电或设备运行时,应立即停止所有大、小系统的运行但必须尽量执行对应的小系统火灾模式。

(5)重要机电设备房或车站牵引、降压变电所等电力房间或设备发生火灾时,自动灭火系统启动灭火程序进行灭火。自动灭火系统喷气前必须关闭该区域的所有防火阀。

4. 列车火灾的处理

(1)列车在车站轨道内发生火灾,环控运行模式应按站台火灾进行处理。

①环控调度员立即在工作站上手动执行大系统站台火灾模式,小系统执行全停模式。

②环控调度员立即在工作站上手动执行隧道通风系统车站隧道火灾模式。

(2)列车在区间隧道发生火灾时处理方法为:

①一旦列车发生火灾并停在区间时,环控调度员的操作必须配合行车组织进行,不能单独完成。

②列车在区间内发生火灾时隧道风机运行的原则:

a. 列车在行驶中发生火灾,司机在向 OCC 或车站报告的同时,应尽量将列车开往前方车站停靠,列车到站后按列车在车站站台内发生火灾的程序处理。

b.列车在区间无法行驶,并且乘客疏散路径为单向时,环控调度员应立即启动该站预设的隧道风机运行模式向隧道送风;同时该站成为火灾主要现场,一切救灾措施以该站为主,另外一端车站事故风机启动预设的排烟模式。

　　c.当乘客疏散路径为双向时,环控调度员应立即按预设的隧道风机运行模式启动隧道风机。

　　d.当环控调度员无法判断列车火灾位置时应立即按与行车方向一致的方向送风。

　　e.一旦列车在区间内发生火灾,环控调度员必须紧密联系现场,尽量了解现场情况,确保指令发布的正确性。

　　③车站大、小系统维持正常运行模式不变。

　　④区间火灾产生的烟雾向站台蔓延时应停止车站大系统的排风,保持车站处于正压状态。

　　⑤设备区发生串烟时,小系统执行全停模式。

 任务实施

1.下发任务单,明确任务内容,学生课前按要求完成预习任务;
2.教师先进行讲解,学生分组学习;
3.学生自行总结相关的经验;
4.教师和各组长担当本次任务的他人评价工作,评判同学们的任务完成情况。

任务三　维修调度工作组织

 任务描述

学习制订施工计划,掌握施工管理规定,掌握施工作业管理基本作业技能。

 任务单

1.掌握施工计划编制和执行;
2.掌握施工作业管理。

 知识准备

一、维修调度员主要工作职责

(1)负责所管辖线别范围内非车辆专业设备、设施的日常维修组织协调及监督工作;

(2)负责所管辖线别范围内非车辆专业设备、设施的故障(事故)抢修指挥组织、协调及监督工作;

(3)在特殊情况下,例如紧急抢修、故障处理、现场生产实际需要时或该职责所属部门暂时无法履行其工作职责时,且故障影响运营安全和运营生产工艺的正常进行的情况下维修调度员有权代表公司领导发布抢修命令,要求相关部门协助处理故障或生产任务;

(4)在日常生产过程中,如遇设备管辖接口不清楚的设备、设施故障时,维修调度员应积极协调、指挥相关人员进行故障处理;

(5)负责所辖线别内非车辆专业系统设备、设施的故障信息的收集、统计、分析等工作;

(6)负责收集、跟踪分部调度所组织的本专业设备故障的抢修组织处理情况及设备状态;

(7)遵守安全生产规章制度和纪律,积极参加安全生产各项活动;

(8)正确使用设备,做好安全文明生产工艺;

(9)班前班中要随时要加强检查,发现不安全情况及时处理并报告;

(10)在任何情况下,维修调度员有权拒绝违章指挥。

二、施工计划的制订程序

1. 施工计划的分类

(1)施工计划按时间分,可分为:

①月计划。

对行车设备检查、维修、列车调试工作,应加强计划性。对于下列情况中属正常修程内的应提报月计划,月计划应结合运营部门设备检修计划编制,有以下情况:

a. 工作量大、条件复杂、运行线路上必须封锁线路的施工;

b. 对行车影响较大的施工作业;

c. 必须由施工列车配合的施工作业;

d. 运营时间内在车站公共区域进行的影响运营服务的施工检修作业;

e. 其他需要以书面形式申报的施工检修作业。

②日补充计划。

对于未列入月计划,因设备检修需要,应提报日补充计划。

③临时补修计划。

运营时间对设备进行临时抢修后还未完全达到设备的正常运行功能,须在停运后继续设备维修的作业为临时补修计划。

(2)按施工作业地点和性质分为:

①影响正线、辅助线行车的施工为 A 类;其中开行列车、工程列车的施工为 A1 类;不开行列车、工程列车的施工为 A2 类;车站范围内影响行车设备设施的作业为 A3 类;

②在车场(含试车线)的施工为 B 类;其中开行列车、工程列车的施工(不含车辆段库内)为 B1 类;不开行列车、工程列车但在车场线路限界内及影响接触网停电的施工为 B2 类(能随时撤下来不影响行车、能让列车、工程列车安全通过的施工归为 B3 类);不开行列车、工程列车也不在车场线路限界内的施工、在车场试车线临时的列车调试、不需要工程车配合的接触网线上作业为 B3 类(办公室、食堂等生活办公设备设施维修除外);

③在车站不影响行车的为 C 类,其中车站内大面积影响客运服务及需动火的作业为 C1 类,其他局部影响或不影响客运服务,但经采取措施影响不大且动用简单设备设施(如动用 220V 及以下的电力、钻孔等,不违反安全规定)的施工为 C2 类。

2. 施工计划申报程序

(1)每月 18 日上午 12:00 前,按照相关规定向客运部施工管理工程师报工程车以及调试列车开行计划;每月 19 日上午 12:00 前,客运部施工管理工程师将工程车以及调试列车开行计划的协调结果通知相关部门、中心的相关人员;每月 21 日 17:00 前,各部门、中心将下月的所有申报的施工计划报客运部施工管理工程师,《一月施工计划申报表》包括作业日期、作业部门、作业时间、作业区域、作业内容、供电安排、施工负责人、联系电话、防护措施、备注(主站、列车编组、配合部门及内容等);

(2)日补充计划应于工作开始前一天的12:00以前,由办公室车场管理员、物资设施部设备维修调度员、车辆部调度协理员收集、调整、汇总后向客运部申报;

(3)属于B3/C2类的作业,不需要提报计划,施工负责人直接与车场信号楼调度员/车站行车值班员联系并登记,经车场信号楼调度员/车站行车值班员同意后开始施工;

外单位在实施属于B3/C2类的作业的施工时,必须按外单位作业申请程序的要求办理施工许可手续后,凭对口专业管理部门签发的《外单位施工作业许可单》,须在对口专业管理部门的协助下,方可到信号楼/车站办理相关施工申请。

(4)外单位作业申请程序。

①外单位申报施工作业到运营部门对口专业管理部门办理,外单位的施工负责人必须是运营部门的专派人员;

②由对口专业管理部门负责施工单位签订《施工安全、防火、治安协议书》并报安保部备案;

③以上手续完备之后才能进行申报计划,找部门配合;

④对口专业管理部门负责协助申报施工作业计划;

⑤长期(签订合同一年及以上)委外单位可比照运营部门内部各单位的施工执行,但施工负责人必须经对口专业管理部门安全教育培训合格。

3.施工计划的编制

(1)计划编制原则:

①月计划的安排应在确保安全的前提下,考虑均衡安排,避免集中作业;

②处理好列车的开行时间和密度、施工封锁等几方面的关系,避免抢时、争点现象(原则上车与车、人与车需有一个安全区间或安全站台);

③为方便施工单位作业,月计划内各项作业应注明施工日期、作业起止时间、作业内容、作业区域、安全事项及其他应说明的问题(列车编组、行车计划、配合部门及详细配合要求、联系电话等);

④经济、合理地使用机车车辆,避免浪费资源。

(2)编制审批程序:

①月计划。

每月24日9:00,由施工计划协调工作小组组长召开施工计划协调会,根据提报计划的情况,组织相关部门协调。

协调月计划时,对于安全上有特殊要求和规定的,在施工计划协调会议上提出讨论确定。月计划中应明确说明施工作业起止时间、地点。

由客运部根据月施工计划协调会议的结果,编制《施工行车通告》,经分管运营的副总经理(或分管副总经理授权的领导)签字后于每月月末前发布到各专业中心,并且一经发布,若无特殊情况,不得随意修改。

遇节假日顺延或提前,具体时间在上月的施工协调会议上确定。

②日补充计划。

日补充计划应于工作开始前一天的12:00以前(周六、周日和下周一的日补充计划应在周五的12:00前),由办公室车场管理员、物资设施部维修调度员、车辆部检修调度员按部门分工,并取得配合单位同意后,向客运部施工管理工程师申报,填写《维修施工日补充计划表》,见表6-1。

维修施工日补充计划表 表 6-1

YYZL/GL—行调—004

提报单位：_____　　____年____月____日

作业日期	作业部门	作业时间	作业区域	作业内容	供电安排	申报人	防护措施	施工负责人	配合部门以及配合要求	备注

审批人：

注：1. 本表一式两份。
　　2. 工程车运行计划时间列入备注栏。
　　3. 施工负责人栏内须列明联系电话。

客运部施工管理工程师接到申报后，应综合平衡安排，再由控制中心值班主任进行审批。接触网停送电应由电力调度员审核后再由控制中心值班主任进行审批。审批之后于提报当日的15:30前返还到施工管理工程师处，施工管理工程师于提报当日的16:00前通知各申报部门（特殊情况除外）。如果施工作业影响的范围广、涉及的部门多、难以解决的问题，施工单位应事先提出专题的方案，再由分公司分管领导召开方案协调会，最后定出具体的施工方案。

日补充计划要在月计划的基础上进行安排，以提高月计划的兑现率。日补充计划申报的作业项目原则上不得超过同期同类月计划内日作业项目的20%，月计划因特殊情况需要变动以《计划变更表》（见表6-2）的形式提报。

计 划 变 更 表 表 6-2

YYZL/GL—行调—005

作业代码		作业部门	作业时间	作业内容	作业区域	供电安排	施工负责人	防护措施	备注
	变更前								
	变更后								
	变更前								
	变更后								

日补充计划中应明确说明施工作业请、销点的时间、作业地点、施工负责人。
日补充计划原则上不安排工程车开行、正线列车调试和接触网停送电的要求。

③临时补修计划

临时补修计划由办公室车场管理员、物资设施部维修调度员、车辆部检修调度协理员向控制中心值班主任申报，控制中心值班主任对临时补修计划应及时优先安排，不受月计划和日补充计划限制。

（3）遇影响正线行车的事故，须抢修恢复行车设备的作业安排为临时抢修。

三、施工时间的安排

(1)施工作业安排。晚上列车运营即将结束时,最后一班列车尽头站或回到车场后,可分段安排线路已出清区段的线路施工。

(2)正常施工时间应于 4:40 结束,在有工程车返回的线路上施工时,有关作业必须在 4:00 前完成,并出清线路。

(3)工程车开行计划有变更时,相关部门应在当晚 17:00 前做出通知;因工程机车故障不能开车时,车场调度员或检修调度员应通知值班主任,由值班主任通知申请单位。

(4)维修部生产技术室根据施工计划安排好当天巡道计划,当天 16:00 前书面通知行调。

(5)每日 17:00~19:00 由控制中心 OCC 向各站传送日补充计划和巡道计划。

(6)每日尾班车离开起点站起,由车站根据施工登记表与行车调度员核对当晚的施工作业。

(7)车场内施工(作业)时间的安排。

①车场内施工(作业)时间安排严格按照施工计划的要求执行,车场调度员、检修调度员应根据当日施工计划提前做好线路空闲、车辆和司机配合准备。

②如车场内施工与车辆检修计划时间有冲突时,车场调度员应联系检修调度员及相关主办作业部门协调处理。

四、施工进场作业令

1. 适用范围

凡编入运营事业总部施工月计划、周计划、日补充计划及临时补修计划的施工,都必须领取施工进场作业令。

2. 调度票务部负责《施工进场作业令》的管理工作

(1)凡属各生产部门内部作业,不涉及其他部门配合协作的《施工进场作业令》由调度票务部授权维修生产技术室、安全质量室、车辆部生产技术室签发。其他《施工进场作业令》由调度票务部签发。

(2)对于超过 3 天的大型节假日,从第 4 天至上班后第 1 个工作日维修部的施工进场作业令,由维修部预先编制及审批,调度票务部根据计划变更情况提前 1 天向各分部发放。

(3)节假日全天,周一至周五 8:30~17:00 以外时间的临时补修计划的施工进场作业令由调度票务部签发。

3. 施工作业令的内容

施工进场作业令的内容包括施工进场作业令号码、作业项目、作业区域、作业时间、施工负责人及施工责任人姓名、维(检)人员姓名和主要工器具、配合事项等。

4. 领取程序

(1)月计划、周计划、日补充计划的施工作业单位于前一天的 16:00~16:30 到调度票务部生产管理室登记领取施工进场作业令;(由各部门自行签发的作业令,由各部门自行规定)

(2)临时补修计划的施工作业单位在办公到调度票务部生产管理室登记领取。

5. 使用程序

(1)作业单位持进场作业令到施工地点所在的车站或车场登记施工;

(2)车站根据作业单位的进场作业令向行车调度员报告备案(B/C 类作业由车场/车站

审批);

(3)A类、涉及影响正线行车的B类作业经行调审核批准方可安排施工。

五、施工安全管理

1. 施工负责人/施工责任人的职责及任职条件

每项属于A类、B类、C类(B3、C2类除外)作业需设立1名施工负责人,辅站另设施工联络人。属于B3、C2类的作业,需指定1名人员负责施工及施工安全管理。

(1)施工负责人\施工责任人(含B3、C2类作业的指定人员)职责

①负责作业人员/设备的管理;

②办理施工作业登记/施工作业注销手续;

③作业过程的组织指挥;

④及时与车站、车场联系作业有关事项;

⑤组织设置/撤销作业安全防护设施(接触网停电及挂地线由电力调度员负责);

⑥出清作业区域/设备状态恢复正常。

(2)施工负责人/施工责任人任职条件

①熟知标准有关规定;

②熟悉该项作业的性质、内容、方法、步骤、要求等;

③具备该项作业相关的安全知识和技能;

④经过培训中心培训并考试合格,发证。

2. 施工防护

(1)接触网停电检修或需接触网停电配合挂地线时,由供电操作人员负责在该作业地段两端挂接地线,设置红闪灯的位置应在挂接地线的外方。

(2)站内线路施工时,由施工负责人在车站两端头轨道上设置红闪灯防护(特殊情况下,昼间高架车站派专人使用红色信号旗或红牌进行防护,以下同)。

(3)在站间线路施工时,除施工部门设置防护外,车站还负责该施工地段两端车站的端墙门处设置红闪灯防护(遇特殊情况,因曲线或建筑物遮挡影响瞭望时,防护信号设置地点可适当外移,但具体位置应在《站细》中明确,以下同)。施工前,由请点车站设置红闪灯,并通知作业区另一端车站值班员放置红闪灯防护。施工结束后,车站撤除红闪灯,并通知作业区另一端车站值班员撤除红闪灯,如遇到跨越站内站间时,车站应在车站内另一端墙门处设置红闪灯防护。

(4)下轨行区作业的人员应自身做好安全防护,固定作业地点的作业,施工单位负责在施工区域的两端的轨道中央设置防护信号或派专人防护;轨道或设备巡检作业可以不在施工区域两端设置红闪灯防护,但施工区域两端的车站应做好防护,必要时在端墙门处设置红闪灯进行防护。

(5)车站值班人员到站台检查红闪灯是否按规定摆放,并监督红闪灯状态是否良好,并对设置的红闪灯是否按规定摆放、状态是否良好进行不定期检查。

(6)车场内的设备检修施工和防护的有关规定按《车场运作办法》中规定执行。特别注明:在试车线的隧道内进行施工作业时应在隧道口的线路中央放上防护信号进行隧道内的防护,施工负责人安排人员到隧道口对防护措施状态是否良好进行不定期检查。

(7)凡在运营时间内进行作业的,必须做好防护措施,确保地铁乘客的安全,最大限度地

减少对乘客的影响；

(8)在运营结束后,如果当晚没有工程车开行,车站可以不设置红闪灯等防护措施进行防护,但施工单位自身要做好安全防护措施；

(9)施工作业时除严格执行以上规定及运营部门相关安全规定外,并按施工部门的有关施工操作程序的防护规定执行；

(10)特殊情况下多家施工单位进入同一封锁区间内施工的由主要施工单位负责防护和请、销点,主要施工单位由施工计划协调小组指定。

3. 为保证施工作业安全,遇下列情况,应将线路封锁并限定施工时间

(1)工程车或调试列车在一个区段多次往返运行时；

(2)接触网(或轨)检测车在测试区段或钢轨打磨车在打磨区段运行时；

(3)对于更换钢轨(接触网)施工项目,无论有无工程车开行,均须将所占用线路封锁,且封锁区段内只准有一项施工作业进行。

4. 施工安全

(1)人、工程车在同一区域作业时,由施工负责人统一负责,需要动车时,由施工负责人向司机下达指令,司机按正确的指令执行。

①按施工前进方向,列车在前,人员在后,原则上不得颠倒或列车运行前后皆有作业；

②非随车施工人员与列车应有50m以上的安全间隔距离,原则上列车不得随便后退,如有需要退行时,车长(司机)应听从现场施工负责人的指挥,按要求退行,确保人身安全；

③作业人员应在自己现场作业区分来车方向设置红闪灯防护。

(2)多个作业区域开行工程车作业时,在工程车运行的前方必须保证至少有一个站台区或站间区间空闲。

(3)凡进入线路施工的施工作业人员(包括外单位作业人员)必须按要求穿荧光衣,并根据作业性质及作业要求使用其他安全防护用品。

(4)施工单位在作业期间需要接触网停电或接触网停电挂地线的,应在施工申请表中明确提出配合要求,施工请点时要确认接触网确已停电才能开始作业。如无停电要求,接触网一律视为带电体。

(5)施工作业过程中如要进行动火作业,必须按照有关规定办理动火令及作业,严禁在无动火令的情况下进行动火作业。

(6)委外项目施工由对口专业管理部门负责安全管理、安全监督。

六、施工组织

1. 对维修、调试、施工等作业按性质、地点分别组织；具体如下

(1)A类作业,须经行车调度员批准,方可进行。

(2)B类施工作业经车辆段调度员同意方可进行；如影响正线行车须报行车调度员批准。

(3)C类作业运营部门内部的施工项目经车站值班站长批准方可施工,外部单位施工作业按外单位工程施工作业管理流程进行,经车站值班站长批准方可施工。

2. 各施工单位及部门的施工、检查作业,严格控制作业区范围及作业时间

外单位在地铁范围内进行施工时需向对口专业管理部门申报施工计划,最终得到批准后,凭施工计划向安保部申请办理施工人员临时出入证。

3. 施工人员进出站规定

(1)施工负责人持作业令在作业令规定施工开始时间前15min到达主站,施工联络人及维修人员在作业令规定施工开始时间前10min到达辅站和相关车站;按规定程序办理施工作业手续。

(2)施工作业人员于关站前10min进站。因工作需要确需关站后进入的,应与车站联系,车站根据联系的地点、时间,查验施工作业令和相关证件后开门放行。

4. 请点规定

(1)属于A类的作业,施工负责人在作业令规定施工开始时间前15min到车站填写《施工登记表》(表6-3)请点,由车站报行车调度员备案,当线路出清后行车调度员通知车站,车站值班员传达允许施工的命令,请点生效,可以施工。

车站施工登记表　　　　　　　　　　　　　　　　　　　　　表6-3

_____年_____月_____日　　　　　　　　　　　　　　　YYZL/GL—行调—006

	作业项目		作业区域		
	作业代码		作业单位		共　人进场
	施工负责人		证件号码	计划作业时间	时 分起 时 分讫
	安全措施				
请点登记栏	辅站		主站		
	接_____站值班员通知本项作业已获行车调度员_____批准,于_____时_____分至_____时_____分在所申报作业区域内进行,施工承认号码_____。 车站值班员签署:　施工联络人签署:		本项作业已由本站报OCC行车调度员备案,并获行车调度员_____批准,于_____时_____分至_____时_____分在所申报作业区域内进行,施工承认号码_____,并已知会辅站_____。 车站值班员签署:　施工负责人签署:		
销点登记栏	辅站		主站		
	本作业点的作业已结束,并于_____时_____分出清作业区域(本作业点所有有关人员已撤离、有关设备已恢复正常、工器具、物料已撤走)。 施工联络人签署:　车站值班员签署:		本项作业已结束,并于_____时_____分出清作业区域(所有本项作业各作业点有关人员已撤离、有关设备已恢复正常、工器具、物料已撤走)。 施工负责人签署: 接施工负责人/_____站值班员通知本项作业已结束并出清作业区域,由本人于_____时_____分报告行车调度员_____销点。 车站值班员签署:		
备注					

注:*请划去不适用字句。*一项作业只由一个车站进场施工时,该站视为主站。
　　*向原请点站电话销点时在辅站栏填写。

(2)属于A类作业,但需由多个车站进入施工的作业项目,施工负责人除按第1条到主站办理外,还需核实辅站情况。辅站施工联络人在作业令规定施工开始时间前10min到达辅站办理登记手续,辅站值班员向主站值班员核实施工事项并请点。主站接到行车调度员允许施工的命令后,传达给施工负责人及辅站,辅站值班员允许施工联络人开始该作业点的施工。

(3)属于B类的作业,施工负责人到信号楼调度员处填写《施工登记表》请点,经信号楼调度员同意,便可施工(车场内进行影响正线行车的作业应经行车调度员批准)。

(4)属于C类的作业,经批准,施工负责人到车站登记请点。

(5)如遇作业区域同时包含正线和车场线路时,施工部门到信号楼调度员请点,信号楼调度员在审核批准该项施工作业后,信号楼调度员还须向行车调度员请点,征得同意后,方可允许施工部门开始施工。

(6)有外单位作业时,由指定的施工配合部门人员协助办理请点后,方可开始作业。

(7)作业请点站(主站)须持外单位作业许可单、施工负责人合格证、出入证、作业令原件(运营部门内部作业部门作业时主站可用复印件或传真件),辅站登记可用作业令复印件(传真件)。

5. 销点规定

(1)A类作业,施工作业地点仅一个站的,施工负责人在施工区域出清完毕后,报车站,由车站向行车调度员销点。

(2)B、C类作业施工完毕后,施工负责人负责施工区域的出清后到车场信号楼调度员或车站行车值班员处销点。

(3)属于上述<4(5)>项的施工的销点,施工负责人在施工区域出清完毕后,向车场销点,车场在办理销点手续时必须同时向行车调度员办理销点。

(4)当多站销点时,辅站施工联络人负责本段线路出清并报施工负责人后,在辅站销点;辅站值班员向主站值班员销点;施工负责人负责该项作业区域全部出清后,方可报主站值班员销点,主站值班员向行车调度员销点。

(5)需异地销点的施工作业,施工负责人(联络人)应在《车站施工登记表》备注栏中注明异地销点的地点、人数,登记进入施工的车站要及时通知异地销点的车站值班员。

(6)当施工作业只有一组人员进行作业,需异地销点的,销点的时间不得超过《施工行车通告》上规定的时间,作业结束后,施工负责人向销点站登记销点,销点站经与施工负责人核对销点的施工内容、施工人数、地点全部无误后,记录施工负责人有效证件、姓名、作业令号码、作业人数等,并向请点站核对无误后,准予销点;销点站向请点站销完点后还负责向行车调度员报告销点。

(7)当施工作业有多组人员进行,需异地销点的,销点的时间不得超过《施工行车通告》上规定的时间,作业结束后,由施工负责人统一向在主站登记的销点站登记销点,销点站经与施工负责人核对销点的施工内容、施工人数、地点全部无误后,记录施工负责人有效证件、姓名、作业令号码、作业人数等,并向请点站核对无误后,准予销点,销点站向请点站销完点后还负责向行车调度员报告销点。

6. 施工作业时间调整的要求

当日因特殊原因,施工作业时间需调整时,值班主任通知作业部门或对口专业管理部门,由作业部门或对口专业管理部门通知施工作业人员。

7. 施工人员进、出站及请销点作业程序

施工人员进、出站及请销点作业程序见表6-4。

进、出站及请销点作业程序　　　　　　　　　　　　　　　　表6-4

序号	作业程序	备注
1	施工负责人及施工人员凭施工作业令及证件进车站;需关站后进入的,应事先联系	B类作业到信号楼调度办理 C类作业可省略
2	施工负责人向值班人员填报人数,办理施工登记手续;多站请点的,主站施工负责人及辅站施工联络人向主站或辅站值班人员填报人数,办理施工登记手续,辅站值班员要向主站汇报,由主站统一负责清点	
3	车站值班员据施工负责人提出的施工申请及所报人数,办理施工登记手续,并按有关规定办理请点	
4	行车调度员根据车站请点要求审核,批准	
5	车站值班员通知本站员工及相关车站设置防护	
6	车站员工(站务员)根据值班员的指示及要求设置防护	
7	施工负责人根据施工要求设置防护	
8	开始施工	
9	施工结束后,施工负责人清点人数,出清线路,撤除防护措施,到车控室办理销点手续;多站销点的,主站施工负责人及辅站施工联络人清点人数,出清线路,撤除防护措施,辅站施工联络人向主站施工负责人报线路出清,主站施工负责人向在主站登记的销点站车控室统一办理销点,同时施工负责人应在销点站进行书面登记	
10	车站值班员按有关规定办理销点	
11	行车调度员根据车站销点要求审核,批准	
12	车站值班员销点后通知保安人员;开出入口门送施工人员出站	

七、运营时间内特殊情况的施工规定

1. 正线、辅助线发生各类设备故障或事故需封锁区间抢修的规定

(1)正线、辅助线发生各类设备故障或事故需封锁区间抢修的程序为以下情况:

①由行车调度员负责组织故障情况下的行车,根据维修调度员要求组织相关问题的处理;

②行车调度员向有关站发布封锁线路的命令,需要时通知电力调度员停电;

③维修调度员得到行车调度员的封锁命令号码、范围和时间后,负责组织封锁区间内的设备抢修工作,并指定一名施工负责人为现场指挥;同时现场指挥指派专人在车控室进行防护,被指派到车控室的防护人员负责抢修作业的请销点工作,同时还负责与现场指挥积极联系,随时掌握抢修的进度;

④抢修完毕,现场指挥确认线路出清后报维修调度员,维修调度员在《值班主任事故/事件处理记录表》上签认恢复行车时间,该封锁区间交回行车调度员解封、组织列车运行;

⑤列车或车辆在线路上的起复救援工作按《突发事件应急报告程序》等有关规定执行。

(2)抢修、救援人员进出已交由维修调度员控制、封锁的区间应使用无线电话(如无法联络时经车站)向维修调度员申请,得到维修调度员批准后进入封锁的区间。

(3)遇车辆在线上的起复救援工作,涉及系统设备,由分管的电力调度员、环控调度员或维修调度员向值班主任提供技术支援,包括以下几种:

①影响范围、预计处理(开通)所需时间;
②变更的运行模式(指系统设备),如越区、单边供电,借用相邻设备等;
③处理进展情况;
④达到开通条件(轨道、供电)时的报告。
(4)设备故障或事故处理时,线路出清的确定
①根据现场情况,由行车调度员组织行车,由现场指挥负责现场抢救工作;
②故障、事故处理完毕,由现场指挥报维修调度员/检修调度员,维修调度员/检修调度员再报行车调度员/信号楼调度员线路开通;遇车辆在正线上起复救援时,由现场指挥确认可以行车后报告行车调度员开通线路。

2. 运营时间进入正线、辅助线的各类设备故障短时间抢修规定
(1)行车调度员按照"先通后复"的原则根据运营实际情况及时安排抢修作业。
(2)进入站台或站台附近区段的作业:
①抢修人员到车控室办理临时登记手续后(特殊情况下经行车调度员同意可不办理登记手续),到站台待令并及时汇报维修调度员;
②行车调度员及时通知车站抢修作业内容,具备抢修条件、行车调度员或车站通过信号系统设置防护后(无法通过信号系统防护时,行车调度员通知车站设置红闪灯进行防护)立即通知维修调度员和车站;
③得到行车调度员准许后,维修调度员负责通知抢修人员进入抢修区间,车站应监督抢修人员进入正确的区域;
④抢修期间严禁运行列车进入抢修的区间或站台区域;
⑤特殊情况在有安全地带避让列车的轨行区进行抢修作业时,须征得值班主任同意。抢修单位应在车控室安排胜任的联络防护员,现场抢修人员要及时避让列车,注意作业安全;
⑥抢修人员抢修结束、出清线路、恢复运营条件后,及时通知维修调度员,维修调度员再汇报行车调度员,行车调度员通知车站抢修结束,确认防护措施撤除后恢复运营;
⑦抢修人员应及时到车控室补办相关手续。
(3)运营时间搭乘列车到区间隧道的抢修作业
①区间抢修行车设备搭乘列车应得到值班主任的批准;
②抢修人员在指定车站站台待令,维修调度员按行车调度员指定的车次通知抢修人员上车(行车调度员通知相关车站和司机);
③抢修人员登乘驾驶室后通知司机在故障点前停车,从驾驶室门下车进入轨道,进入驾驶室的抢修人员以2人为限,其余人员到客室乘车,下车时通过驾驶室门进入轨道;
④能够及时恢复的作业,抢修完毕后立即汇报维修调度员,维修调度员汇报行车调度员,在抢修人员进入驾驶室后,由行车调度员通知司机动车;须滞留区间的作业,抢修人员进入安全地带后,用白色灯光作圆形转动或通过无线电联系(已到安全地点)通知司机继续运行。抢修作业时不得超出指定区域,严禁影响其他列车运行。要返回车站时向维修调度员申请,维修调度员与行车调度员协商后,分别通知抢修人员和列车司机,抢修人员给司机停车信号(使用信号灯或手信号),指示司机停车,并打开驾驶室车门让抢修人员上车。

3. 车站或线路两旁发生设备故障或事故,但不影响到列车正常运行时处理
在车站或线路两旁发生设备故障或事故,但不影响到列车正常运行时,由维修调度员统

筹处理。

 任务实施

1. 下发任务单,明确任务内容,学生课前按要求完成预习任务;
2. 教师先进行讲解,学生分组学习;
3. 学生自行总结相关的经验;
4. 教师和各组长担当本次任务的他人评价工作,评判同学们的任务完成情况。

 拓展知识

值班主任、行车调度员、电力调度员、环控调度员及维修调度员的工作接口

1. 值班主任与电力调度员、环控调度员的接口

(1)值班主任负责协调本班各调度工作,组织、处理运营中发生的故障和事故。

(2)当发生事故和突发事件时,由值班主任指挥各调度员的工作,电力调度员、环控调度员负责了解相关设备的受影响情况,并提供事故、事件和救灾的配合处理方案,经值班主任确认后各自执行,并适时汇报进展情况。电力调度员负责提供供电配合处理方案,环控调度员负责提供环控配合处理方案。

2. 行车调度员与电力调度员的接口

(1)接触轨停/送电

①运营结束后,行车调度员填写停电通知单,经值班主任审批后交电力调度员办理停电手续,电力调度员确认接触轨停电后,通知行车调度员。

②计划首列车到达转换轨前约25min,行车调度员确认送电区段符合送电条件后,填写送电通知单,交电力调度员办理送电手续,电力调度员确认接触轨已送电后,通知行车调度员。

③事故抢险时,行车调度员口头通知电力调度员立即停电,事后补填停电通知单。

④接触轨停/送电时,行车调度员须通知有关车站、信号楼,通知的主要内容有:

a. 停/送电时间;

b. 停/送电区域;

c. 行车调度员工作代号。

(2)牵引变电所跳闸或故障时

①电力调度员接报变电所跳闸或发生故障时,应立即通知行车调度员,行车调度员在值班日志上做记录,并通知车站和司机查找跳闸原因,并把信息及时反馈给电力调度员。

②牵引变电所跳闸或故障后,不能以正常方式供电时,电力调度员提供越区供电方案,经值班主任同意后,实行越区供电。

(3)用电量

电力调度员应于每日23:00前统计当日牵引和总用电量数值,供值班主任填写运营日报使用。

3. 行车调度员与环控调度员的接口

(1)环控系统开启和关闭

正常情况下,环控调度员按列车运行图规定的时间,在运营开始前和结束后开启和关闭车站环控大系统。因特殊情况,加开列车或列车晚点须延误收车时间时,行车调度员通知环

控调度员提早或推迟开启和关闭车站空调大系统。

(2) 开启隧道风机

①非运营时间,因检修施工、工程车开行需要开启隧道风机时,环控调度员根据计划通知有关车站开启。

②发生列车在隧道内停车超过2min时,行车调度员口头通知环控调度员,检查隧道风机是否开启。

③当发生车站、列车、区间隧道火灾事故时,谁先接报谁通知当值全体调度员。各调度员按值班主任的组织去处理,环控调度员应首先按火灾模式进行中央控制或组织车站启动各减灾、救灾设备运作。

4. 行车调度员与维修调度员的接口

行车调度员接到影响行车的设备(信号、通信、线路、车站设备、供电)故障时,应及时通报维修调度员。

项目小结

电力调度员、环控调度员和维修调度员配合行车调度员实现施工及列车上线运营的需要。独立判定所监控系统的状态,正确完成各项工作任务,并能依据规章规定条理清晰地说明你的理由。

本项目的实施过程中,不但要求学生具有较好的理论知识,而且要求学生具有较强的动手能力。通过本项目的学习,使学生能够根据各种情况完成相应工作任务,当发生意外情况时,能够采取正确的应急处理措施。

 习题

1. 简述电力调度员的职责。
2. 简述断路器操作管理。
3. 简述隔离开关操作管理。
4. 简述环控调度的工作职责。
5. 简述隧道通风系统运作管理。
6. 简述FAS系统故障处理。
7. 简述火灾事故调度的一般原则。
8. 简述车站站台、站厅火灾的处理。
9. 简述列车火灾的处理。
10. 简述施工计划的分类。
11. 简述施工计划的编制原则。
12. 简述施工人员进、出站及请销点作业程序。
13. 简述运营时间内正线、辅助线发生各类设备故障或事故需封锁区间抢修的规定。

附录一 《城市轨道交通调度指挥工作》课程标准

1 前言

1.1 课程定位

《城市轨道交通调度指挥工作》是城市轨道交通运营管理专业的一个核心学习领域,先修课程有《城市轨道交通设备运用》《城市轨道交通信号与通信设备运用》,为本学习领域奠定了坚实的基础。本学习领域为后续专项实训课程做支撑。主要学习城市轨道交通行车组织的基本方法,培养学生准确、熟练编制列车开行计划及调度指挥的职业能力,良好的沟通能力和团队协作精神,树立安全第一的思想意识的职业素质,具备行车调度员职业岗位能力。

1.2 课程设计

(1)根据学习领域对应的职业岗位(群)的职业标准,确定课程目标。依托国家行车调度员职业岗位职业标准,以行车调度员职业岗位技能构建课程内容,针对行车调度员工作岗位的典型工作任务,分析岗位所需的知识、技能和态度,确定学生应具备的专业能力、方法能力和社会能力,确定课程培养目标。

(2)基于行车调度员岗位真实工作任务确定学习情境。进行职业岗位(群)调研,分析确定各岗位所需要的技能,把各岗位所涉及的职业活动分解成若干相对独立的工作任务,对工作任务进行分析,对完成任务应掌握的知识、能力、素质做出较为详细的描述,以行车调度指挥设备为载体,设计本学习领域的学习情境。

(3)改变传统的教学模式,采用以学生为主体的"教、学、做"一体、任务驱动等教学方法,各个学习任务通过"资讯、计划、决策、实施、检查和评价"六步教学法来完成。

(4)改革传统的考核方式,形成性评价与终结性评价相结合;理论与实践相结合;技能与作业态度相结合;采用笔试、口试、操作相结合;开卷、闭卷相结合;学生之间自评、互评相结合。考核学生能力,综合评价学生。

2 课程内容和要求

教学时间安排:64学时
典型工作任务的描述
根据客流调查和分析,编制列车运行图,编制运输计划;根据列车运行图和《行车调度工作规则》,正确及时地进行行车指挥自动化时的列车调度指挥、调度集中时列车运行调度指挥、非正常情况下列车运行组织;列车到发及区间运行情况临时发生的意外情况,正确处理;根据施工要求编制施工计划与组织,开行工程车。
在轨道行车工作场所合理使用行车调度技术设备,正确地填记报表、绘制实绩列车运行图、调度工作统计,及时发现并处理危及行车安全的情况。
在各种完整的作业过程中,严格按照城市轨道交通运输企业行车作业标准进行作业;做好对上级指示、《行车日志》、调度命令等工作文档的及时记录、整理与保存。
在工作过程中符合劳动保护规定

续上表

教学目标
学生以小组合作的形式,通过教师指导、行车调度指挥视频资料,制定学习计划,在规定的时间内完成资讯、计划、实施、检查、评估过程。在实施计划过程中,正确使用 CLOW、ATS、MMI、DMI 设备,及时进行列车运行调整,下达行车命令和指示,实现按图行车。 学习完本课程后,学生应具备以下能力: (1)能够编制运输计划; (2)能够编制列车运行图; (3)能够熟练使用中心 ATS 系统; (4)能够发布调度命令和绘制实绩运行图; (5)能够进行列车运行调整; (6)能够正确地完成调度统计与分析; (7)能够正确组织 ATC 系统降级处理; (8)能够正确及时处理区间迫停列车; (9)能够组织特殊列车开行; (10)能够正确组织列车运行突发情况应急处理; (11)能够管理电力调度运行; (12)能够管理环控调度运行; (13)能够管理维修施工

工作与学习内容		
工作对象/题材 (1)编制运输计划; (2)列车运行图的编制; (3)下达调度命令和口头指示; (4)列车运行调整; (5)城市轨道交通调度指挥日常工作; (6)特殊情况列车运行调度指挥; (7)其他调度工作组织任务	1.工具 (1)CLOW/LOW 系统; (2)ATC 系统。 2.工作方法 (1)正常情况下列车行车组织方法; (2)CLOW/LOW 等设备操作方法; (3)联锁设备故障下的行车组织方法; (4)施工组织方法。 3.劳动组织 (1)参加接班会,了解本班的重点任务; (2)行车调度员/行车值班员/车场调度员掌握本班列车到发计划; (3)行车调度员编制列车运行计划; (4)行车调度员与助理调度员、综合维修调度员等相关人员共同完成列车运行计划;或行车值班员监控列车运行及设备状态; (5)参加交班会,汇报本班工作完成情况	工作要求 (1)能够与维修调度员、调度区段各车站有关人员、司机等与完成列车运行工作任务涉及相关人员进行熟练的沟通; (2)具备强烈的安全意识; (3)正确、及时编发各种情况下的列车运行计划; (4)按照列车运行计划组织列车运行; (5)正确、及时填发调度命令等有关文件,并进行归档; (6)严格遵守《行车组织规则》的有关规定; (7)严格按照各种设备的使用方法进行操作; (8)对已完成任务进行分析、评价

学习组织形式与方法
学习准备阶段主要采用实训室调度所见习、教师讲授、演示、播放资料片;计划实施阶段主要采用角色扮演、小组合作。小组负责人由行车调度员担任,负责组内纪律、角色分工,小组负责人采取轮换形式。 在整个学习过程中,以学生合作学习为主,教师只是起到引路人和答疑人的作用

学业评价
(1)学习情境评价形式:采用自评20%、小组评价30%、教师评价50%。 (2)学习情境考核内容:安全纪律(15%)、学习态度(15%)、专业知识(30%)、专业技能(30%)、团队合作(10%)。 (3)学习领域综合评价:学习情景加权平均分占总分的70%,综合笔试和答辩占总分的30%

3 学习情境设计

学习情境	教学目标	学习内容	评价建议	学时	教学建议与说明
项目一 列车开行方案	1.掌握确定列车开行方案过程； 2.掌握适应动态性的行车组织方案； 3.确定列车编组方案； 4.掌握列车交路的基本形式及其适用条件； 5.掌握确定列车开行数量和列车开行间隔时间的方法； 6.掌握列车停站方案	任务一 列车开行方案概述 任务二 客流分析与行车组织方法 任务三 确定列车编组方案 任务四 确定列车交路 任务五 确定列车开行数量和列车开行间隔时间 任务六 确定快慢列车开行方案和列车停站方案	专业知识和技能测评点： 1.列车方案确定原则 2.列车编组 3.列车交路 4.列车开行数量 5.列车停站方案	8	现场教学法、四阶段教学法小组合作、播放多媒体课件
项目二 运输计划编制	1.能够编制客流计划的方法； 2.能够编制全日行车计划； 3.能够编制车辆运用计划	任务一 编制客流计划 任务二 编制全日行车计划 任务三 车辆配备和运用计划	编制客流计划； 编制全日行车计划； 编制车辆运行计划； 编制列车运行调整计划	6	四阶段教学法、角色扮演
项目三 列车运行图编制	1.熟悉列车运行图格式； 2.掌握轨道交通列车运行图组成要素； 3.能够计算通过能力并确定列车区间方案； 4.掌握城市轨道通过能力计算； 5.掌握列车运行图的编制技能	任务一 列车运行图的格式和分类 任务二 列车运行图组成要素 任务三 轨道区间列车开行方案与通过能力 任务四 通过能力计算 任务五 列车运行图编制	专业知识和技能测评点： 1.能够熟练对列车运行图要素进行确定； 2.能够计算区间通过能力，确定区间行车方案； 3.能够编制简单列车运行图	18	四阶段教学法、角色扮演、小组合作
项目四 正常情况调度指挥	1.认识调度指挥机构及模式； 2.了解调度日常工作制度； 3.掌握列车自动监控系统（ATS）操作； 4.理解调度命令与实绩运行图； 5.了解日常调度指挥工作； 6.掌握列车运行调整； 7.理解调度工作的统计与分析的指标	任务一 认识调度指挥机构及模式 任务二 调度日常工作制度 任务三 列车自动监控系统（ATS）操作 任务四 调度命令与实绩运行图 任务五 列车运行调整 任务六 正常情况调度指挥工作 任务七 调度工作的统计与分析	1.能说出调度指挥机构及模式； 2.能说出调度日常工作制度； 3.熟练使用列车自动监控系统（ATS）； 4.能够发布调度命令和绘制实绩运行图； 5.能够进行列车运行调整； 6.能够完成调度统计与分析	16	四阶段教学法、角色扮演、小组合作

续上表

学习情境	教学目标	学习内容	评价建议	学时	教学建议与说明
项目五 特殊情况调度指挥	1.掌握列车自动控制系统（ATC）降级控制处理； 2.掌握列车在区间迫停处理； 3.掌握列车运行突发情况应急处理； 4.掌握特殊列车开行。	任务一 列车自动控制系统（ATC）降级控制处理 任务二 车站联锁设备故障处理 任务三 列车在区间迫停处理 任务四 突发情况调度指挥 任务五 特殊列车开行	1.能够正确组织列车自动控制系统（ATC）降级处理； 2.能够正确及时处理区间迫停列车； 3.能够组织特殊列车开行； 4.能够正确组织突发情况应急处理	10	四阶段教学法、角色扮演、小组合作
项目六 其他调度工作组织	1.了解电力调度员职责； 2.掌握电力调度运行管理； 3.掌握电力调度操作管理； 4.了解环控调度员职责； 5.掌握环控调度运行管理； 6.掌握环控调度操作管理； 7.了解维修调度员职责； 8.掌握维修调度运行管理	任务一 电力调度工作组织 任务二 环控调度工作组织 任务三 维修调度工作组织	1.能够管理电力调度运行； 2.能够进行电力调度操作； 3.能够管理环控调度运行； 4.能够进行环控调度操作； 5.能够管理维修施工	6	四阶段教学法、角色扮演、小组合作

4 教学资源

（1）教材编写：按照地铁关于行车的有关技术标准，按照学习情景的编写基于工作过程的校本教材。满足教学需要。

（2）课程资源的开发与利用：开发校本教材、课件、网络课程。

5 其他说明

实际使用时可不断更新课程资源，校企做到真正合作，双方互赢。

附录二 专业词汇定义

序号	词汇	定义
1	OCC	控制中心
2	CCTV	电视监视系统
3	CBTC	Communication-Based Tain Control 的缩写,基于通信的列车控制。通常都是基于无线通信的列车控制
4	CBI	Computer Interlocking,计算机联锁
5	EOA	End Of Authority,授权终点
6	ESP	Emergency Stop Plunger,紧急停车按钮,在紧急情况下按压此按钮实现列车的紧急停车
7	PSD	Platform Screen Doors,站台屏蔽门
8	TDT	Train Departure Timer,发车表示器
9	ATS	Automatic Train Supervision,列车自动监控
10	ATP	Automatic Train Protection,列车自动防护
11	C-ATS	中心 ATS
12	L-ATS	本地 ATS
13	ATO	Automatic Train Operation,列车自动驾驶模式(有司机)
14	SM	人工车载信号模式,即 ATP 保护下的手动驾驶模式
15	RM	限制人工驾驶模式。最大允许速度不超过 25km/h
16	OFF/AR	关闭/列车自动折返模式
17	URM	(车辆本身提供的)非限制人工驾驶模式,信号系统对运行不提供速度监督和防护
18	HMI	车站人机接口,为车站级"联锁"与"ATS"合二为一的人机接口
19	MMI	中心人机接口,为中央级 ATS 的人机接口
20	DMI	Driver Machine Interface,司机显示单元
21	CC	Carborne Controller,车载控制器
22	ZC	Zone Controller,区域控制器
23	LC	Line Controller,线路控制器
24	DCS	Data Communication System,数据传输系统
25	MSS	Maintenance Support System,维护支持系统
26	AP	无线接入点
27	IBP	设于车站控制室内,在 IBP 盘上设置紧急停车/取消紧急停车、站台扣车/终止站台扣车、计轴预复位(集中站)等按钮和相应表示灯
28	PSD	站台屏蔽门
29	列车	按运营时刻表、施工行车通告及有关规定编成的车列,挂有动力车辆(如机车等)及规定的列车标志,称为列车。列车分为电客车、工程车、轨道车、救援列车等

续上表

序号	词汇	定义
30	客车	指可载客运行的列车,采用四动两拖的编组型式
31	机车	指有内燃机动力的车辆,用来调车和牵引车辆
32	车辆	指没有自带动力的车辆,如平板车等
33	工程车	以内燃机为动力,用于调车、救援等作业的轨道车
34	备用车	准备上线替换故障列车或需要加开列车时使用的列车
35	运用车	使用车和备用车总称为运用车
36	检修车	在车厂内大修、中修、架修各种检修及临修等车辆统称为检修车
37	轨道车	指有内燃机动力,用来在道轨上施工时,载工具施工人员用的车辆
38	使用车	按列车时刻表上线运行的列车
39	关门车	临时发生空气制动机故障,而关闭截断塞门的车辆
40	限界	是指限定车辆运行及轨道周围构筑物超越的轮廓线。限界分车辆限界、设备限界和建筑限界三种,是工程建设、管线和设备安装等必须遵守的依据
41	区间	两相邻车站相邻端墙间的线路为区间
42	闭塞	为保证列车运行安全,须保证列车间以一定的安全防护空间运行,这种安全防护空间称为闭塞。同一时间内,一个闭塞区段只允许一列车运行。闭塞可分移动闭塞与固定闭塞两大类,固定闭塞又可根据安全防护区域划分的不同分为多种闭塞方式
43	移动闭塞法	信号系统通过轨旁与列车连续的无线通信来检测前后列车的位置,并计算相应的闭塞防护逻辑,实现对前后列车运行的安全防护和自动控制,这种闭塞方式称为移动闭塞法。移动闭塞时线路没有固定划分的闭塞空间,列车间隔是动态的,并随前一列车的移动而移动,列车防护区域由列车长度及其前后防护距离组成
44	自动闭塞法	列车凭地面信号运行,一条进路内(仅指相邻两个同向信号机间的空间)只允许一列车占用的行车闭塞方法
45	电话闭塞法	车辆段(车场)与车站间或相邻车站间通过电话联系,确认区段(一个区间及接车站线)空闲,道岔位置正确且锁闭,司机凭行车许可证(路票)行车,一个区段只允许一列车占用的行车闭塞方法
46	跳停	跳停指列车在车站不停车通过。可指一列客车在一个站或沿途所有站不停车;也可指某一站台的一列或所有客车不停车
47	跳停列车	指沿途不停站运营的客车
48	信标	信标是一个安装在轨道上的无源或有源器件,它可以接收来自车载信标天线的频率信号,该信号为无源信标工作提供所需的供电。信标可为列车提供定位、精确停车、提供地面信号机状态等功能
49	推进运行	在列车尾部驾驶室操纵列车运行,或救援列车在被救援列车尾部推进运行
50	反方向运行	列车运行进路分为上、下行方向运行,如违反常规运行方向的称反方向运行
51	退行	客车越过停车标须退回停车窗内或列车从区间返回发车站为退行,可以推进或牵引运行
52	施工行车通告	汇总一周的施工及工程列车开行计划、临时修改规章手册的通告等,每周出版一期

续上表

序 号	词 汇	定 义
53	运营时刻表	列车在车站(基地)出发、到达(或通过)及折返时刻的集合
54	列车运行图	列车时空战胜时间和顺序用坐标原理表示列车运行线的一种图解表示
55	封锁区间	指OCC行车高度员在管辖范围内通过发布高度命令并采取相关安全措施后,为某项任务专门划定的某一条单一路径,且路径上道岔均须处于单独锁定状态
56	行车调度员	简称"行调",负责行车指挥工作的专职人员
57	电力调度员	简称"电调",负责供电系统的管理和调度的专职人员
58	环控调度员	简称"环调",负责环境控制系统的管理和调度的专职人员
59	维修调度员	简称"维调",维修工程部除车辆外的所有设备的维修、检查、施工的组织实施专职人员
60	线路出清	线路巡视员巡查完毕或施工完毕时,施工负责人检查所有人员已携带工具及物料撤离行车或转换轨的某段线路,使该段线路可正常行车
61	首班车	依据当日的运营时刻表,在站投入载客服务的第一个列车
62	末班车	依据当日的运营时刻表,在站投入载客服务的最后一个列车
63	调车	除列车在运营线路上运行、车站或车厂到发外,一切机车、车辆或列车有目的移动
64	前方站	指列车运行方向的下一车站
65	辅助线	指在正线上与正线连接的渡线、存车线、折返线、联络线及出入厂线
66	非正常情况	因列车晚点、区间短时间阻塞、大客流以及设备故障等原因,造成列车不能按列车运行图正常运营,但又不危及乘客生命安全和严重损坏车辆等设备,整个系统能够维持降低标准运行的状态
67	应急情况	因发生自然灾害以及公共卫生、社会安全、运营突发事件等,已经导致或可能导致事故发生或设施设备严重损坏,不能维持城市轨道交通系统全部或局部运行的状态
68	应急处置	在应急情况下,为最大限度地降低损失或危害,防止事态扩大,而采取的紧急措施或行动
69	行车组织	利用城市轨道交通设施设备,根据列车运行图组织列车运行的活动
70	站台	指车站端墙门之间供乘客上下车的平台

参 考 文 献

[1] 操杰,王笑然.城市轨道交通车站行车工作[M].北京:中国物资出版社,2012.
[2] 程钢,操杰.城市轨道交通运营组织[M].成都:西南交通大学出版社,2010.
[3] 何宗华,等.城市轨道交通运营组织[M].北京:中国建筑工业出版社,2003.
[4] 张国宝.城市轨道交通运营组织[M].北京:上海科学技术出版公司,2012.
[5] 何静.城市轨道交通运营管理[M].北京:中国铁道出版社,2007.
[6] 何宗华,等.城市轨道交通通信信号系统运行与维修[M].北京:中国建筑工业出版社,2007.
[7] 徐金祥,冲蕾.城市轨道交通信号基础[M].北京:中国铁道出版社,2010.
[8] 薛亮,刘小玲.城市轨道交通调度指挥[M].北京:人民交通出版社,2013.
[9] 李慧玲.城市轨道交通调度指挥[M].北京:中国财富出版社,2013.